小企业会计实务

（修订本）

李晓红 主编

清华大学出版社
北京交通大学出版社

·北京·

内 容 简 介

该书通过对小企业会计工作进行调研和分析,基于工作任务、能力本位进行课程的开发建设,主要阐述小企业货币资金、应收及预付款项、存货、投资、固定资产、无形资产、负债、所有者权益、收入、费用、利润等业务的会计核算以及财务报表的编制;介绍小企业会计和企业会计核算之间的区别以及小企业会计与税收的差异;培养从事小企业会计工作应具备的基本知识、基本技能和职业素质。

本书封面贴有清华大学出版社防伪标签,无标签者不得销售。
版权所有,侵权必究。侵权举报电话:010-62782989　13501256678　13801310933

图书在版编目(CIP)数据

小企业会计实务/李晓红主编. —北京:北京交通大学出版社:清华大学出版社,2018.3
(2019.11重印)
ISBN 978-7-5121-3519-2

Ⅰ.①小… Ⅱ.①李… Ⅲ.①中小企业-会计实务-教材 Ⅳ.①F276.3

中国版本图书馆 CIP 数据核字(2018)第 034633 号

小企业会计实务
XIAOQIYE KUAIJI SHIWU

责任编辑:谭文芳
出版发行:清 华 大 学 出 版 社　邮编:100084　电话:010-62776969
　　　　　北京交通大学出版社　邮编:100044　电话:010-51686414
印　刷　者:北京时代华都印刷有限公司
经　　　销:全国新华书店
开　　　本:185 mm×230 mm　印张:16.75　字数:372 千字
版　　　次:2018 年 3 月第 1 版　2019 年 11 月第 1 次修订　2019 年 11 月第 2 次印刷
书　　　号:ISBN 978-7-5121-3519-2/F·1762
印　　　数:3 001~6 000 册　定价:45.00 元

本书如有质量问题,请向北京交通大学出版社质监组反映。对您的意见和批评,我们表示欢迎和感谢。
投诉电话:010-51686043,51686008;传真:010-62225406;E-mail:press@bjtu.edu.cn。

前言

2006年我国财政部正式发布《企业会计准则》，在所有上市公司、中央企业、大中型国有企业中施行，实现了大中型企业会计准则的国际趋同，2014年以来修订了14项具体准则，制定颁布了4项新具体准则。而我国477万户企业中，小企业数量占97.11%，从业人员占52.95%。为提高小企业会计信息质量，促进小企业健康发展，2013年财政部制定的《小企业会计准则》在全国小企业范围内实施。因此，将《小企业会计准则》纳入会计教学体系势在必行。而国内以《小企业会计准则》为规范的教材数量很少，考虑到会计专业毕业生主要在小企业就业，为顺应教育就业导向、提升质量的改革要求，使学生毕业后迅速胜任小企业会计岗位工作，特组织编写此教材。

本书力求突出以下特色。

（1）目标明确。吸纳会计专业教学改革的最新成果，以就业为导向、以岗位能力培养为本位作为本书编写宗旨。

（2）与时俱进，根据小企业会计准则的变化及时进行更新，结合财政部22号文，融入营改增最新税务操作。

（3）图文并茂、直观形象，常用会计核算账户均采用"T"字账列示其结构，账务处理以会计分录形式表述。

（4）实用、新颖。明确了《小企业会计准则》与《企业会计准则》的差异，介绍了小企业会计与税收的差异。

（5）工学结合特色鲜明，和校外实训基地的实训指导教师及企业会计工作人员共同研讨该书的编写。

本书适应了培养高素质小企业会计从业人员的社会需求，适用于高校财会专业和其他相关专业的教学需要，也可作为小企业会计工作人员继续教育的指导用书，同时对企业会计实务工作者也有一定的参考价值。

本书由李晓红负责总纂、编写和定稿。李银平参加编写了本书第一章。

本书不足之处，竭诚欢迎不吝指正！

编 者

2019年11月

目 录

第一章 货币资金的核算 ... 1
项目一 库存现金管理与核算 ... 1
一、库存现金概述 ... 1
二、库存现金核算的账户设置 ... 2
三、库存现金的账务处理 ... 3
项目二 银行存款管理与核算 ... 6
一、银行账户种类 ... 6
二、银行存款管理 ... 7
三、支付结算的办理 ... 7
四、银行存款核算的账户设置 ... 26
五、银行存款的财务处理 ... 27
六、银行存款的核对 ... 29
项目三 其他货币资金核算 ... 31
一、其他货币资金的概念 ... 31
二、其他货币资金核算的账户设置 ... 31
三、其他货币资金的账务处理 ... 31
《企业会计准则》与《小企业会计准则》差异比较 ... 35
一、会计科目设置不同 ... 35
二、采用会计计量属性不同 ... 35
三、备用金核算不同 ... 36
会计与税收差异比较 ... 36

第二章 应收及预付款项的核算 ... 37
项目一 应收账款的核算 ... 37
一、应收账款的概念 ... 37
二、应收账款的确认和计量 ... 37
三、应收账款核算的账户设置 ... 38

四、应收账款的账务处理 ………………………………………… 38
　项目二　应收票据的核算 …………………………………………… 41
　　一、应收票据的概念与分类 ……………………………………… 41
　　二、应收票据的确认和计量 ……………………………………… 41
　　三、应收票据核算的账户设置 …………………………………… 42
　　四、应收票据的账务处理 ………………………………………… 42
　项目三　预付账款的核算 …………………………………………… 48
　　一、预付账款的概念 ……………………………………………… 48
　　二、预付账款核算的账户设置 …………………………………… 49
　　三、预付账款的账务处理 ………………………………………… 49
　项目四　其他应收款的核算 ………………………………………… 50
　　一、其他应收款的概念 …………………………………………… 50
　　二、其他应收款核算的账户设置 ………………………………… 51
　　三、其他应收款的账务处理 ……………………………………… 51
　项目五　坏账的核算 ………………………………………………… 52
　　一、坏账与坏账损失 ……………………………………………… 52
　　二、坏账损失的账务处理 ………………………………………… 52
　《企业会计准则》与《小企业会计准则》差异比较 ……………… 53
　会计与税收差异比较 ………………………………………………… 53
第三章　存货的核算 …………………………………………………… 55
　项目一　存货概述 …………………………………………………… 55
　　一、存货的定义 …………………………………………………… 55
　　二、存货的分类 …………………………………………………… 55
　　三、存货的确认 …………………………………………………… 56
　项目二　存货的计价 ………………………………………………… 56
　　一、存货取得的计价 ……………………………………………… 56
　　二、存货发出的计价 ……………………………………………… 57
　项目三　原材料按实际成本计价的核算 …………………………… 59
　　一、原材料按实际成本计价核算的账户设置 …………………… 59
　　二、原材料按实际成本计价取得的账务处理 …………………… 60
　　三、原材料按实际成本计价发出的核算 ………………………… 64
　项目四　周转材料的核算 …………………………………………… 65
　　一、低值易耗品的核算 …………………………………………… 65
　　二、包装物的核算 ………………………………………………… 67

项目五　委托加工物资的核算 …………………………………………………… 70
　　一、委托加工物资的概念 ………………………………………………………… 70
　　二、委托加工物资核算的账户设置 ……………………………………………… 70
　　三、委托加工物资的账务处理 …………………………………………………… 71
项目六　库存商品的核算 ………………………………………………………… 72
　　一、加工制造业产成品的核算 …………………………………………………… 72
　　二、商品流通小企业库存商品的核算 …………………………………………… 74
项目七　存货清查的核算 ………………………………………………………… 74
　　一、存货盘盈的账务处理 ………………………………………………………… 74
　　二、存货盘亏及毁损的账务处理 ………………………………………………… 75
《企业会计准则》与《小企业会计准则》差异比较 ……………………………… 76
会计与税收差异比较 ………………………………………………………………… 77

第四章　短期投资的核算 ……………………………………………………… 78
项目一　对外投资概述 …………………………………………………………… 78
　　一、对外投资的概念 ……………………………………………………………… 78
　　二、对外投资分类 ………………………………………………………………… 78
项目二　短期投资的核算 ………………………………………………………… 79
　　一、短期投资的概念 ……………………………………………………………… 79
　　二、短期投资核算的账户设置 …………………………………………………… 79
　　三、短期投资的账务处理 ………………………………………………………… 80
《企业会计准则》与《小企业会计准则》差异比较 ……………………………… 83
　　一、投资分类不同 ………………………………………………………………… 83
　　二、短期投资会计处理不同 ……………………………………………………… 83
会计与税收差异比较 ………………………………………………………………… 84

第五章　长期投资的核算 ……………………………………………………… 85
项目一　长期债券投资的核算 …………………………………………………… 85
　　一、长期债券投资的概念 ………………………………………………………… 85
　　二、长期债券投资核算的账户设置 ……………………………………………… 85
　　三、长期债券投资的账务处理 …………………………………………………… 86
项目二　长期股权投资的核算 …………………………………………………… 89
　　一、长期股权投资的概念 ………………………………………………………… 89
　　二、长期股权投资的账务处理 …………………………………………………… 89
《企业会计准则》与《小企业会计准则》差异比较 ……………………………… 91
　　一、长期债券投资会计处理不同 ………………………………………………… 91

二、长期股权投资会计处理不同 ·· 93
　会计与税收差异比较 ·· 93

第六章　固定资产的核算 ·· 95
　项目一　固定资产概述 ·· 95
　　一、固定资产的定义 ·· 95
　　二、固定资产的分类 ·· 95
　　三、固定资产的确认条件 ··· 96
　　四、固定资产的账簿体系 ··· 96
　项目二　固定资产增加的核算 ·· 97
　　一、固定资产的计价 ·· 97
　　二、固定资产增加核算的账户设置 ······································ 97
　　三、固定资产增加的账务处理 ··· 98
　项目三　固定资产折旧的核算 ·· 105
　　一、固定资产折旧 ··· 105
　　二、固定资产折旧核算的账户设置 ······································ 108
　　三、固定资产折旧的账务处理 ··· 108
　项目四　固定资产后续支出的核算 ·· 110
　　一、固定资产日常修理支出的核算 ······································ 110
　　二、固定资产改建支出的核算 ··· 110
　项目五　固定资产经营租赁的核算 ·· 112
　　一、固定资产经营出租的核算 ··· 112
　　二、固定资产经营租入的核算 ··· 114
　项目六　固定资产处置的核算 ·· 115
　　一、固定资产终止确认的条件 ··· 115
　　二、一般纳税人转让不动产的增值税管理规定 ···················· 115
　　三、固定资产处置核算的账户设置 ······································ 116
　　四、固定资产处置、改变用途的账务处理 ··························· 117
　项目七　固定资产清查的核算 ·· 120
　　一、盘亏的固定资产的账务处理 ··· 121
　　二、盘盈的固定资产的账务处理 ··· 121
　《企业会计准则》与《小企业会计准则》差异比较 ················ 122
　会计与税收差异比较 ·· 124

第七章　无形资产及长期待摊费用的核算 ·································· 126
　项目一　无形资产概述 ·· 126

一、无形资产的定义及其基本特征 …… 126
　　二、无形资产的确认条件 …… 126
　　三、无形资产的增值税管理规定 …… 127
项目二　无形资产增加的核算 …… 127
　　一、无形资产增加核算的账户设置 …… 127
　　二、无形资产增加的账务处理 …… 128
项目三　无形资产摊销的核算 …… 131
　　一、无形资产摊销的规定 …… 131
　　二、无形资产摊销的账户设置 …… 131
　　三、无形资产摊销的账务处理 …… 132
项目四　无形资产处置的核算 …… 132
　　一、无形资产出售的账务处理 …… 132
　　二、无形资产出租的账务处理 …… 133
　　三、无形资产报废的账务处理 …… 134
项目五　长期待摊费用的核算 …… 134
　　一、长期待摊费用的概念 …… 134
　　二、长期待摊费用的核算内容 …… 135
　　三、长期待摊费用核算的账户设置 …… 135
　　四、长期待摊费用的账务处理 …… 136
《企业会计准则》与《小企业会计准则》差异比较 …… 137
　　一、无形资产会计处理不同 …… 137
　　二、长期待摊费用会计处理不同 …… 138
会计与税收差异比较 …… 138

第八章　流动负债的核算 …… 139
项目一　短期借款的核算 …… 139
　　一、短期借款的概念和内容 …… 139
　　二、短期借款核算的账户设置 …… 139
　　三、短期借款的账务处理 …… 140
项目二　应付账款的核算 …… 141
　　一、应付账款的概念 …… 141
　　二、应付账款的确认和计量 …… 141
　　三、应付账款核算的账户设置 …… 142
　　四、应付账款的账务处理 …… 142
项目三　应付票据的核算 …… 145

一、应付票据的概念与分类 …………………………………………… 145
　　二、应付票据核算的账户设置 ………………………………………… 145
　　三、应付票据的账务处理 ……………………………………………… 145
项目四　预收账款的核算 …………………………………………………… 147
　　一、预收账款的概念 …………………………………………………… 147
　　二、预收账款核算的账户设置 ………………………………………… 148
　　三、预收账款的账务处理 ……………………………………………… 148
项目五　应付职工薪酬的核算 ……………………………………………… 149
　　一、职工薪酬的概念与构成 …………………………………………… 149
　　二、职工薪酬核算的账户设置 ………………………………………… 150
　　三、货币性职工薪酬的核算 …………………………………………… 150
　　四、非货币性职工薪酬的核算 ………………………………………… 154
项目六　应交税费的核算 …………………………………………………… 155
　　一、应交税费的内容 …………………………………………………… 155
　　二、应交税费核算的账户设置 ………………………………………… 155
　　三、应交增值税的核算 ………………………………………………… 156
　　四、应交消费税的核算 ………………………………………………… 161
　　五、应交城市维护建设税和教育费附加的核算 ……………………… 163
项目七　其他应付款的核算 ………………………………………………… 165
　　一、其他应付款的概念 ………………………………………………… 165
　　二、其他应付款核算的账户设置 ……………………………………… 165
　　三、其他应付款的账务处理 …………………………………………… 166
《企业会计准则》与《小企业会计准则》差异比较 ……………………… 166
会计与税收差异比较 ………………………………………………………… 168

第九章　长期负债的核算 …………………………………………………… 170

项目一　长期借款的核算 …………………………………………………… 170
　　一、长期借款的概念与种类 …………………………………………… 170
　　二、长期借款核算的账户设置 ………………………………………… 170
　　三、长期借款的账务处理 ……………………………………………… 171
项目二　长期应付款的核算 ………………………………………………… 172
　　一、长期应付款的概念及内容 ………………………………………… 172
　　二、长期应付款核算的账户设置 ……………………………………… 172
　　三、长期应付款的核算 ………………………………………………… 172
《企业会计准则》与《小企业会计准则》差异比较 ……………………… 175

第十章 所有者权益的核算 ……………………………………………………………… 176

项目一 实收资本的核算 ……………………………………………………………… 176
一、实收资本的概念 ……………………………………………………………… 176
二、实收资本（股本）核算的账户设置 ………………………………………… 177
三、实收资本的账务处理 ………………………………………………………… 177

项目二 资本公积的核算 ……………………………………………………………… 179
一、资本公积的概念 ……………………………………………………………… 179
二、资本公积核算的账户设置 …………………………………………………… 179
三、资本公积的账务处理 ………………………………………………………… 180

项目三 留存收益的核算 ……………………………………………………………… 180
一、盈余公积的核算 ……………………………………………………………… 181
二、未分配利润的核算 …………………………………………………………… 183

《企业会计准则》与《小企业会计准则》差异比较 ……………………………… 184

第十一章 收入的核算 ……………………………………………………………………… 185

项目一 商品销售收入的核算 ………………………………………………………… 185
一、销售商品收入的范围 ………………………………………………………… 185
二、商品销售收入的确认时点 …………………………………………………… 185
三、商品销售收入的计量 ………………………………………………………… 186
四、主营业务销售核算的账户设置 ……………………………………………… 186
五、主营业务下一般销售商品的核算 …………………………………………… 187
六、以旧换新销售商品的核算 …………………………………………………… 191
七、其他业务收入的核算 ………………………………………………………… 192

项目二 提供劳务收入的核算 ………………………………………………………… 193
一、在同一会计年度内开始并完成的劳务收入的核算 ………………………… 193
二、劳务的开始和完成分属不同会计年度的跨期劳务收入的核算 …………… 194
三、同时销售商品和提供劳务交易的核算 ……………………………………… 196

《企业会计准则》与《小企业会计准则》差异比较 ……………………………… 196
会计与税收差异比较 ……………………………………………………………… 197

第十二章 费用的核算 ……………………………………………………………………… 199

项目一 生产费用的核算 ……………………………………………………………… 199
一、生产费用核算的账户设置 …………………………………………………… 199
二、生产费用的账务处理 ………………………………………………………… 200

项目二 期间费用的核算 ……………………………………………………………… 201
一、销售费用的核算 ……………………………………………………………… 201

二、管理费用的核算 …………………………………………………… 202
　　三、财务费用的核算 …………………………………………………… 204
　《企业会计准则》与《小企业会计准则》差异比较 ………………………… 205
　会计与税收差异比较 ………………………………………………………… 206

第十三章 利润及利润分配的核算 …………………………………………… 208
　项目一 利润结转的核算 …………………………………………………… 208
　　一、利润的定义 ………………………………………………………… 208
　　二、利润的来源 ………………………………………………………… 208
　　三、利润的确认条件 …………………………………………………… 208
　　四、利润总额的构成 …………………………………………………… 209
　　五、利润总额的核算 …………………………………………………… 209
　项目二 利润分配的核算 …………………………………………………… 215
　　一、利润分配的顺序 …………………………………………………… 215
　　二、利润分配核算的账户设置 ………………………………………… 216
　　三、利润分配的账务处理 ……………………………………………… 216
　《企业会计准则》与《小企业会计准则》差异比较 ………………………… 218
　会计与税收差异比较 ………………………………………………………… 219

第十四章 财务报表的编制 …………………………………………………… 221
　项目一 资产负债表的编制 ………………………………………………… 221
　　一、资产负债表的定义和作用 ………………………………………… 221
　　二、资产负债表列报要求 ……………………………………………… 222
　　三、资产负债表的列报格式 …………………………………………… 222
　　四、资产负债表的编制 ………………………………………………… 222
　项目二 利润表的编制 ……………………………………………………… 235
　　一、利润表的定义和作用 ……………………………………………… 235
　　二、费用采用"功能法"列报 ………………………………………… 235
　　三、利润表的列报格式 ………………………………………………… 236
　　四、利润表的编制 ……………………………………………………… 236
　项目三 现金流量表的编制 ………………………………………………… 238
　　一、现金流量表的概念及作用 ………………………………………… 238
　　二、现金流量表的结构 ………………………………………………… 238
　　三、现金流量的分类 …………………………………………………… 238
　　四、现金流量表的编制 ………………………………………………… 239
　项目四 附注披露 …………………………………………………………… 242

一、附注的概念及披露顺序 …………………………………………………… 242
　　二、附注披露的基本要求 ……………………………………………………… 243
《企业会计准则》与《小企业会计准则》差异比较 ………………………………… 243
　　一、财务报表构成不同 ………………………………………………………… 243
　　二、资产负债表编制不同 ……………………………………………………… 244
　　三、利润表编制不同 …………………………………………………………… 244
　　四、现金流量表编制不同 ……………………………………………………… 245
附录 A　中小企业划型标准规定 ………………………………………………… 247
附录 B　小企业会计科目 ………………………………………………………… 251
参考文献 …………………………………………………………………………… 253

第一章 货币资金的核算

项目一 库存现金管理与核算

资产是指小企业过去的交易或者事项形成的、由小企业拥有或者控制的、预期会给小企业带来经济利益的资源。资产一般按流动性进行分类,具体分为流动资产和非流动资产(或称长期资产)。小企业的流动资产是指预计在1年内(含1年)或超过1年的一个正常营业周期内变现、出售或耗用的资产。小企业的流动资产主要包括货币资金、短期投资、应收及预付款项、存货等。小企业的非流动资产主要包括长期债券投资、长期股权投资、固定资产、生产性生物资产、无形资产、长期待摊费用等,其变现周期往往在1年或者超过1年的一个正常营业周期以上。

货币资金,是指小企业的经营资金在周转过程中暂时停留在货币形态上的那部分资产。货币资金是小企业资产的重要组成部分,是小企业资产中流动性较强的一种资产。小企业需要保持一定数量的货币资金,满足业务经营的正常需要,并按照货币资金管理的规定,对各种收付款项进行结算。

货币资金按其存放地点和其用途的不同,分为库存现金、银行存款及其他货币资金。

一、库存现金概述

库存现金是小企业为了满足日常经营过程中零星支付需要而存放于企业财会部门、由出纳人员保管的货币资金。库存现金是小企业中流动性最强的货币资金。

(一)库存现金的使用范围

根据《库存现金管理暂行条例》规定,小企业只能在下列范围内使用现金:

① 职工工资、津贴;
② 个人劳务报酬;
③ 根据国家规定颁发给个人的科学技术、文化艺术、体育等各种奖金;
④ 各种劳保、福利费用以及国家规定的对个人的其他支出;

⑤ 向个人收购农副产品和其他物资的价款；
⑥ 出差人员必须随身携带的差旅费；
⑦ 结算起点（1 000元人民币）以下的零星支出；
⑧ 中国人民银行确定需要支付的其他支出。

除上述范围内的支付可以使用现金外，其他款项结算必须通过开户银行转账结算。

（二）现金的库存限额

小企业现金的库存限额原则上根据企业3至5天的日常零星开支的需要确定。边远地区和交通不发达地区可以适当放宽，但最多不超过15天。企业每日的现金结存数，不得超过核定的限额，超过部分必须送存银行，不足限额时，可签发现金支票向银行提取现金补足。

（三）现金收支的日常管理

小企业在办理有关现金收支业务时，应当遵循以下规定。

① 企业现金收入应于当日送存银行。当日送存银行确有困难的，由开户银行确定送存时间。

② 企业支付现金，可以从本企业库存现金限额中支付或者从开户银行提取，不得从本企业的现金收入中直接支付（即坐支）。因特殊情况需要坐支现金的，应当事先报经开户银行审查批准，由开户银行核定坐支范围和限额，同时收支的库存现金必须入账。

③ 不准用不符合财务制度的凭证顶替库存现金。

④ 不准用单位收入的现金以个人名义存入储蓄，不得设置小金库。

二、库存现金核算的账户设置

1. "库存现金"账户

小企业根据1001"库存现金"科目的规定，设置"库存现金"账户核算小企业库存现金的收支和结存情况。该账户基本结构如下：

库存现金	资产类
（1）增加的库存现金金额	（1）减少的库存现金金额

余额：小企业持有的库存现金

明细：分别以人民币和各种外币，设置"库存现金日记账"进行明细核算

"库存现金日记账"采用订本式，由出纳人员根据审核无误的库存现金收、付款凭证和银行存款付款凭证，按照业务发生的先后顺序逐笔登记。每日终了，出纳人员应当计算当日的现金收入合计额、现金支出合计额和结余额，并将账面余额与库存现金实有数进行核对；月末，还应将库存现金日记账与库存现金总账的余额核对相符，从而做到日清月结，账实

相符。

2. "待处理财产损溢"账户

小企业根据1901"待处理财产损溢"科目的规定，设置"待处理财产损溢"账户核算小企业在清查财产过程中查明的各种财产盘盈、盘亏和毁损的价值。所采购物资在运输途中因自然灾害等发生的损失或尚待查明的损耗，也通过本账户核算。该账户基本结构如下：

待处理财产损溢　　　　　　　资产类

（1）财产清查中发现各项财产盘亏损失的数额 （2）报经批准处理的盘盈数额 （3）尚待查明原因的物资在运输途中发生的非正常短缺毁损的数额	（1）财产清查中发现各项财产盘盈溢余数额 （2）报经批准处理的盘亏及物资在运输途中发生的非正常短缺毁损数额
余额：小企业尚未处理的财产净损失	余额：小企业尚未处理的财产净溢余

期末：小企业的财产损溢，应当查明原因，在年末结账前处理完毕，处理后本科目应无余额

明细：按照"待处理流动资产损溢"和"待处理非流动资产损溢"进行明细核算

三、库存现金的账务处理

库存现金核算的主要经济业务包括：库存现金的提取、送存、日常收付，库存现金的清查等。

1. 从银行提取现金

小企业应按照规定的库存现金使用范围使用库存现金，当库存现金低于限额不足支付时，可到银行提取现金。一般由出纳填写现金支票，经财务主管和会计审核签章后，将支票存根联剪下作为记账凭证附件，在现金支票背面盖预留银行印鉴后可持票到银行办理现金的提取。

库存现金提取的账务处理如下：

借：库存现金
　　贷：银行存款

2. 库存现金的送存

当小企业取得现金营业收入或库存现金超过限额后，应及时将现金送存银行。送存现金时，首先由出纳清点款项，填写现金交款单，然后将款项和现金交款单一并送交银行办理进账，银行核对后盖章，将现金交款单回单联退给企业。

库存现金送存的账务处理如下：

借：银行存款

    贷：库存现金

3. 库存现金日常收付

（1）日常收入业务

库存现金日常收入业务主要包括零星销售收入、收到职工的罚款、职工出差回来交回的差旅费剩余款等。出纳人员在收取现金时，应填写收款收据，并在收据上加盖财务专用账、现金收讫章。

库存现金收入的账务处理如下：

借：库存现金

　　贷：主营业务收入/其他应收款等

（2）日常支付业务

库存现金支付业务主要包括发放职工工资、职工预借差旅费、结算起点以下的各种零星支出等。职工预借差旅费需填写借款单，并依次经部门主管、财务主管等有关领导审批，出纳人员在支付现金前应仔细审核借款单，审核无误后方可支付现金，并在借款单上加盖出纳人员印鉴和现金付讫章。

库存现金支付的账务处理如下：

借：应付职工薪酬/其他应收款/管理费用等

　　贷：库存现金

【例1-1】 20×1年6月，正泰公司（增值税一般纳税人，下同）有关现金收支业务如下。

① 2日，开出现金支票，从银行提取现金8 000元，以备日常零星开支。根据现金支票（存根联），编制会计分录如下：

借：库存现金　　　　　　　　　　　　　　　　　　　　　8 000

　　贷：银行存款　　　　　　　　　　　　　　　　　　　　　8 000

② 14日，购买办公用品一批，取得增值税专用发票注明价款540元，增值税70.2元，以库存现金支付。记账时，增值税专用发票已认证。根据增值税专用发票（发票联），编制会计分录如下：

借：管理费用——办公费用　　　　　　　　　　　　　　　540

　　应交税费——应交增值税（进项税额）　　　　　　　　70.2

　　贷：库存现金　　　　　　　　　　　　　　　　　　　　610.2

③ 25日，零星销售一批商品，开出增值税专用发票注明价款500元，增值税额65元。收到现金，根据增值税专用发票（记账联），编制会计分录如下：

借：库存现金　　　　　　　　　　　　　　　　　　　　　565

　　贷：主营业务收入　　　　　　　　　　　　　　　　　　500

　　　　应交税费——应交增值税（销项税额）　　　　　　　65

④ 30日，将超过库存限额的现金5 000元送存银行。根据现金交款单（回单联），编制

会计分录如下：
  借：银行存款   5 000
    贷：库存现金   5 000

4. 库存现金的清查

  库存现金的清查是通过实地盘点法，确定库存现金的实存数，再与现金日记账的账面余额进行核对，以查明现金的余缺情况。清查的内容主要是检查是否挪用现金、是否白条抵库、是否超额留存现金以及账款是否相符等。

  库存现金的盘点，一方面由出纳人员于每日终了进行盘点，确定现金实存数，并与库存现金日记账余额进行核对，确保账实相符。另一方面由单位组织不定期的清查盘点，此种盘点，需由单位派出清查人员会同出纳人员共同负责。在盘点前，出纳人员应先将现金收、付款凭证全部登记入账，并结出余额。盘点时，出纳人员必须在场，盘点人应将现金逐张清点。如发现盘盈或盘亏，必须会同出纳人员核实清楚，然后根据盘点结果填制"库存现金盘点报告表"，并由盘点人和出纳人员签章。

  通过对库存现金的清查，发现现金短缺或盈余，首先应根据编制的"库存现金盘点报告表"进行账务处理，将账面余额调整为实存金额；待查明原因后，按照管理权限经批准后处理时，进行相应账务处理。

  （1）现金盘盈账务处理
  ① 经盘点，发现现金长款，账务处理如下：
  借：库存现金
    贷：待处理财产损溢——待处理流动资产损溢（实际溢余金额）
  ② 原因查明后，根据批准意见，账务处理如下：
  借：待处理财产损溢——待处理流动资产损溢
    贷：其他应付款——应付现金溢余（××个人或单位）（应支付给有关人员或单位的金额）
      营业外收入——现金溢余（无法查明的现金溢余）

  （2）现金盘亏账务处理
  ① 经盘点，发现现金短款，账务处理如下：
  借：待处理财产损溢——待处理流动资产损溢（实际短缺金额）
    贷：库存现金
  ② 原因查明后，根据批准意见，账务处理如下：
  借：其他应收款——应收现金短缺款（××个人）（属于应由责任人赔偿的部分）
        ——应收保险赔偿款（属于应由保险公司赔偿的部分）
    营业外支出——现金短缺（属于无法查明的其他原因）
    贷：待处理财产损溢——待处理流动资产损溢

  【例 1-2】 正泰公司对库存现金清查后，发现账款不符，现金短缺 800 元。后经核查，短缺现金中有 200 元系出纳员张莉责任事故所致,应由张莉个人赔偿;其余无法查明原因,经批准予以转销。

① 发现现金短缺,根据库存现金盘点表,编制会计分录如下:

借:待处理财产损溢——待处理流动资产损溢　　　　800
　　贷:库存现金　　　　　　　　　　　　　　　　　　　　　800

② 短缺原因查明后,根据现金盘点处理通知单,编制会计分录如下:

借:其他应收款——应收现金短缺款(张莉)　　　　200
　　营业外支出——现金短缺　　　　　　　　　　　　600
　　贷:待处理财产损溢——待处理流动资产损溢　　　　　　800

【例 1-3】承例 1-2,假设正泰公司在对库存现金清查后,发现账款不符,现金溢余 800 元。后经核查,溢余现金中有 550 元属于应付给职工张强的,其余 250 元无法查明原因,经批准转作营业外收入。

① 发现现金溢余,根据库存现金盘点表,编制会计分录如下:

借:库存现金　　　　　　　　　　　　　　　　　　　800
　　贷:待处理财产损溢——待处理流动资产损溢　　　　　　800

② 溢余原因查明后,根据现金盘点处理通知单,编制会计分录如下:

借:待处理财产损溢——待处理流动资产损溢　　　　800
　　贷:其他应付款——应付现金溢余(张强)　　　　　　　550
　　　　营业外收入——现金溢余　　　　　　　　　　　　　250

项目二　银行存款管理与核算

银行存款是小企业存放在银行或其他金融机构的货币资金。按照国家规定,凡是独立核算的单位都必须在当地银行开设账户。除了在规定的范围内可以用现金直接支付的款项外,在经营过程中所发生的一切货币收支业务,都必须通过银行存款账户进行结算。

一、银行账户种类

单位银行结算账户按用途不同,分为基本存款账户、一般存款账户、专用存款账户和临时存款账户。

基本存款账户是单位因办理日常转账结算和现金收付需要开立的银行结算账户。该账户是单位的主办账户,单位只能开立一个基本存款账户。其他银行结算账户的开立需以基本存款账户的开立为前提。

一般存款账户是单位因借款或其他结算需要,在基本存款账户开户银行以外的银行营业机构开立的银行结算账户。一般存款账户没有数量限制。单位可以通过该账户办理转账结算和现金缴存,但不得办理现金支取。

专用存款账户是单位按照法律、行政法规和规章,对其特定用途资金进行专项管理和使用而开立的银行结算账户。特定用途资金主要包括基本建设资金、更新改造资金、证券交易结算资金、单位银行卡备用金、住房基金、社会保障基金等。该账户主要用于办理各项专用资金的收付,支取现金应按照有关具体规定办理。

临时存款账户是单位因临时需要并在规定期限内使用而开立的银行结算账户。有下列情况的,存款人可以申请开立临时存款账户:①设立临时机构;②异地临时经营活动;③注册验资。该账户在功能上与基本存款账户相似。临时存款账户实行有效期管理,有效期限最长不得超过两年。

二、银行存款管理

小企业应加强对银行存款的管理:
① 加强银行存款的分类管理;
② 银行账户只限于本单位使用,不准出租、出借、套用或转让,不得用银行账户进行非法活动;
③ 严格支票管理,不得签发空头支票,不得签发、取得和转让没有真实交易和债权债务的票据,套取银行和他人资金;
④ 不准无理拒绝付款,任意占用他人资金;
⑤ 加强银行存款的日常规范管理,按规定实行银行存款转账结算;
⑥ 按月编制银行存款余额调节表,逐月与银行核对余额,防止错账、乱账。

三、支付结算的办理

支付结算是指单位、个人在社会经济活动中使用票据、信用卡和汇兑、托收承付、委托收款等结算方式进行货币给付及其资金清算的行为。支付结算按使用的支付结算工具不同分为票据结算和非票据结算两种类型。其中,票据结算包括支票、银行本票、银行汇票和商业汇票;非票据结算包括汇兑、委托收款、托收承付、信用卡和电子银行支付结算等。

(一)票据结算方式

1. 支票

支票是出票人签发的,委托办理支票存款业务的银行或者其他金融机构在见票时无条件支付确定的金额给收款人或者持票人的票据。支票结算是指银行的存款人签发支票给收款人办理结算或委托开户银行将款项支付给收款人的一种结算方式。

1) 支票的种类

支票上印有"现金"字样的为现金支票，现金支票只能用于支取现金。支票上印有"转账"字样的为转账支票，转账支票只能用于转账。支票上未印有"现金"或"转账"字样的为普通支票，普通支票可以用于支取现金，也可以用于转账，在普通支票左上角划两条平行线的，为划线支票，划线支票只能用于转账，不得支取现金。

2) 支票结算特点

支票结算适用于单位与单位、个人与个人、单位与个人之间在同一票据交换区域的各种款项的结算。支票结算方式是银行各开户单位支取存款和办理同城结算普遍采用的一种结算方式。用支票结算，手续简便，迅速及时，但容易丢失，也容易被盗用，因此，支票必须由专人妥善保管，非指定人员一律不准签发。作废支票必须与存根粘合保存在一起，以便日后查考。

3) 支票结算基本规定

① 单位和个人在同一票据交换区域的各种款项结算，均可以使用支票。

② 支票的出票人，为在经中国人民银行当地分支行批准办理支票业务的银行机构开立可以使用支票的存款账户的单位和个人。出票是指出票人签发票据并将其交付给收款人的票据行为。

③ 签发支票必须记载下列事项：表明"支票"的字样；无条件支付的委托；确定的金额；付款人名称；出票日期；出票人签章。欠缺记载上列事项之一的，支票无效。支票的付款人为支票上记载的出票人开户银行。支票的金额、收款人名称，可以由出票人授权补记。未补记前不得背书转让和提示付款。

④ 签发支票应使用碳素墨水或墨汁填写，中国人民银行另有规定的除外。

⑤ 签发现金支票和用于支取现金的普通支票，必须符合国家现金管理的规定。

⑥ 支票的出票人签发支票的金额不得超过付款时在付款人处实有的存款金额，即禁止签发空头支票。

⑦ 出票人不得签发与其预留银行签章不符的支票；使用支付密码的，出票人不得签发支付密码错误的支票。

⑧ 支票的提示付款期限自出票日起10日，但中国人民银行另有规定的除外。超过提示付款期限提示付款的，持票人开户银行不予受理，付款人不予付款。

⑨ 持票人可以委托开户银行收款或直接向付款人提示付款。用于支取现金的支票仅限于收款人向付款人提示付款。

⑩ 转账支票在票据交换区域内可以背书转让，现金支票不得背书转让。背书是指在票据背面或者粘单上记载有关事项并签章的票据行为。

4) 支票的挂失、注销

已签发的现金支票遗失，可向银行申请挂失。已签发的转账支票遗失，银行不予挂失，但付款单位可以请求收款单位协助防范。单位因撤销、合并或其他原因注销账户时，应将剩余的空白支票交回银行注销。

5）支票结算程序

（1）转账支票结算程序

① 付款单位。

付款单位出纳人员在签发转账支票前，首先应查验本单位银行存款账户是否有足够的存款余额，以免签发空头支票，然后再按规定要求签发转账支票。转账支票由支票正联、存根联、支票正联的背面组成。

支票内容填写齐全后，出纳人员将存根联撕下留作付款凭证附件，将正联交于收款单位。也可以依据所签发的转账支票填制进账单，将支票存根联撕下后，将正联与进账单直接交其开户银行，要求将款项划转到收款方开户行（俗称倒打）。

② 收款单位。

收款单位出纳人员接受转账支票，应注意审核以下内容：支票收款人或被背书人是否为本企业；支票签发日期是否在付款期内，大小写金额是否一致；签发人盖章是否齐全；背书转让的支票其背书是否连续，签章是否符合规定，背书使用粘单的是否按规定在粘接处签章，有无"不准转让"字样；出票日期、出票金额和收款人有无更改；签发人盖章是否齐全。

审核无误后，作委托收款背书，交印鉴管理员在转账支票背面背书人签章栏签预留银行印鉴章，记载"委托收款"字样、背书日期，在被背书人栏记载开户银行名称。

根据支票填写进账单，将支票和填制的进账单送交开户银行。

银行对支票进行审核无误后，在进账单（回单联）上加盖印章后退回给企业，回单联仅供查询用，不做进账依据，待银行之间传递凭证并划转款项后，银行将进账单（收账通知联）退回给收款单位，制证会计根据收到的进账单（收账通知联）填写收款凭证，出纳人员根据收款凭证登记银行存款日记账。

（2）现金支票结算程序

签发现金支票，必须查明其用途是否符合现金管理的规定，只有在允许使用现金范围内的款项才可以签发现金支票。出纳人员在签发现金支票时应对需填写的内容逐项认真地填写。若签发支票用于本单位提取现金业务，应在支票的"收款人"栏内填上本单位的名称，交印鉴管理员在现金支票背面加盖预留银行印鉴章，将支票存根联撕下，持正联到银行办理提款业务。

若向其他单位或个人签发现金支票，则应在收款人栏填写收款单位或个人的名称，填妥后，将存根联撕下，正联交于收款人。收款人持现金支票向出票人开户银行提示付款时，应在支票背面"收款人签章"处签（预留银行印鉴）章。收款人为个人的，还需交验本人身份证件，并在支票背面注明证件名称、号码及发证机关。

6）支票结算账务处理

（1）收款单位

销货，收到支票，送存银行，根据增值税专用发票（记账联）、进账单（收账通知联），账务处理如下：
   借：银行存款
      贷：主营业务收入
          应交税费——应交增值税（销项税额）
（2）付款单位
购货，开出支票，根据增值税专用发票（发票联）、支票（存根联），账务处理如下：
   借：材料采购等
       应交税费——应交增值税（进项税额）（记账时，增值税专用发票已认证的可抵扣增值税额）
       应交税费——待认证进项税额（记账时，增值税专用发票未认证的可抵扣增值税额）
      贷：银行存款

2. 银行本票

银行本票是银行签发的，承诺自己在见票时无条件支付确定的金额给收款人或者持票人的票据。

1）银行本票结算特点

单位和个人在同一票据交换区域需要支付各种款项，均可以使用银行本票。银行本票由银行签发且保证兑付，见票即付，信誉度很高，一般不存在得不到正常支付的问题。

2）银行本票结算基本规定

① 银行本票的提示付款期限自出票日起最长不得超过2个月。持票人超过付款期限提示付款的，代理付款人不予受理。银行本票的代理付款人是代理出票银行审核支付银行本票款项的银行。

② 银行本票可以用于转账，注明"现金"字样的银行本票还可以用于支取现金。

③ 银行本票可以在其票据交换区域内背书转让，但填明"现金"字样的银行本票不得背书转让。

④ 申请人或收款人为单位的，不得申请签发现金银行本票。

⑤ 注明"现金"字样的银行本票丢失，可以挂失止付；注明"转账"字样的银行本票丢失，不予挂失。

3）银行本票结算程序

（1）申请人（付款人）

① 填写银行本票申请书。

申请人向银行申请办理银行本票，应由出纳人员填写"银行本票申请书"，填明收款人名称、金额、日期等内容，加盖预留银行印鉴章。申请人和收款人均为个人需要支取现金的，应在"金额（大写）"栏先填写"现金"字样，后填写金额。

② 开户银行签发银行本票。

出票银行受理"银行本票申请书",收妥款项签发银行本票;用于转账的,在银行本票上划去"现金"字样;申请人和收款人均为个人需要支取现金的,在银行本票上划去"转账"字样;在出票行签章处加盖印鉴;用压数机压印小写出票金额;将银行本票交给申请人。

③ 申请人将银行本票交付给本票上记明的收款人。

(2) 收款人

① 审查银行本票。

收款人收到银行本票后,应在付款期限内到本单位的开户银行办理进账手续,逾期银行不予受理。在办理收款进账时,出纳人员应审查下列事项:收款人或被背书人是否为本单位;是否在提示付款期内;必须记载事项是否齐全;出票行签章是否符合规定;是否有压数机压印的小写金额,并与大写出票金额一致;出票金额、出票日期、收款人名称是否更改;背书转让的本票其背书是否符合规定等。

② 签章。

出纳审核银行本票无误后,将银行本票交印鉴管理员在本票背面"持票人向银行提示付款签章"处加盖预留银行印鉴章。如收款人为个人,需加盖个人印章,同时需要填写身份证件的名称和号码。

③ 填写进账单。

出纳人员根据审核无误的银行本票,填写进账单,将银行本票和进账单送交开户银行办理进账。银行审查无误后办理转账。

4) 银行本票结算账务处理

(1) 付款单位

① 申请签发银行本票,根据银行本票申请书(回执联),账务处理如下:

借:其他货币资金——银行本票
　　贷:银行存款

② 购入材料,交付本票,根据增值税专用发票(发票联),账务处理如下:

借:材料采购等
　　　应交税费——应交增值税(进项税额)(记账时,增值税专用发票已认证的可抵扣增值税额)
　　　应交税费——待认证进项税额(记账时,增值税专用发票未认证的可抵扣增值税额)
　　贷:其他货币资金——银行本票

(2) 收款单位

收到本票,办理转账,根据增值税专用发票(记账联)、进账单(收账通知联),账务处理如下:

借:银行存款
　　贷:主营业务收入

应交税费——应交增值税（销项税额）

3. 银行汇票

银行汇票是出票银行签发的，由其在见票时按照实际结算金额无条件支付给收款人或者持票人的票据。银行汇票结算是指汇款人将款项交存当地银行，由银行签发银行汇票给汇款人持往异地办理转账结算或支取现金的一种结算方式。

1) 银行汇票结算特点

单位和个人各种款项结算，均可使用银行汇票。银行汇票适用于先收款后发货或钱货两清的商品交易，特别适用于派人到异地采购的交易方式。银行汇票具有使用灵活、票随人到、兑现性强等特点。

2) 银行汇票结算基本规定

① 银行汇票可以用于转账，填明"现金"字样的银行汇票也可以用于支取现金。

② 签发现金银行汇票，申请人和收款人必须均为个人。申请人或者收款人为单位的，银行不得为其签发现金银行汇票。

③ 银行汇票提示付款期限为自出票日起一个月。持票人超过付款期限提示付款的，代理付款人不予受理。银行汇票的代理付款人是代理本系统出票银行或跨系统签约银行审核支付汇票款项的银行。

④ 银行汇票可以背书转让或转汇其他地点，但填明"现金"字样的银行汇票不得背书转让。银行汇票的背书转让，以不超过出票金额的实际结算金额为准，未填写实际结算金额或实际结算金额超过出票金额的银行汇票不得背书转让。

⑤ 注明"现金"字样的银行汇票，遗失后可以申请挂失止付；用于转账的银行汇票，遗失后不可以申请挂失止付，但可以请求收款人协助防范。银行汇票遗失后，在付款期满后一个月内，确未被冒领的，可以办理退款手续。

3) 银行汇票结算程序

（1）申请人（付款单位）

① 填写银行汇票申请书。

申请人向银行申请办理银行汇票，应由出纳人员填写"银行汇票申请书"，填明收款人名称和账号、金额、用途等内容，然后交印鉴管理员加盖预留银行印鉴章。申请人和收款人均为个人，需要办理现金银行汇票的，应在"金额（大写）"栏先填写"现金"字样，后填写金额。

② 开户银行签发银行汇票。

开户银行受理银行汇票申请书，经核对无误，在办妥转账或收妥现金之后，向申请人签发银行汇票，在银行汇票（汇票第二联）上，用压数机压印出票金额，在出票行签章处加盖汇票专用章并由授权的经办人盖章，将银行汇票（汇票第二联）和解讫通知（汇票第三联）一并交给申请人。如签发现金银行汇票，应在银行汇票"出票金额"栏填写"现金"字样及出票金额，并填写代理付款人名称。如签发转账银行汇票，不得填写代理付款人名称。

③ 持票办理结算。

出纳人员收到银行签发的银行汇票和解讫通知,将其交给请领人时,应按规定登记"银行汇票登记簿",将银行汇票的签发日期、收款单位名称、开户银行、账号、领票人部门、姓名、汇款用途、领票日期等信息进行一一登记,最后由领票人本人签字确认。

④ 退票。

申请人因银行汇票超过提示付款期限或因其他原因要求退款时,可持银行汇票和解讫通知同时提交到出票银行办理退款。

⑤ 收回多余款。

银行汇票的实际结算金额低于出票金额的,其多余金额由出票银行主动转回申请人的存款户头,并将银行汇票(多余款收账通知联)送交申请人。

(2) 收款人

① 审核银行汇票。

收款单位收到银行汇票后,由出纳人员认真审查以下内容:收款人或背书人是否确为本单位;是否在付款期限内;日期、金额等填写是否正确无误;出票行签章是否清晰;压数机压印的小写金额与大写出票金额是否一致;银行汇票和解讫通知是否齐全、相符;必须记载的事项是否齐全等。

② 填写实际结算金额。

审核无误后,将实际结算金额和多余金额填写在银行汇票和解讫通知的有关栏内。银行汇票的实际结算金额不得更改,更改实际结算金额的银行汇票无效。全额解付的银行汇票,应在"多余金额"栏写上"0"符号。填写完毕后,在银行汇票背面加盖预留银行印签章。

③ 填写进账单。

出纳人员根据实际结算金额填写进账单,将银行汇票、解讫通知、进账单一并送交开户银行,银行审查无误后办理转账。

4) 银行汇票结算账务处理

(1) 付款单位

① 申请签发银行汇票,根据银行汇票申请书(回执联)/业务委托书(回执联),账务处理如下:

借:其他货币资金——银行汇票
　　贷:银行存款

② 持汇票办理采购业务等,根据增值税专用发票(发票联),账务处理如下:

借:材料采购等
　　应交税费——应交增值税(进项税额)(记账时,增值税专用发票已认证的可抵扣增值税额)
　　应交税费——待认证进项税额(记账时,增值税专用发票未认证的可抵扣增值税额)
　　贷:其他货币资金——银行汇票

③ 收回多余款项,根据银行汇票(多余款收账通知联),账务处理如下:
借:银行存款
　　贷:其他货币资金——银行汇票
(2) 收款单位
收到银行汇票,办理转账,根据进账单(收账通知联)、增值税专用发票(记账联),账务处理如下:
借:银行存款
　　贷:主营业务收入
　　　　应交税费——应交增值税(销项税额)

4. 商业汇票

商业汇票是出票人签发的,委托付款人在指定日期无条件支付确定的金额给收款人或者持票人的票据。商业汇票结算方式是指收款人(或承兑申请人)签发,由承兑人承兑,并于到期日向收款人或被背书人支付款项的一种结算方式。商业汇票按承兑人不同,分为商业承兑汇票和银行承兑汇票。承兑是指汇票付款人承诺在汇票到期日支付汇票金额的票据行为。

1) 商业汇票结算特点

在银行开立存款账户的法人以及其他组织之间,必须具有真实的交易关系或债权债务关系,才能使用商业汇票。商业汇票一律记名,在同城或异地均可使用。

2) 商业汇票结算基本规定

① 商业汇票允许背书转让和申请贴现。

② 商业汇票的付款人为承兑人,商业汇票一经承兑,其承兑人即付款人负有到期无条件支付票款的责任。

③ 商业汇票的付款期限,最长不得超过 6 个月。

④ 商业汇票的提示付款期限,自汇票到期日起 10 日。持票人应在提示付款期限内通过开户银行委托收款或直接向付款人提示付款。对异地委托收款的,持票人可匡算邮程,提前通过开户银行委托收款。持票人超过提示付款期限提示付款的,持票人开户银行不予受理。

3) 商业承兑汇票

商业承兑汇票是指由收款人签发,经付款人承兑,或者由付款人签发并承兑,在指定日期无条件支付确定的金额给收款人或者持票人的票据。

(1) 商业承兑汇票结算程序

① 付款单位。

◇ 签发并承兑商业汇票。商业承兑汇票由交易双方约定签发,可由付款人签发,也可由收款人签发,交付款人承兑;付款人在商业承兑汇票(第二联)承兑栏处签署"承兑"字样,填写承兑日期,并加盖预留银行印鉴章以示承兑后,交给收款人。

◇ 到期兑付。付款人应于商业承兑汇票到期前将票款足额缴存开户银行。开户银行收到通过委托收款寄来的商业承兑汇票后及时通知付款人。付款人收到开户银行转来的托收凭证（付款通知联），将其所填内容经与商业承兑汇票（卡片联）核对无误后，应在当日通知银行付款。付款人在接到通知日的次日起 3 日内（遇法定休假日顺延，下同）未通知银行付款的，视同付款人承诺付款，银行应于付款人接到通知日的次日起第 4 日上午开始营业时，将票款划给持票人。

银行在办理划款时，付款人存款账户不足支付的，应填制付款人未付票款通知书，连同商业承兑汇票邮寄持票人开户银行转交持票人。

付款人存在合法抗辩事由拒绝支付的，应自接到通知日的次日起 3 日内，填制"拒绝付款理由书"送交开户银行，银行将拒绝付款证明和商业承兑汇票邮寄持票人开户银行转交持票人。

② 收款单位。

◇ 审核商业承兑汇票。收款单位收到经付款单位承兑的商业承兑汇票后，出纳人员应注意审核以下内容：是否为中国人民银行统一印制的商业承兑汇票；签发日期、到期日期、收款单位名称、账号、开户银行等栏目是否填写齐全；汇票上的印鉴是否齐全；是否在有效承兑期限内。汇票上有无注明"不得转让"字样，经转让的汇票，背书是否连续，签章是否正确。

◇ 填写托收凭证。于汇票到期日，出纳人员根据审核无误的商业承兑汇票填写一式五联委托收款的托收凭证，在"托收凭据名称"栏注明"商业承兑汇票"及其汇票号码，然后交印鉴管理员在托收凭证（贷方凭证联）上加盖预留银行印鉴章。同时需将商业承兑汇票作委托收款背书（同转账支票）。出纳人员将商业承兑汇票及托收凭证一并交开户银行办理委托收款。

◇ 银行受理委托。开户银行审查受理后，将托收凭证（受理回单联）盖章后退回给收款人。收款人开户银行将有关单证寄交付款人开户银行，以通知付款人付款，进行资金的划拨。款项到账后，开户银行将托收凭证（收账通知联）交给收款人。

（2）商业承兑汇票结算账务处理

① 付款单位账务处理。

◇ 承兑汇票购入材料等，根据商业承兑汇票（卡片联）、增值税专用发票（发票联），账务处理如下：

借：材料采购等

  应交税费——应交增值税（进项税额）（记账时，增值税专用发票已认证的可抵扣增值税额）

  应交税费——待认证进项税额（记账时，增值税专用发票未认证的可抵扣增值税额）

 贷：应付票据

◇ 汇票到期支付票款，根据托收凭证（付款通知联），账务处理如下：

借：应付票据

 贷：银行存款

② 收款单位账务处理。
- 销货，收到商业汇票，根据商业承兑汇票（第 2 联复印件）、增值税专用发票（记账联），账务处理如下：

借：应收票据
　　贷：主营业务收入
　　　　应交税费——应交增值税（销项税额）

- 汇票到期收回票款，根据托收凭证（收账通知联），账务处理如下：

借：银行存款
　　贷：应收票据

4）银行承兑汇票

银行承兑汇票是由在承兑银行开立存款账户的存款人签发，经银行审查同意承兑，在指定日期无条件支付确定的金额给收款人或者持票人的票据。

(1) 银行承兑汇票结算程序

① 承兑申请人（付款单位）。
- 出票。付款单位出纳人员填制一式三联银行承兑汇票，并将汇票的有关内容与交易合同进行核对，核对无误后，交由印鉴管理员在银行承兑汇票"出票人签章"处加盖预留银行印鉴章。
- 申请承兑。承兑申请人持银行承兑汇票和购销合同向开户银行申请承兑，每张银行承兑汇票的承兑金额最高不得超过 1 000 万元；银行信贷部门对承兑申请人进行资信审查，符合规定和承兑条件的，与承兑申请人签订承兑协议，在汇票上注明承兑协议编号，并在银行承兑汇票第二联上"承兑行签章"处加盖汇票专用章，并由授权的经办人签章，银行编押员加编密押；同时，承兑银行按票面金额向出票人收取万分之五的手续费；将第二联银行承兑汇票和第三联存根联交给承兑申请人；承兑申请人将银行承兑汇票交收款单位。
- 到期付款。承兑申请人应于银行承兑汇票到期前将票款足额交存银行，承兑银行应在汇票到期日或到期日后的见票当日支付票款。承兑申请人于到期日未能足额交存票款时，承兑银行除凭票向持票人无条件付款外，将根据承兑协议对出票人执行扣款，对尚未收回的款项转入出票人的逾期贷款户，并按照每天万分之五计收罚息。

② 收款单位。
- 审核银行承兑汇票。收款单位收到银行承兑汇票后，出纳人员应注意审核以下内容：是否为中国人民银行统一印制的银行承兑汇票；出票日期、到期日期、收款单位名称、账号、开户银行等栏目是否填写齐全；汇票上的出票人签章、承兑行签章是否齐全；是否在有效承兑期限内。汇票上有无注明"不得转让"字样，经转让的汇票，背书是否连续，签章是否正确等。
- 填写托收凭证。于汇票到期日，出纳人员根据审核无误的银行承兑汇票填写一式五联委托收款的托收凭证，在"付款人全称、地址"处填写承兑银行的信息，"付款人账号"不用填写，在"托收凭据名称"栏注明"银行承兑汇票"及其汇票号码。填写齐全审核无误后，交印鉴管理员在托收凭证（贷方凭证联）上加盖预留银行印鉴章。同时需将银行承兑汇票作委托收款背书（同转账支票）。出纳人员将银行承兑汇票及托收凭证一并交开户银行办理委托收款。

♢ 银行受理委托。开户银行审查受理后，将托收凭证（受理回单联）盖章后退回给收款人。收款人开户银行将有关单证寄交承兑银行，进行资金的划拨。款项到账后，开户银行将托收凭证（收账通知联）交给收款人。

(2) 银行承兑汇票结算账务处理
① 付款单位账务处理。
进行采购，签发汇票并经银行承兑，根据增值税专用票（发票联）、银行承兑汇票（存根联），账务处理如下：

借：材料采购等
　　应交税费——应交增值税（进项税额）（记账时，增值税专用发票已认证的可抵扣增值税额）
　　应交税费——待认证进项税额（记账时，增值税专用发票未认证的可抵扣增值税额）
　　贷：应付票据

汇票到期支付票款，根据托收凭证（付款通知联），账务处理如下：

借：应付票据
　　贷：银行存款

② 收款单位账务处理。

♢ 销货，收到商业汇票，根据增值税专用发票（记账联）、银行承兑汇票（第2联复印件），账务处理如下：

借：应收票据
　　贷：主营业务收入
　　　　应交税费——应交增值税（销项税额）

♢ 汇票到期收回票款，根据托收凭证（收账通知联），账务处理如下：

借：银行存款
　　贷：应收票据

(二) 非票据结算方式

非票据结算方式主要包括汇兑、委托收款、托收承付、信用卡、网上银行等结算方式。

1. 汇兑

汇兑是汇款人委托银行将款项支付给收款人的结算方式。汇兑结算方式按款项划转方式的不同，分为信汇和电汇两种。信汇是指汇款人委托银行通过邮寄方式将款项支付给收款人。电汇是指汇款人委托银行通过电报方式将款项划转给收款人。企业办理信汇、电汇，可由汇款人根据对汇款快慢的要求选择使用。

1) 汇兑结算特点

汇兑结算的适用范围比较广泛，单位与单位、个人与个人、单位与个人之间均可以使用，既可以同城使用，也可以异地使用，没有结算起点的限制。相对于其他结算方式而言，汇兑结算的结算程序和结算手续都比较简单。

2) 汇兑结算基本规定

① 汇兑结算方式适用于单位、个人各种款项的结算。收款人为个人的，汇款人应在汇兑凭证上注明"留行待取"字样。

② 汇款人和收款人均为个人，需要在汇入银行支取现金的，应在汇兑凭证的"汇款金额"大写栏，先填"现金"字样，后填汇款金额。

③ 支取现金的，汇兑凭证上必须有按规定填明的"现金"字样，才能办理。未填明"现金"字样，需要支取现金的，由汇入银行按照国家现金管理规定审查支付。

④ 汇款人确定不得转汇的，应在备注栏注明"不得转汇"字样。需转汇的，应重办汇兑手续，收款人和用途必须是原收款人和用途。

3) 汇兑结算程序

（1）汇款人

① 填写汇兑凭证（或业务委托书）。

汇款人委托银行办理汇款，由出纳人员填制汇兑凭证或业务委托书（部分银行办理汇兑业务需填制业务委托书，部分银行设有单独的汇兑凭证），交印鉴管理员在"委托人签章"处加盖预留银行印鉴。出纳人员将填制好的汇兑凭证交开户银行办理汇款。

汇兑凭证上记载收款人为个人的，收款人需要到汇入银行领取汇款，汇款人应在汇兑凭证"附加信息及用途"处注明"留行待取"字样；留行待取的汇款，需要指定单位的收款人领取汇款的，应注明收款人的单位名称；信汇凭收款人签章支取的，应在信汇凭证上预留其签章。

② 银行受理委托。

开户银行受理委托，经对汇兑凭证审核无误后，将汇兑凭证（回单联）加盖业务章，退回给汇款人。汇出银行向汇入银行办理款项划拨。办理汇兑结算，汇款人需要按照规定向银行交纳一定的汇划费及手续费。

③ 退汇。

汇款人对汇出银行尚未汇出的款项可以申请撤销。申请撤销时，应出具正式函件或本人身份证件及原信、电汇回单。汇出银行查明确未汇出款项的，收回原信、电汇回单，方可办理撤销。

汇款人对汇出银行已经汇出的款项可以申请退汇。对在汇入银行开立存款账户的收款人，由汇款人与收款人自行联系退汇；对未在汇入银行开立存款账户的收款人，汇款人应出具正式函件或本人身份证件及原信、电汇回单，由汇出银行通知汇入银行，经汇入银行核实汇款确未支付，并将款项汇回汇出银行，方可办理退汇。

（2）收款人

① 收款人开户银行（汇入银行）收到款项后，对开立存款账户的收款人，应将汇给其的款项直接转入收款人账户，并向其发出收账通知。

② 未在银行开立存款账户的收款人，凭信、电汇的取款通知或"留行待取"的，向汇入银行支取款项，必须交验本人的身份证件，在信、电汇凭证上注明证件名称、号码及发证机关，并在"收款人签章"处签章；信汇凭签章支取的，收款人的签章必须与预留信汇凭证上的签章相符。银行审查无误后，以收款人的姓名开立应解汇款及临时存款账户，该账户只付不收，付完清户，不计付利息。

③ 转账支付的，应由原收款人向银行填制支款凭证，并由本人交验其身份证件办理支付款项。该账户的款项只能转入单位或个体工商户的存款账户，严禁转入储蓄和信用卡账户。

④ 转汇的，应由原收款人向银行填制信、电汇凭证，并由本人交验其身份证件。转汇时收款人和用途不得改变。原汇入银行必须在信、电汇凭证上加盖"转汇"戳记。

4）汇兑结算账务处理

（1）汇款单位账务处理

① 汇出款项，根据汇兑凭证（回单联）或业务委托书（回执联）、增值税专用发票（发票联），账务处理如下：

借：材料采购等
　　应交税费——应交增值税（进项税额）（记账时，增值税专用发票已认证的可抵扣增值税额）
　　应交税费——待认证进项税额（记账时，增值税专用发票未认证的可抵扣增值税额）
　　贷：银行存款

② 支付手续费，根据银行结算业务收费凭证（存根联），账务处理如下：

借：财务费用——手续费
　　贷：银行存款

（2）收款单位账务处理

收到汇款，电汇方式下根据资金划拨补充凭证（回单联），信汇方式下根据信汇凭证（收账通知联）、增值税专用发票（记账联），账务处理如下：

借：银行存款
　　贷：主营业务收入
　　　　应交税费——应交增值税（销项税额）

2. 委托收款

委托收款是收款单位委托银行向付款单位收取款项的结算方式。按照结算款项的划回方式不同，委托收款可分为"邮划"委托收款和"电划"委托收款两种，由收款单位选用。

1) 委托收款结算特点

委托收款适用范围比较广，单位、个人都可以选择使用。委托收款既可以同城使用，也可以异地使用，没有金额起点限制。委托收款结算手续和业务程序都比较简单。

2) 委托收款结算基本规定

① 单位和个人凭已承兑商业汇票、债券、存单等付款人债务证明办理款项的结算，均可以使用委托收款结算方式。

② 委托收款在同城、异地均可以使用。

③ 在同城范围内，收款人收取公用事业费或根据国务院的规定，可以使用同城特约委托收款。收取公用事业费，必须具有收付双方事先签订的经济合同，由付款人向开户银行授权，并经开户银行同意，报经中国人民银行当地分支行批准。

3) 委托收款结算程序

(1) 收款人

① 填写托收凭证。

收款人办理委托收款，应由出纳人员填写委托收款的托收凭证，交印鉴管理员在托收凭证（贷方凭证联）"收款人签章"处加盖预留银行印鉴章，然后将托收凭证连同债务证明如商业汇票、销售发票、水电费结算单、话费单等一并交开户银行办理。

② 银行受理托收业务。

开户银行审查受理后，将托收凭证（受理回单联）加盖业务章后退回给收款人。收款人开户行将有关单证寄交付款人开户银行。

③ 收账通知。

收款人开户银行与付款人开户银行进行凭证传递及资金划转后，收款人开户银行向收款人发出托收凭证（收账通知联），通知其款项已入账。

(2) 付款人

① 审核托收凭证。

付款人开户银行将收到的托收凭证及有关附件，经审核无误后，应及时传递给付款人。付款单位出纳人员应认真审核接到的付款通知和有关附件，审查的主要内容包括：托收凭证是否应由本单位受理，托收凭证和所付的有关单证是否齐全正确；托收金额是否和实际结算金额一致等。

② 通知付款。

付款人应在接到通知日的次日起 3 日内及时审核审查有关债务证明，确定是否付款，如同意付款，可不必通知银行，3 日后银行未收到拒付通知，视同付款人同意付款，银行应于付款人接到通知日的次日起第 4 日上午开始营业时，将款项划给收款人。

付款人提前收到由其付款的债务证明，应通知银行于债务证明的到期日付款。付款人未于接到通知日的次日起 3 日内通知银行付款，付款人接到通知日的次日起第 4 日在债务证明到期日之前的，银行应于债务证明到期日将款项划给收款人。

银行在办理划款时，付款人存款账户不足支付的，应通过被委托银行向收款人发出未付款项通知书。按照有关办法规定，债务证明留存付款人开户银行的，应将其债务证明连同未付款项通知书邮寄被委托银行转交收款人。

付款人审查有关债务证明后，对收款人委托收取的款项需要拒绝付款的，应在付款人接到通知日的次日起3日内出具托收承付（委托收款）结算全部（部分）拒绝付款理由书，银行应将拒付理由书、债务证明和有关凭证一并寄给被委托银行，转交收款人。

4) 委托收款结算账务处理

（1）收款单位账务处理

① 办理委托收款，根据增值税专用发票（记账联）、托收凭证（回单联），账务处理如下：

借：应收账款
  贷：主营业务收入
    应交税费——应交增值税（销项税额）

② 收到款项，邮划方式下根据托收凭证（收账通知联），电划方式下根据资金划拨补充凭证（回单联），账务处理如下：

借：银行存款
  贷：应收账款

（2）付款单位账务处理

收到付款通知，同意付款，根据增值税专用发票（发票联）、托收凭证（付款通知联），账务处理如下：

借：材料采购等
  应交税费——应交增值税（进项税额）（记账时，增值税专用发票已认证的可抵扣增值税额）
  应交税费——待认证进项税额（记账时，增值税专用发票未认证的可抵扣增值税额）
  贷：银行存款

3. 托收承付

托收承付是根据购销合同由收款人发货后委托银行向异地付款人收取款项，由付款人向银行承认付款的结算方式。托收承付结算每笔金额起点为10 000元，新华书店系统每笔金额起点为1 000元。款项的划回分为邮划和电划两种方式，由收款人选用。

1) 托收承付结算特点

托收承付结算方式对收款单位和付款单位都有较高的资质要求，可靠性比较高，能够维护交易双方的权益。托收承付只能用于有商品交易的款项以及因商品交易而产生劳务供应的款项的结算，只能用于异地款项结算，而且有结算金额起点限制，因此适用范围比较窄。

2) 托收承付结算基本规定

① 使用托收承付结算方式的收款单位和付款单位，必须是国有企业、供销合作社以及经营管理较好，并经开户银行审查同意的城乡集体所有制工业企业。

② 办理托收承付结算的款项，必须是商品交易，以及因商品交易而产生的劳务供应的款项。代销、寄销、赊销商品的款项，不得办理托收承付结算。

③ 收付双方使用托收承付结算必须签有符合《经济合同法》的购销合同，并在合同上订明使用托收承付结算方式。

④ 收付双方办理托收承付结算，必须重合同、守信用。收款人对同一付款人发货托收累计 3 次收不回货款的，收款人开户银行应暂停收款人向该付款人办理托收；付款人累计 3 次提出无理拒付的，付款人开户银行应暂停其向外办理托收。

⑤ 收款人办理托收，必须具有商品确已发运的证件（包括铁路、航运、公路等运输部门签发运单、运单副本和邮局包裹回执）。

3) 托收承付结算程序

(1) 收款人

① 填写托收凭证。

收款人办理托收承付，应由出纳人员根据购销合同、发票账单、发运证明等单证填写托收承付的托收凭证，交印鉴管理员在托收凭证（贷方凭证联）"收款人签章"处加盖预留银行印鉴章，然后将托收凭证连同销售发票、运费单等债务证明一并交开户银行办理。

② 银行受理托收业务。

收款单位开户银行收到托收承付凭证和有关单证后，将对收款单位情况、托收款项、商品发运证件、托收凭证记载内容、收款人签章、购销合同等进行严格审查，审查无误后，将托收凭证（受理回单联）加盖业务章退回给收款人。收款人开户行将有关单证寄交付款人开户行。

③ 收账通知。

收款人开户银行与付款人开户银行进行凭证传递及资金划转后，收款人开户银行向收款人发出托收凭证（收账通知联），通知其款项已入账。

(2) 付款人

① 审核托收凭证。

付款人开户银行收到托收凭证及其附件后，应当及时通知付款人。付款人应在承付期内审查核对，安排资金。承付货款分为验单付款和验货付款两种，由收付双方商量选用，并在合同中明确规定。

验单付款的承付期为 3 天，从付款人开户银行发出承付通知的次日算起。验货付款的承付期为 10 天，从运输部门向付款人发出提货通知的次日算起。

② 通知付款。

付款人在承付期内，未向银行表示拒绝付款，银行即视作承付，并在承付期满的次日上午银行开始营业时，将款项主动从付款人的账户内付出，按照收款人指定的划款方式，划给收款人。不论验单付款还是验货付款，付款人都可以在承付期内提前向银行表示承付，并通知银行提前付款，银行应立即办理划款。

付款人在承付期满日银行营业终了时，如无足够资金支付，其不足部分，即为逾期未付款项。付款人开户银行应当根据逾期付款金额和逾期天数，按照每天万分之五计算逾期未付赔偿金。待付款人账户有款时，开户银行必须将逾期未付款项和应付的赔偿金及时扣划给收款人，不得拖延。

③ 拒付。

付款人如果在验单或验货时发现托收货款计算错误或所列货物的品种、规格、数量、价格与合同规定不符等情况时，可以在承付期内提出全部或部分拒付，填写"拒绝付款理由书"，并签章，注明拒绝付款理由并提供相关证明，向银行办理拒付手续。银行审查拒绝付款理由，查验合同，同意拒付的，在拒绝付款理由书上签注意见，并将拒绝付款理由书连同拒付证明和有关单证寄交收款人开户银行转交收款人。

4) 托收承付结算账务处理

（1）收款单位账务处理

① 办理托收，根据增值税专用发票（记账联）、托收凭证（受理回单联），账务处理如下：

借：应收账款
　　贷：主营业务收入
　　　　应交税费——应交增值税（销项税额）

② 收到款项，邮划方式下根据托收凭证（收账通知联），电划方式下根据资金划拨补充凭证（回单联），账务处理如下：

借：银行存款
　　贷：应收账款

（2）付款单位账务处理

收到付款通知，同意付款，根据增值税专用发票（发票联）、托收凭证（付款通知联），账务处理如下：

借：材料采购等
　　应交税费——应交增值税（进项税额）（记账时，增值税专用发票已认证的可抵扣增值税额）
　　应交税费——待认证进项税额（记账时，增值税专用发票未认证的可抵扣增值税额）
　　贷：银行存款

4. 信用卡

信用卡是指商业银行向个人和单位发行的，凭以向特约单位购物、消费和向银行存取现金，且具有消费信用的特制载体卡片。

1)信用卡种类

信用卡按使用对象分为单位卡和个人卡。信用卡还可按信誉等级分为金卡和普通卡。

2)信用卡结算特点

信用卡把发卡银行、持卡人、特约商户和代办行紧密地连接在一起,构成了循环往复的连锁债权债务关系,而这种关系的建立和发展都取决于彼此间提供的信用。信用卡以转账结算方式代替现金支付,能为社会提供最广泛的结算服务。信用卡的支付结算方便了持卡人与特约商户的购销活动,减少了社会的现金流通量,节约了交易成本。因信用卡具有透支功能,如果运用得当,客户可以省下一定的利息费用。

3)信用卡结算基本规定

① 凡在中国境内金融机构开立基本存款账户的单位可申请单位卡。

② 单位卡可申领若干张,持卡人资格由申领单位法定代表人或其委托的代理人书面指定和注销。持卡人不得出租或转借信用卡。持卡人用卡产生的债权债务关系由申请单位负责。

③ 单位卡账户的资金一律从其基本存款账户转账存入,不得交存现金,不得将销售收入的款项存入其账户,卡中资金按照活期利率计息。

④ 持卡人可持信用卡在特约单位购物、消费。单位卡不得用于 100 000 元以上的商品交易、劳务供应款项的结算。单位卡一律不得支取现金。

⑤ 信用卡在规定的限额和期限内允许善意透支,透支额金卡最高不得超过 10 000 元,普通卡最高不得超过 5 000 元。透支期限最长为 60 天。持卡人使用信用卡不得发生恶意透支。恶意透支是指持卡人超过规定限额或规定期限,并且经发卡银行催收无效的透支行为。

4)信用卡结算程序

① 申请信用卡。单位申请使用信用卡,按照规定向发卡银行填写申请表,发卡银行受理信用卡申请表,审查无误后,及时通知申请单位前来办理领卡手续,并按规定收取备用金和手续费。申请单位开具转账支票、填写进账单,交发卡银行,从其基本存款账户支付以上款项。

② 持卡消费。持卡人在特约商户处购物消费,用信用卡办理消费结算,结算时将信用卡在POS机上刷卡,输入密码。POS机打印交易凭证签购单,持卡人在签购单上签字。特约商户在营业终了汇总签购单笔数、金额,填制汇计单,扣除应支付给银行的结算手续费,按净计金额填制进账单,一并送交开户银行进账。特约商户开户银行在规定时间内将扣除结算手续费后的净款项划转至特约商户账户。

③ 账单日,发卡银行向持卡人寄送对账单,发给付款通知。

④ 持卡人收到付款通知后,及时向发卡银行归还消费款。

5)信用卡结算账务处理

① 申办信用卡,根据信用卡申请表、转账支票(存根联)、进账单(收账通知联),账务处理如下:

借：其他货币资金——信用卡存款
　　贷：银行存款
② 发放信用卡。
建立信用卡备查账簿，登记卡号、金额、领卡人姓名、领卡日期、领卡人签字等。
③ 报销信用卡支付的费用，根据相关购货发票（发票联），账务处理如下：
借：管理费用等
　　应交税费——应交增值税（进项税额）（记账时，增值税专用发票已认证的可抵扣增值税额）
　　应交税费——待认证进项税额（记账时，增值税专用发票未认证的可抵扣增值税额）
　　贷：其他货币资金——信用卡存款

5. 网上银行

网上银行是指通过网络和电子终端为客户提供自助金融服务的虚拟银行。网上银行可以为客户提供查询、转账、支付结算和理财等资金管理服务。个人和企事业单位均可申请开通网上银行业务。

1）网上银行的开通

以在中国工商银行开立账户的企业开通"企业网上银行普及版"业务为例。首先企业需到银行申领普通卡证书，拥有证书后，需登录中国工商银行网站进行注册，注册过程需在线签署《中国工商银行电子银行企业客户服务协议》，然后在线输入相关信息，经银行审批通过后即可开通网上银行业务。

2）网上银行功能

各个银行的网上银行提供给企业注册客户的功能略有不同，以中国工商银行为例，主要功能有：账户管理、收款业务、付款业务、集团理财、国际结算、信用证业务、贷款业务、投资理财、票据业务、海关业务、供应链金融等。一般来说，企业经常会使用账户管理、收款业务、付款业务、票据业务等功能。

① 账户管理功能可提供完善的账户信息服务，可协助集团客户集中管理和实时监控本部及遍布全国的分支机构账户，具体细目包括账户余额、交易明细、回单查询、电子对账单、综合信息报告、银企对账、收款管家、商户服务、汇总记账清单等业务。

② 收款业务是为收款企业提供的向企业或个人客户收取各类应缴费用的功能，帮助企业快速回笼应收账款。

③ 付款业务是为企业提供的一组向本地或异地企业或个人划转资金的功能。具体细目包括网上汇款、电子商务、委托代扣、外汇汇款、在线缴费、代发工资、银税通等业务。

④ 票据业务是为企业提供的有关电子商业汇票的使用功能。具体细目包括汇票管理、票据查验、明册管理、银行承兑汇票申请、商业承兑汇票申请、提示收票、撤票、背书转让、贴现、质押、保证、提示付款、追索等业务。

3) 网上银行结算特点

使用网上银行进行款项的结算方便快捷，在银行系统正常运行情况下，银行负责及时准确地处理企业发送的电子银行业务指令。网上银行可提供服务如下：

① 网上银行可为企业提供 24 小时网上查询服务；

② 对企业发出的系统内同城支付指令即时处理，实时入账；

③ 对企业发出的系统内异地支付指令，加急指令即时处理，2 小时内入账；普通指令当天处理，次工作日内入账；

④ 对企业发出的系统外同城/异地支付指令，按人民银行有关规定处理。

4) 网上银行交易流程

以付款业务为例，出纳人员登录开户银行网页→单击企业网上银行登录→选定证书进行身份验证→输入密码→进入本企业网上银行页面→选择"付款业务"下的"逐笔支付"功能→输入收款单位名称、收款账号、收款银行行别、收款银行全称、汇款方式、汇款金额、汇款用途等信息→单击确定→退出登录。相关会计人员需登录网上银行对出纳人员录入的付款业务进行复核，经复核后银行将款项划转给收款方。

付款单位通过网银付款后，将会收到开户银行转来的经盖章的记账回执，作为记账用原始凭证。

5) 网上银行结算账务处理

(1) 付款单位账务处理

购料，通过网银操作发出付款指令，根据增值税专用发票（发票联）、记账回执编制会计分录如下：

借：材料采购等

　　应交税费——应交增值税（进项税额）（记账时，增值税专用发票已认证的可抵扣增值税额）

　　应交税费——待认证进项税额（记账时，增值税专用发票未认证的可抵扣增值税额）

　　贷：银行存款

(2) 收款单位账务处理

销货，根据增值税专用发票（记账联）、记账回执编制会计分录如下：

借：银行存款

　　贷：主营业务收入

　　　　应交税费——应交增值税（销项税额）

四、银行存款核算的账户设置

小企业根据 1002 "银行存款"科目规定，设置"银行存款"账户核算小企业存入银行或其他金融机构的各种款项。该账户基本结构如下：

银行存款	资产类
（1）银行存款增加金额	（1）银行存款减少金额
余额：小企业存在银行或其他金融机构的各种款项	

明细：按开户银行和其他金融机构、存款种类等设置"银行存款日记账"，有外币存款业务的单位，还应分别按人民币和外币进行明细核算。

银行存款日记账由出纳人员根据银行存款收、付款凭证、现金付款凭证，按照业务发生的先后顺序逐笔登记，每日营业终了应结出余额。银行存款日记账应定期与银行对账单核对，至少每月核对一次。

五、银行存款的财务处理

1. 银行存款收入的核算

小企业应根据取得的收款类原始凭证（如进账单收账通知联、托收凭证收账通知联）填制收款凭证、根据审核无误的收款凭证，由出纳登记银行存款日记账，由总账人员登记银行存款总分类账。

2. 银行存款支出的核算

小企业应根据付款类原始凭证（如支票存根联、托收凭证付款通知联、电汇凭证回单联）填制付款凭证，根据审核无误的付款凭证，由出纳登记银行存款日记账，由总账人员登记银行存款总分类账。

【例 1-4】承例 1-1。正泰公司 20×1 年 6 月份另发生以下银行存款收付业务：

① 5 日，收到银行转来的收账通知，金额为 45 000 元，系因销货业务办理的托收承付款项，根据托收凭证（收账通知联），编制会计分录如下：

借：银行存款　　　　　　　　　　　　　　　　　　　　　　　45 000
　　贷：应收账款　　　　　　　　　　　　　　　　　　　　　　45 000

② 10 日，收到银行收账通知，金额为 33 900 元，系销售产品货款。增值税专用发票注明价款 30 000 元，增值税额 3 900 元。根据信汇凭证（收账通知联）、增值税专用发票（记账联），编制会计分录如下：

借：银行存款　　　　　　　　　　　　　　　　　　　　　　　33 900
　　贷：主营业务收入　　　　　　　　　　　　　　　　　　　　30 000
　　　　应交税费——应交增值税（销项税额）　　　　　　　　　3 900

③ 15 日，开出转账支票支付产品广告费。增值税专用发票注明价款 3 302 元，增值税额 198.12 元。记账时，增值税专用发票已认证。根据转账支票（存根联）、增值税专用发票（发票联），编制会计分录如下：

借：销售费用　　　　　　　　　　　　　　　　　　　　　3 302
　　应交税费——应交增值税（进项税额）　　　　　　　198.12
　　贷：银行存款　　　　　　　　　　　　　　　　　　　　　3 500.12

④ 22日，向科盛公司销售产品，开出增值税专用发票注明价款200 000元，增值税额26 000元，收到银行汇票，填制进账单到银行办理转账，根据进账单（收账通知联）、增值税专用发票（记账联），编制会计分录如下：

借：银行存款　　　　　　　　　　　　　　　　　　　　226 000
　　贷：主营业务收入　　　　　　　　　　　　　　　　　　200 000
　　　　应交税费——应交增值税（销项税额）　　　　　　　26 000

⑤ 28日，收到转账支票一张，金额为23 400元，系应收的销货款，填制进账单，到银行办理进账，根据银行转来的进账单（收账通知联），编制会计分录如下：

借：银行存款　　　　　　　　　　　　　　　　　　　　　23 400
　　贷：应收账款　　　　　　　　　　　　　　　　　　　　　23 400

⑥ 29日，收到银行付款通知，支付到期的商业承兑汇票8 000元。根据托收凭证（付款通知联），编制会计分录如下：

借：应付票据　　　　　　　　　　　　　　　　　　　　　　8 000
　　贷：银行存款　　　　　　　　　　　　　　　　　　　　　　8 000

银行存款6月初余额为150 000元，根据所发生的业务，登记银行存款日记账，如表1-1所示。

表1-1　银行存款日记账

20×1年		凭证		摘要	结算凭证		借方	贷方	借或贷	余额
月	日	种类	号数		种类	号数				
6	1			月初余额					借	150 000
	2	银付	1	提现	现支	0320		8 000	借	142 000
	5	银收	1	收销货款	托收承付	2435	45 000		借	187 000
	10	银收	2	收销货款	信汇	0675	33 900		借	220 900
	15	银付	2	付广告费	转支	8954		3 500.12	借	217 399.88
	22	银收	3	收销货款	银行汇票	4938	226 000		借	443 399.88
	28	银收	4	收销货款	转支	9485	23 400		借	466 799.88
	29	银付	3	付票据款	商业承兑汇票	3422		8 000	借	458 799.88
	30	现付	2	存现	交款单	5456	5 000		借	463 799.88
	30			本月合计			333 300	19 500.12	借	463 799.88

六、银行存款的核对

小企业应定期将银行存款日记账与银行提供的银行对账单逐笔进行核对，以查明账实是否相符，核对之前，应首先检查银行存款日记账的正确性，然后再与开户银行送来的对账单进行核对。即使企业和银行均没有记错，银行对账单余额与银行存款日记账余额也会不一致，此差异主要是因未达账项造成。所谓"未达账项"是指由于银行结算凭证在银行与企业之间进行传递需要一定的时间，从而造成企业与银行一方已经入账而另一方尚未登记账的款项。未达账项是银行存款收付结算业务中的正常现象。未达账项主要有以下四种情况：

① 银行已收款入账，企业尚未入账；
② 银行已付款入账，企业尚未入账；
③ 企业已收款入账，银行尚未入账；
④ 企业已付款入账，银行尚未入账。

上述①、④两种情况，会使企业银行存款日记账余额小于银行对账单的余额；而②、③两种情况，会使银行存款日记账余额大于银行对账单的余额。无论出现哪种情况，都会使银行存款日记账余额与银行对账单余额不一致，因此，必须通过编制"银行存款余额调节表"，来确定银行存款实有数。

"银行存款余额调节表"编制方法是：在双方账面余额的基础上，各自加上对方已收、已方未收的账项，减去对方已付、已方未付的账项。其计算公式如下：

$$\text{银行存款日记账余额} + \text{银行已收企业未收账项} - \text{银行已付企业未付账项} = \text{银行对账单余额} + \text{企业已收银行未收账项} - \text{企业已付银行未付账项}$$

【例 1-5】正泰公司 20×1 年 6 月 30 日"银行存款日记账"账面余额为 463 799.88 元（如表 1-1 所示），开户银行寄来的"银行对账单"余额为 442 119.88 元（如表 1-2 所示）。账单核对如下：

（1）查找未达账项
① 银行存款日记账借方和银行对账单贷方核对。

将企业银行存款日记账的借方和银行对账单的贷方记录内容进行核对，核对时既要核对金额，也要核对结算单据号码。经核对发现存在日记账借方金额 23 400 元（收销货款），在对账单贷方没有记录，则该笔未达账项属于"企业已收银行未收"款项；另发现存在对账单贷方金额 500 元（存款利息），在银行日记账借方没有记录，则该笔未达账项属于"银行已收企业未收"款项。

② 银行存款日记账贷方和银行对账单借方核对。

将企业银行存款日记账的贷方和银行对账单的借方记录内容进行核对，经核对发现存在日记账贷方金额 8 000 元（付票据款），在对账单借方没有记录，则该笔未达账项属于"企业已付银行未付"款项；另发现存在对账单借方金额 6 780 元（付电费），在银行日记账贷方没有记录,则该笔未达账项属于"银行已付企业未付"款项。

表1-2 银行对账单

开户单位:正泰公司 单位:元

20×1年		摘 要	结算凭证		借 方	贷 方	借或贷	余 额
月	日		种类	号数				
6	1	期初余额					贷	150 000
	2	提现	现支	0320	8 000		贷	142 000
	4	存销货款	托收承付	2435		45 000	贷	187 000
	10	存销货款	信汇	0675		33 900	贷	220 900
	20	付广告费	转支	8954	3 500.12		贷	217 399.88
	22	存销货款	银行汇票	4938		226 000	贷	443 399.88
	28	存款利息	特转	1870		500	贷	443 899.88
	30	存现	交款单	5456		5 000	贷	448 899.88
	30	付电费	委托收款	4354	6 780		贷	442 119.88
	30	本月合计			18 280.12	310 400	贷	442 119.88

(2) 编制银行存款余额调节表

根据以上未达账项,编制"银行存款余额调节表",如表1-3所示。

表1-3 银行存款余额调节表

20×1年6月30日 单位:元

项 目	金 额	项 目	金 额
银行存款日记账余额	463 799.88	银行对账单余额	442 119.88
加:银行已收、企业未收款项	500	加:企业已收、银行未收款项	23 400
减:银行已付、企业未付款项	6 780	减:企业已付、银行未付款项	8 000
调节后的存款余额	457 519.88	调节后的存款余额	457 519.88

小企业应在银行存款日记账余额与"银行存款"总分类账户余额核对相符的基础上与银行对账单相核对,通过对未达账项的调整编制"银行存款余额调节表",经调节后的双方余额应该相等,调整后的银行存款余额就是当日银行存款实有数。

值得注意的是,双方余额经调节后相符并不等于双方记账均无差错。由于双方核对不符的账项首先表现为未达账项,而正常的未达账项一般在次月都会转成已达账项,因此企业应对超过一个月以上的未达账项予以充分注意,及时与银行核对结算原始凭证,发现问题及时纠正。同时应注意银行存款余额调节表只是用于核对账目,并不能作为原始凭证进行账务处理。对于银行已经划账,而企业尚未入账的未达账项,需待银行结算凭证到达企业后,方可入账。

项目三　其他货币资金核算

一、其他货币资金的概念

其他货币资金是指小企业除库存现金和银行存款以外的货币资金。就其性质而言，其他货币资金也属货币资金，但因其存放地点和用途与库存现金和银行存款不同，须单独进行核算。

其他货币资金核算的内容主要包括外埠存款、银行汇票存款、银行本票存款、信用卡存款、信用证保证金存款、备用金等其他货币资金。

二、其他货币资金核算的账户设置

小企业根据1012"其他货币资金"科目的规定，设置"其他货币资金"账户核算小企业的银行汇票存款、银行本票存款、信用卡存款、信用证保证金存款、外埠存款、备用金等其他货币资金。该账户基本结构如下：

其他货币资金	资产类
（1）其他货币资金增加金额	（1）其他货币资金减少金额
余额：小企业持有的其他货币资金	

明细：按银行汇票或本票、信用卡发放银行、信用证的收款单位，外埠存款的开户银行，分别"银行汇票""银行本票""信用卡""信用证保证金""外埠存款""备用金"等进行明细核算

三、其他货币资金的账务处理

（一）外埠存款

外埠存款，是指小企业到外地进行临时或零星采购时，汇往采购地银行开立采购专户的款项。小企业汇往采购地开立采购专户款项时，须填写汇兑凭证，加盖"采购资金"字样。汇入银行对汇入的采购款项，以汇款单位名义开立采购专户。采购资金不计利息，除采购员差旅费可以支取少量现金外，其他一律转账。采购专户只付不收，付完结束账户。

【例1-6】20×1年10月8日，正泰公司电汇100 000元到采购地银行开立采购专户。

10月16日采购员交来供货单位开具的增值税专用发票,列示采购材料的价款80 000元,增值税额10 400元。采购专户的剩余款项退回企业存款户。该公司应做如下会计处理:

① 汇出资金开立采购专户时,根据电汇凭证(回单联),编制会计分录如下:

借:其他货币资金——外埠存款　　　　　　　　　　　　　100 000
　　贷:银行存款　　　　　　　　　　　　　　　　　　　　100 000

② 采购材料,根据已认证的增值税专用发票(发票联),编制会计分录如下:

借:材料采购等　　　　　　　　　　　　　　　　　　　　80 000
　　应交税费——应交增值税(进项税额)　　　　　　　　　10 400
　　贷:其他货币资金——外埠存款　　　　　　　　　　　　90 400

③ 结束采购专户,余额转回时,根据资金划拨补充凭证(回单联),编制会计分录如下:

借:银行存款　　　　　　　　　　　　　　　　　　　　　9 600
　　贷:其他货币资金——外埠存款　　　　　　　　　　　　9 600

(二)银行本票存款

小企业采用银行本票结算方式时,应按规定填送"银行本票申请书",取得银行本票后,持本票向供货单位办理结算。

【例1-7】 正泰公司向开户银行提交"银行本票申请书",委托银行办理银行本票33 900元。银行受理签发银行本票,将本票交供货方办理采购款项结算。该公司应做如下会计处理:

① 取得本票时,根据银行盖章退回的业务委托书(回执联),编制会计分录如下:

借:其他货币资金——银行本票　　　　　　　　　　　　　33 900
　　贷:银行存款　　　　　　　　　　　　　　　　　　　　33 900

② 使用银行本票进行材料采购,根据已认证的增值税专用发票(发票联),编制会计分录如下:

借:材料采购等　　　　　　　　　　　　　　　　　　　　30 000
　　应交税费——应交增值税(进项税额)　　　　　　　　　3 900
　　贷:其他货币资金——银行本票　　　　　　　　　　　　33 900

(三)银行汇票存款

小企业采用银行汇票结算方式时,应按规定填送"银行汇票申请书",取得银行汇票后,持汇票向外地办理结算,结算余款自动退回企业存款户。

【例1-8】 正泰公司向开户银行提交"银行汇票申请书",金额为50 000元。银行受理签发银行汇票,持银行汇票向外地采购材料,结算货款共45 200元,余款转回企业存款户。该公司应做如下会计处理:

① 取得汇票时,根据银行盖章退回的业务委托书(回执联),编制会计分录如下:

借:其他货币资金——银行汇票　　　　　　　　　　　　　50 000

贷：银行存款　　　　　　　　　　　　　　　　　　　　　　　　50 000
　② 采购材料、结算货款，根据已认证的增值税专用发票（发票联），编制会计分录如下：
　　借：材料采购等　　　　　　　　　　　　　　　　　　　　　　　40 000
　　　　应交税费——应交增值税（进项税额）　　　　　　　　　　　　5 200
　　贷：其他货币资金——银行汇票　　　　　　　　　　　　　　　　 45 200
　（3）余款转回时，根据银行转来的银行汇票（多余款收账通知联），编制会计分录如下：
　　借：银行存款　　　　　　　　　　　　　　　　　　　　　　　　 4 800
　　　贷：其他货币资金——银行汇票　　　　　　　　　　　　　　　　4 800

（四）信用卡存款

小企业申请信用卡时，应按规定填制"信用卡申请书"，连同支票和有关资料一并交发卡银行，办理信用卡。企业信用卡在使用过程中，卡内资金不够时，可向其账户续存资金。

【例1-9】正泰公司向开户银行提交"信用卡申请书"及30 000元转账支票办理信用卡。办妥后，用信用卡支付购买大宗办公用品28 000元。以后又续资金10 000元。该公司应做如下会计处理：

① 办妥信用卡时，根据银行盖章退回的信用卡申请书（存根联）及转账支票（存根联），编制会计分录如下：
　　借：其他货币资金——信用卡　　　　　　　　　　　　　　　　 30 000
　　　贷：银行存款　　　　　　　　　　　　　　　　　　　　　　　 30 000
② 报销时，根据普通购货发票（发票联），编制会计分录如下：
　　借：管理费用——办公费　　　　　　　　　　　　　　　　　　　28 000
　　　贷：其他货币资金——信用卡　　　　　　　　　　　　　　　　 28 000
③ 续存资金时，根据转账支票（存根联），编制会计分录如下：
　　借：其他货币资金——信用卡　　　　　　　　　　　　　　　　 10 000
　　　贷：银行存款　　　　　　　　　　　　　　　　　　　　　　　 10 000

（五）备用金

备用金是指为了满足小企业内部各部门和职工生产经营活动的需要，而暂付给有关部门和个人使用的现金。

小企业应在"其他货币资金"科目下设置"备用金"明细科目反映和监督备用金的领用和使用情况。

根据备用金的管理制度，备用金的核算分为定额备用金和非定额备用金两种情况。

1. 定额备用金的账务处理

定额备用金是指用款单位按定额持有的备用金。实行这种制度，通常是根据用款单位的实际需要，由财会部门会同有关用款单位核定备用金定额并拨付款项，同时规定其用途和报销期限，待用款单位实际支用后，凭有效单据向财会部门报销，财会部门根据报销数用现金补足备用金定额。

这种方法便于小企业对备用金的使用进行控制，并可减少财会部门日常的核算工作，一般适用于有经常性费用开支的内部用款单位。

实行定额备用金制度的小企业，对于领用的备用金应定期向财务会计部门报销。

向用款单位拨付备用金的账务处理如下：

借：其他货币资金——备用金（××部门）
　　贷：库存现金/银行存款

用款单位向财会部门报销，财务会计部门根据报销数用现金补足备用金定额时，账务处理如下：

借：制造费用/管理费用等
　　应交税费——应交增值税（进项税额）
　　贷：库存现金/银行存款

报销数和拨补数都不再通过"其他货币资金——备用金"账户核算。只有不再使用定额备用金或定额备用金负责人变动，收回预付备用金时，才作备用金减少的会计分录。

【例1-10】20×1年12月1日，正泰公司对其基本生产一车间核定的备用金定额为5 000元，以现金支票拨付，当月31日该部门报销日常管理支出3 000元。基本生产一车间的备用金使用定额管理。

20×1年12月1日，以现金支票向一车间拨付备用金时，根据现金支票（存根联）、借据，编制会计分录如下：

借：其他货币资金——备用金（一车间）　　　　　　　　5 000
　　贷：银行存款　　　　　　　　　　　　　　　　　　　　　5 000

20×1年12月31日一车间报销办公用品款3 000元时，根据收据、已认证的增值税专用发票（发票联）、办公用品领用表，编制会计分录如下：

借：制造费用　　　　　　　　　　　　　　　　　　　2 654.87
　　应交税费——应交增值税（进项税额）　　　　　　　345.13
　　贷：库存现金　　　　　　　　　　　　　　　　　　　　3 000

如果一车间不再使用定额备用金，交回预借定额备用金5 000元，根据收据，编制会计分录如下：

借：库存现金　　　　　　　　　　　　　　　　　　　　5 000
　　贷：其他货币资金——备用金（一车间）　　　　　　　　5 000

2. 非定额备用金的账务处理

非定额备用金是指用款单位或个人不按固定定额持有的备用金。当用款单位或个人因进行零星采购、出差或其他日常开支需要用备用金时，是按需要逐次借用和报销的。

非定额备用金为了满足临时性需要而暂付给有关部门和个人的现金，使用后实报实销。

【例 1-11】 承例 1-10。如果正泰公司基本生产一车间的备用金使用非定额管理。20×1 年 12 月 1 日办公室预借备用金 5 000 元，开出现金支票，当月 31 日该部门报销日常管理支出 3 000 元，并交回余款 2 000 元。

20×1 年 12 月 1 日，以现金向办公室拨付备用金时，根据现金支票（存根联）、借据，编制会计分录如下：

借：其他货币资金——备用金（一车间）　　　　　　　　5 000
　　贷：库存现金　　　　　　　　　　　　　　　　　　　　5 000

20×1 年 12 月 31 日一车间报销办公用品款 3 000 元时，并交回余款 2 000 元，根据收据、已认证的增值税专用发票（发票联）、办公用品领用表，编制会计分录如下：

借：制造费用　　　　　　　　　　　　　　　　　　　　2 654.87
　　应交税费——应交增值税（进项税额）　　　　　　　　345.13
　　库存现金　　　　　　　　　　　　　　　　　　　　　2 000
　　贷：其他货币资金——备用金（一车间）　　　　　　　5 000

<u>《企业会计准则》与《小企业会计准则》差异比较</u>

一、会计科目设置不同

《企业会计准则》设置了 189 个一级科目，除适用于特殊行业的 69 个一级科目外，其他 120 个一级科目适用于一般企业；《小企业会计准则》设置了 66 个一级科目。

各项资产的减值准备、交易性金融资产、合同资产、发出商品、持有待售资产、债权投资、其他债权投资、其他权益工具投资、投资性房地产、投资性房地产累计折旧、投资性房地产累计摊销、未实现融资收益、使用权资产、使用权资产累计折旧、商誉、递延所得税资产、合同负债、持有待售负债、应付债券、租赁负债、未确认融资费用、专项应付款、预计负债、递延所得税负债、库存股、其他权益工具、其他综合收益、专项储备、合同履约成本、合同取得成本、应收退货成本、公允价值变动损益、套期损益、净敞口套期损益、资产处置损益、其他收益、资产减值损失、信用减值损失、以前年度损益调整等科目在《小企业会计准则》中没有涉及。

二、采用会计计量属性不同

《企业会计准则》规定了历史成本、重置成本、可变现净值、现值、公允价值计量属性对会计要素进行计量，要求计提资产减值准备。

《小企业会计准则》只要求采用历史成本对会计要素进行计量，不再采用公允价值、可变现净值和现值等会计计量属性，不要求计提资产减值准备。

三、备用金核算不同

1. 备用金核算不同

《企业会计准则》规定，备用金在"其他应收款"科目下设明细科目核算；企业也可以单独设置"备用金"科目核算企业内部周转使用的备用金。

《小企业会计准则》规定，"备用金"在"其他货币资金"科目下设明细科目核算；小企业也可以单独设置"备用金"科目核算小企业内部周转使用的备用金。

2. 库存现金短款核算不同

《企业会计准则》规定，库存现金短款，扣除责任人、保险公司赔偿后的无法查明原因的短缺，经批准后记入"管理费用"科目核算。

《小企业会计准则》规定，库存现金短款，扣除责任人、保险公司赔偿后的无法查明原因的短缺，经批准后记入"营业外支出"科目核算。

会计与税收差异比较

小企业发生的现金损失和银行存款的损失，属于企业资产的实际损失，在进行企业所得税年度汇算清缴申报时，以专项申报的方式向主管税务机关进行申报，未经申报的资产损失，不得在企业所得税税前扣除。

第二章 应收及预付款项的核算

项目一 应收账款的核算

应收和预付款项,是指小企业在日常生产经营活动中发生的各项债权。应收和预付款项包括应收款项和预付款项等。其中,应收款项包括应收票据、应收账款、应收股利、应收利息和其他应收款等。

一、应收账款的概念

应收账款是指小企业在正常生产经营过程中,因销售商品或提供劳务等,应向购货单位或接受劳务单位收取的款项和代购货方垫付的运杂费等。

应收账款有其特定的范围。首先,应收账款是指因销售活动或提供劳务形成的债权,不包括应收职工欠款、应收债务人的利息等其他应收款;其次,应收账款是指流动资产性质的债权,不包括长期的债权;最后,应收账款是指本企业应收客户的款项,不包括本企业付出的各类存出保证金,如投标保证金和租入包装物保证金等。

二、应收账款的确认和计量

(一) 应收账款的确认时间

应收账款是在商业信用条件下由于赊销业务而产生的,因而在销售成立时既确认营业收入,又确认应收账款。也就是说,一般情况下,小企业营业收入的确认时间,即是应收账款的入账时间。

(二) 应收账款的计量

应收账款一般按实际发生额计价入账。它包括销售货物或提供劳务的价款、代税务部门收取的增值税额(增值税专用发票上注明的增值税额)和代购货单位垫付的运杂费等内容。此外,在有销售折扣(包括商业折扣和现金折扣)的情况下,还要考虑折扣因素。

一般纳税人企业销售应税货物或劳务取得收入时，向购货方填写出具增值税专用发票。三联次增值税专用发票分别是抵扣联、发票联、记账联。记账联是销货方的记账凭证，据以核算商品销售收入和增值税销项税额。抵扣联与发票联一起交给购货方。发票联是购货方的记账凭证；抵扣联是购货方扣税凭证，抵扣联认证完后另行装订保管，以备税务检查。

三、应收账款核算的账户设置

小企业根据1122"应收账款"科目的规定，设置"应收账款"账户核算小企业因销售商品、提供劳务等日常经营活动应收取的款项。不单独设置"预收账款"账户的小企业，预收的账款也在本账户反映。该账户基本结构如下：

应收账款	资产类
（1）销售商品、提供劳务形成的应收账款 （2）转入的未能按期收回的商业承兑汇票金额	（1）收回应收账款的金额 （2）改用商业汇票结算的应收账款 （3）发生坏账损失的应收账款的账面余额
余额：小企业尚未收回的应收账款	余额：小企业预收的账款

明细：按照对方单位（或个人）进行明细核算

四、应收账款的账务处理

（一）一般经营中应收账款的形成和收回的账务处理

1. 日常业务产生的应收账款的账务处理

小企业销售商品、提供劳务，形成应收账款时，账务处理如下：

借：应收账款（应收的金额）
　　贷：主营业务收入（实现的主营业务收入）
　　　　应交税费——应交增值税（销项税额）（增值税专用发票上注明的应收取的增值税额）
　　　　银行存款（代垫的运杂费）

收回应收账款时，账务处理如下：

借：银行存款
　　贷：应收账款（应收的金额）

如果会计确认收入时点早于增值税纳税义务发生时点，发生需于以后期间确认为销项税额的增值税额时，账务处理如下：

借：应收账款（应收的金额）
　　贷：主营业务收入（实现的主营业务收入）
　　　　应交税费——待转销项税额

增值税纳税义务发生时，转销待转销项税额时，账务处理如下：

借：应交税费——待转销项税额
　　贷：应交税费——应交增值税（销项税额）

【例 2-1】 20×1 年 4 月 1 日，正泰公司采用托收承付方式向科盛公司销售产品一批，开出的增值税专用发票上注明货款 2 000 元，增值税额 260 元。货已发出，已办理托收承付手续。

20×1 年 4 月 1 日实现销售，根据增值税专用发票（记账联）、托收凭证（回单联），编制会计分录如下：

借：应收账款——科盛公司　　　　　　　　　　　　2 260
　　贷：主营业务收入　　　　　　　　　　　　　　2 000
　　　　应交税费——应交增值税（销项税额）　　　　260

20×1 年 4 月 15 日接到银行收款通知，该笔款项已收回入账。正泰公司根据资金划拨补充凭证（回单联），编制会计分录如下：

借：银行存款　　　　　　　　　　　　　　　　　　2 260
　　贷：应收账款——科盛公司　　　　　　　　　　2 260

2. 商业折扣情况下应收账款的账务处理

商业折扣，就是在实际销售商品或提供劳务时，从价目单的报价中扣减部分款项，以扣减后的金额作为发票价格，是小企业为促进销售而在商品标价上给予的扣除。例如，购买 10 件以上者给予 10% 的折扣，或每买 10 件送 1 件。商品报价并不是小企业对某一具体客户的应收款，只有业务发生时的成交价才能以应收客户款入账。

商业折扣一般在交易发生时即已确定，所以商业折扣对应收账款的入账价值没有影响。因此，在存在商业折扣的情况下，小企业应收账款入账金额应按扣除商业折扣以后的实际售价确认。比如，价目表上表明的金额为 50 000 元，商业折扣 10%。则销售成立时贷记"主营业务收入"科目的金额为 45 000 元。

3. 现金折扣情况下应收账款的账务处理

现金折扣，就是小企业为了鼓励顾客在一定期限内及早偿还货款而从发票价格中让渡给顾客的一定数额的款项，是向债务人提供的债务扣除。现金折扣的条件通常用一定形式的"术语"来表示，如"2/10, 1/20, n/30"（信用期限为 30 天；如果在 10 天内付款可享受 2% 的现金折扣；如果在 20 天内付款可享受 1% 的现金折扣）。在这种情况下，当应收账款入账时，客户是否能享受到现金折扣还是个未知数，故应收账款的入账金额就是发票的实际金额，即尚未享受现金折扣前的金额（按总价法入账）。现金折扣于实际发生时确认为当期财务费用。

小企业发生的应收账款，在有现金折扣的情况下，应按发票中的货款、税额以及代垫的运杂费等借记"应收账款"科目。实际发生现金折扣时，将其借记"财务费用"科目。

【例2-2】承例2-1。假设此项销售规定的现金折扣条件为"2/10，1/20，n/30"。假定双方采用电汇结算方式，计算现金折扣时不考虑增值税额。

20×1年4月1日实现销售，根据增值税专用发票（记账联）、商业信用凭证，编制会计分录如下：

借：应收账款——科盛公司　　　　　　　　　　　　　　　2 260
　　贷：主营业务收入　　　　　　　　　　　　　　　　　　　　2 000
　　　　应交税费——应交增值税（销项税额）　　　　　　　　　　260

如果科盛公司在20×1年4月10日支付货款，正泰公司根据资金划拨补充凭证（回单联）、折扣发票，编制如下会计分录：

借：银行存款　　　　　　　　　　　　　　　　　　　　　2 220
　　财务费用　　　　　　　　　　　　　　　　　　　　　　　40
　　贷：应收账款——科盛公司　　　　　　　　　　　　　　　2 260

如果科盛公司在20×1年4月20日交付货款，正泰公司根据资金划拨补充凭证（回单联）、折扣发票，编制会计分录如下：

借：银行存款　　　　　　　　　　　　　　　　　　　　　2 240
　　财务费用　　　　　　　　　　　　　　　　　　　　　　　20
　　贷：应收账款——科盛公司　　　　　　　　　　　　　　　2 260

如果科盛公司在20×1年4月30日支付货款，正泰公司根据资金划拨补充凭证（回单联），编制会计分录如下：

借：银行存款　　　　　　　　　　　　　　　　　　　　　2 260
　　贷：应收账款——科盛公司　　　　　　　　　　　　　　　2 260

（二）应收账款与应收票据间的转换业务的账务处理

小企业因销售商品、产品或提供劳务而发生的应收账款，后来由于某些原因又改用商业汇票结算方式时，在收到承兑的商业汇票时，账务处理如下：

借：应收票据
　　贷：应收账款

【例2-3】承例2-2，若上述销售20×1年4月30日又改为商业承兑汇票结算（商业承兑汇票票面金额2 260元），根据商业承兑汇票（第2联复印件），编制会计分录如下：

借：应收票据——科盛公司　　　　　　　　　　　　　　　2 260
　　贷：应收账款——科盛公司　　　　　　　　　　　　　　　2 260

对于已到承兑期而由于某些原因尚未承兑的商业汇票，则应在票据到期日，转入应收账款核算。

项目二　应收票据的核算

一、应收票据的概念与分类

（一）应收票据的概念

应收票据是指小企业因销售商品、提供劳务等日常生产经营活动而收到的商业汇票。应收票据是企业未来收取货款的权利，具有法律上的约束力。

（二）应收票据的分类

按照承兑人不同，商业汇票分为银行承兑汇票和商业承兑汇票；按照是否计息，商业汇票分为不带息商业汇票和带息商业汇票。

二、应收票据的确认和计量

（一）应收票据的计价

一般情况下，小企业应在收到开出、承兑的商业汇票时，无论是否带息，均按应收票据的票面金额入账。同时，带息应收票据，应在期末计提利息，计提的利息借记"应收利息"科目，并同时计入当期损益，贷记"财务费用"科目。

（二）应收票据的到期日与到期值的确定

应收票据的期限有按月表示和按日表示两种。定日付款的汇票付款期限自出票日起按日计算，定期付款的汇票付款期限自出票日起按月计算。

① 按月计算的票据，以到期月份中与出票日相同的日期为到期日。次月对日为整月。如5月16日出票的3个月票据，到期日为8月16日。月末出票的票据，不论月份大小，不考虑各月份实际天数多少，以到期月份的月末一天为到期日。如2月28日出票的1个月票据，到期日为3月31日。与此同时，计算利息使用的利率要换算成月利率（年利率/12），票据期限按月计算。

② 按日计算的票据，应从出票日起按实际经历天数计算。通常出票日和到期日只能算一天（算尾不算头）。如3月3日出票的60天的票据，到期日为5月2日。与此同时，计算利息使用的利率，要换算成日利率（年利率/360），票据期限按天数计算。

③ 到期值。

不带息票据的到期值，就是票据的面值；

带息票据的到期值应该是面值加上票面利息。其计算公式如下：

$$带息票据到期价值＝面值＋面值×票面利率×票据期限$$

三、应收票据核算的账户设置

小企业根据1121"应收票据"科目的规定，设置"应收票据"账户核算小企业因销售商品（产成品或材料，下同）、提供劳务等日常生产经营活动而收到的商业汇票（银行承兑汇票和商业承兑汇票）。该账户基本结构如下：

应收票据	资产类
（1）收到开出、承兑的商业汇票的票面金额	（1）到期收回商业汇票的票面金额 （2）到期不能收回的商业汇票的票面金额 （3）背书转让商业汇票的票面金额 （4）不附追索权的贴现商业汇票的票面金额
余额：小企业持有的商业汇票的票面金额	

明细：按照开出、承兑商业汇票的单位进行明细核算

小企业应当设置"应收票据备查簿"，逐笔登记每一商业汇票的种类、号数和出票日、票面金额、交易合同号和付款人、承兑人、背书人的姓名或单位名称、到期日、背书转让日、贴现日、贴现率和贴现净额，以及收款日期和收回金额、退票情况等资料，商业汇票到期结清票款或退票后，应当在备查簿内逐笔注销。

四、应收票据的账务处理

（一）应收票据的取得、计息和到期收回的账务处理

1. 不带息应收票据的账务处理

（1）不带息应收票据取得的账务处理

小企业因销售商品、提供劳务等而收到开出、承兑的不带息商业汇票，账务处理如下：

借：应收票据（票面金额）
　　贷：主营业务收入（实现的主营业务收入）
　　　　应交税费——应交增值税（销项税额）（增值税专用发票上注明的应收取的增值税额）
　　　　银行存款（代垫的运杂费）

如果会计确认收入时点早于增值税纳税义务发生时点，发生需以后期间确认为销项税额的增值税额时，账务处理如下：

借：应收票据（票面金额）
　　贷：主营业务收入（实现的主营业务收入）
　　　　应交税费——待转销项税额

增值税纳税义务发生时，转销待转销项税额时，账务处理如下：

借：应交税费——待转销项税额
　　贷：应交税费——应交增值税（销项税额）
收到以应收票据抵偿应收账款时，账务处理如下：
借：应收票据（票面金额）
　　贷：应收账款

(2) 不带息应收票据到期收回的账务处理
借：银行存款
　　贷：应收票据（票面金额）

(3) 不带息应收票据到期，付款人无力支付票款的账务处理
如果小企业持有的商业承兑汇票到期，因付款人无力支付票款，小企业收到银行退回的商业承兑汇票、委托收款凭证、未付票款通知书或拒绝付款证明等，应将到期票据的票面金额转入"应收账款"科目，账务处理如下：
借：应收账款
　　贷：应收票据（票面金额）

【例2-4】20×1年9月30日，正泰公司向科盛公司销售产品，开出的增值税专用发票上注明价款80 000元，增值税额10 400元，收到科盛公司开出的四个月期限的商业承兑汇票一张，面值90 400元。

20×1年9月30日实现销售，根据增值税专用发票（记账联）、商业承兑汇票（第2联复印件），编制会计分录如下：

借：应收票据——科盛公司	90 400
贷：主营业务收入	80 000
应交税费——应交增值税（销项税额）	10 400

如果20×2年1月31日，票据到期收回票款，正泰公司根据资金划拨补充凭证（回单联），编制会计分录如下：

借：银行存款	90 400
贷：应收票据——科盛公司	90 400

如果20×2年1月31日，正泰公司持有的商业承兑汇票到期，因付款人无力支付票款，根据银行退回的商业承兑汇票、委托收款凭证、未付票款通知书或拒绝付款证明等单证，编制会计分录如下：

借：应收账款——科盛公司	90 400
贷：应收票据——科盛公司	90 400

2. 带息应收票据的账务处理

(1) 带息票据取得的账务处理
取得的应收票据，不论是带息票据还是不带息票据，其账务处理基本相同。

（2）带息票据期末计息的账务处理

票据到期之前，尽管利息尚未实际收到，但小企业已取得收取票据利息的权利。按权责发生制会计核算基础于会计期末反映这部分利息收入，应编制利息计算表，进行账务处理如下：

借：应收利息（期末计提的利息）
　　贷：财务费用

至于小企业于月末、季末还是年末对企业持有的应收票据计提票据利息，应根据小企业采取的会计政策而定。一般，应收票据的利息金额较大，对企业财务成果有较大影响的，应按月计提利息；否则可于季末或年末计提利息。

如应收票据利息金额不大或票据生效日和到期日在同一会计年度，为简化核算手续，也可在票据到期收到票据本息时，将利息收入贷记"财务费用"科目，平时不进行计提利息的账务处理。

（3）带息应收票据到期收回的账务处理

带息应收票据到期收回时，账务处理如下：

借：银行存款（票据本息）
　　贷：应收票据（票面金额）
　　　　应收利息（已计提的利息）
　　　　财务费用（差额：尚未计提的利息）

（4）带息应收票据到期未能收回的账务处理

应收票据到期，如因付款人无力支付票款，而收到由银行退回的商业承兑汇票、委托收款凭证、未付票款通知书或拒绝付款证明等单证，账务处理如下：

借：应收账款（票据本息）
　　贷：应收票据（票面金额）
　　　　应收利息（已计提的利息）
　　　　财务费用（差额：尚未计提的利息）

【例2-5】 承例2-4。如果正泰公司收到的是一张带息商业承兑汇票，票面年利率6%，假设按月计提利息。

20×1年9月30日实现销售，根据增值税专用发票（记账联）、商业承兑汇票（第2联复印件），编制会计分录如下：

借：应收票据——科盛公司　　　　　　　　　　　　　　　90 400
　　贷：主营业务收入　　　　　　　　　　　　　　　　　80 000
　　　　应交税费——应交增值税（销项税额）　　　　　10 400

正泰公司于20×1年10月31日、11月30日、12月31日计息时，根据应收票据利息计算表，编制会计分录如下：

借：应收利息——科盛公司　　　　　　　　　　　　　　　452
　　贷：财务费用　　　　　　　　　　　　　　　　　　　452

如果20×2年1月31日，票据到期收回票款时，正泰公司根据应收票据利息计算表、资金划拨补充凭证（回单联），编制会计分录如下：

借：银行存款　　　　　　　　　　　　　　　　　　　　　92 208
　　贷：应收票据——科盛公司　　　　　　　　　　　　　90 400
　　　　应收利息——科盛公司　　　　　　　　　　　　　 1 356
　　　　财务费用　　　　　　　　　　　　　　　　　　　　452

如果20×2年1月31日，正泰公司持有的商业承兑汇票到期，因付款人无力支付票款，根据银行退回的商业承兑汇票、委托收款凭证、未付票款通知书或拒绝付款证明等单证，编制会计分录如下：

借：应收账款——科盛公司　　　　　　　　　　　　　　　92 208
　　贷：应收票据——科盛公司　　　　　　　　　　　　　90 400
　　　　应收利息——科盛公司　　　　　　　　　　　　　 1 356
　　　　财务费用　　　　　　　　　　　　　　　　　　　　452

如果20×2年3月1日，正泰公司又收回票据本息，根据资金划拨补充凭证（回单联），编制会计分录如下：

借：银行存款　　　　　　　　　　　　　　　　　　　　　92 208
　　贷：应收账款——科盛公司　　　　　　　　　　　　　92 208

【例2-6】承例2-5。如果该票据按年计提利息。

正泰公司于20×1年12月31日计息时，根据应收票据利息计算表，编制会计分录如下：

借：应收利息——科盛公司　　　　　　　　　　　　　　　 1 356
　　贷：财务费用　　　　　　　　　　　　　　　　　　　 1 356

其他分录同例2-5。

（二）应收票据背书转让的账务处理

票据转让，是指持票人可以将票据权利转让给他人或者将一定的票据权利授予他人行使。但是，出票人在票据上记载"不得转让"字样的，该票据不得转让。

小企业将持有的不带息应收票据背书转让，以取得所需物资的账务处理如下：

借：在途物资/原材料/库存商品等（取得物资的成本）
　　应交税费——应交增值税（进项税额）（记账时，增值税专用发票已认证的可抵扣增值税额）
　　应交税费——待认证进项税额（记账时，增值税专用发票未认证的可抵扣增值税额）
　　贷：应收票据（票面金额）
　　　　银行存款（补付差额；或在借方）

若是带息票据，已经计提的利息，还应贷记"应收利息"科目，尚未计提的利息贷记

"财务费用"科目。

【例 2-7】 承例 2-4。如果 20×1 年 11 月 30 日，正泰公司将票据背书转让采购一批原材料，取得的增值税发票上注明货款 100 000 元，增值税额 13 000 元，材料已入库。差额款以银行存款补付。记账时，增值税专用发票已认证。

20×1 年 11 月 30 日背书转让票据，根据商业承兑汇票（第 2 联复印件）、增值税专用发票（发票联）、收料单、转账支票（存根联），编制会计分录如下：

借：原材料　　　　　　　　　　　　　　　　　　　　100 000
　　应交税费——应交增值税（进项税额）　　　　　　　13 000
　　贷：应收票据——科盛公司　　　　　　　　　　　　　　　90 400
　　　　银行存款　　　　　　　　　　　　　　　　　　　　　22 600

（三）应收票据贴现的账务处理

1. 票据贴现值的计算

票据贴现是指持票人为了解决临时的资金需要，将尚未到期的票据在背书后送交银行，银行受理后从票据到期值中扣除按银行贴现率计算确定的贴现利息，然后将余额付给持票人，作为银行对企业提供短期贷款的行为。可见，票据贴现的实质是企业融通资金的一种形式。

票据贴现有关计算公式如下：

票据到期价值＝票据面值×（1＋票面利率×票据期限）
　　　　　　＝票据面值＋票据利息

贴现天数＝贴现日至票据到期日实际天数（算头不算尾）（同城）

按照中国人民银行《支付结算办法》的规定，实付贴现金额按票面金额扣除贴现日至票据到期前一日的利息计算。承兑人在异地的，贴现利息的计算应另加 3 天的划款日期。

贴现息＝票据到期价值×贴现率×贴现期

票据贴现净值＝票据到期价值－贴现息

2. 不带息票据贴现的账务处理

应收票据的贴现一般可以采用"不附追索权"和"附追索权"两种方式。

（1）不附追索权的无息票据贴现的账务处理

小企业与银行签订的协议中规定，在贴现的商业汇票到期而债务人未能按期偿还时，申请贴现的企业不负有偿还责任，即银行无追索权，视同出售票据。因此，应收票据一经贴现就可以从账簿记录中消除，即贷记"应收票据"科目。小企业将票据贴现，取得贴现凭证，进行账务处理如下：

借：银行存款（实际收到的贴现款）
　　财务费用（贴现息）
　　贷：应收票据（票面金额）

【例 2-8】 承例 2-4。如果正泰公司于 20×1 年 11 月 23 日持票据向银行申请不附追索权的贴现,年贴现率为 12%。假设正泰公司与科盛公司未在同一票据交换区域内。

$$贴现天数 = 8 + 31 + 31 - 1 + 3 = 72（天）$$

$$票据到期值 = 90\ 400（元）$$

$$贴现息 = 90\ 400 \times 12\% \times 72 \div 360 = 2\ 169.6（元）$$

$$贴现净额 = 90\ 400 - 2\ 169.6 = 88\ 230.4（元）$$

20×1 年 11 月 23 日持票据向银行贴现后,根据票据贴现凭证(收账通知),编制会计分录如下:

借:银行存款　　　　　　　　　　　　　　　　　88 230.4
　　财务费用　　　　　　　　　　　　　　　　　 2 169.6
　　贷:应收票据——科盛公司　　　　　　　　　　90 400

(2) 附追索权的无息票据贴现的账务处理

在绝大多数情况下,银行都要求应收票据贴现采用"附追索权"方式,当付款人到期无力支付票据款项,即贴现企业必须向贴现银行偿还这一债务。这种负债直至贴现的票据到期由贴现银行收到票款后方可解除。因此,附追索权的商业汇票贴现应视同贴现企业以票据为质押取得银行借款。

小企业将因票据贴现而产生的负债单独以"短期借款"科目核算。账务处理,如表 2-1 所示。

表 2-1　附追索权的无息票据贴现的账务处理

贴现业务		账务处理
收到贴现款时		借:银行存款(贴现金额) 　　财务费用(贴现息) 　　贷:短期借款(贷款金额)
贴现票据到期时,承兑人足额付款		借:短期借款 　　贷:应收票据
贴现票据到期时,承兑人的银行账户不足支付票款	贴现企业付款	借:短期借款 　　贷:应收票据 借:应收账款 　　贷:银行存款
	贴现企业银行存款账户余额亦不足	借:短期借款 　　贷:应收票据 借:应收账款 　　贷:短期借款

【例2-9】承例2-4。如果20×1年11月23日，正泰公司持票据向银行申请附追索权的贴现，年贴现率为12％。假设正泰公司与科盛公司未在同一票据交换区域内。

20×1年11月23日持票据向银行贴现后，根据贴现凭证（收账通知）、借款凭证（收账通知），编制会计分录如下：

借：银行存款　　　　　　　　　　　　　　　　　　　88 230.4
　　财务费用　　　　　　　　　　　　　　　　　　　 2 169.6
　　贷：短期借款　　　　　　　　　　　　　　　　　　　　　 90 400

假设票据到期，承兑人付款，根据已还款通知，编制会计分录如下：

借：短期借款　　　　　　　　　　　　　　　　　　　 90 400
　　贷：应收票据——科盛公司　　　　　　　　　　　　　　　 90 400

假设票据到期时，承兑人无力偿还票款，则正泰公司支付票款，根据特种转账贷方传票，编制会计分录如下：

借：短期借款　　　　　　　　　　　　　　　　　　　 90 400
　　贷：应收票据——科盛公司　　　　　　　　　　　　　　　 90 400
借：应收账款——科盛公司　　　　　　　　　　　　　 90 400
　　贷：银行存款　　　　　　　　　　　　　　　　　　　　　 90 400

假设票据到期时，承兑人无力偿还票款，贴现企业银行存款不足，无力支付，作为正泰公司的逾期贷款处理，根据借款凭证，编制会计分录如下：

借：短期借款　　　　　　　　　　　　　　　　　　　 90 400
　　贷：应收票据——科盛公司　　　　　　　　　　　　　　　 90 400
借：应收账款——科盛公司　　　　　　　　　　　　　 90 400
　　贷：短期借款　　　　　　　　　　　　　　　　　　　　　 90 400

对于带息票据贴现，票据到期值等于票据面值与票据票面利息之和。如果票据票面利息大于贴现利息，会出现贷记"财务费用"科目的情况。

项目三　预付账款的核算

一、预付账款的概念

预付账款是指小企业为取得生产经营所需要的原材料、物品等而按照购货合同规定预付给供应单位的款项。预付账款是商业信用的一种形式，它所代表的是企业在将来从供应单位取得原材料、物品等的债权。预付账款不同于应收账款，前者产生于企业购货业务，后者产生于企业的销货业务，而且二者在将来收回债权的形式也不相同，因此，小企业应分别核算这两种债权,在资产负债表上作为两个流动资产项目分别反映。

二、预付账款核算的账户设置

小企业根据1123"预付账款"科目的规定,设置"预付账款"账户核算小企业按照合同规定预付的款项。该账户基本结构如下:

预付账款	资产类
(1) 预付的购货款、租金、工程款等 (2) 补付的购货款、租金、工程款等	(1) 收到所购物资的应付金额、结算的出包工程价款 (2) 退回多付的购货款、租金、工程款等 (3) 实际发生坏账损失冲减的账面余额
余额:小企业预付的各种款项	余额:小企业尚未补付的款项
明细:按供货单位进行明细核算	

预付款项情况不多的小企业,也可以将预付的款项直接记入"应付账款"账户的借方,不设"预付账款"账户。小企业进行在建工程预付的工程价款,也在本账户核算。

三、预付账款的账务处理

(一) 单设"预付账款"账户,预付账款的账务处理

1. 预付账款的账务处理

小企业因购货而按照合同规定预付给供货单位款项时,账务处理如下:

借:预付账款(实际预付的金额)
　　贷:银行存款

2. 收到货物的账务处理

小企业收到所购货物时,账务处理如下:

借:在途物资/原材料/库存商品等(购入物资的成本)
　　应交税费——应交增值税(进项税额)(记账时,增值税专用发票已认证的可抵扣增值税额)
　　应交税费——待认证进项税额(记账时,增值税专用发票未认证的可抵扣增值税额)
　　贷:预付账款(应付的金额)

3. 结清货款的账务处理

如果所购货物的成本和增值税之和大于预付的款项,在补付款项时,账务处理如下:

借:预付账款(补付的金额)
　　贷:银行存款

如果所购货物的成本和增值税之和小于预付的款项,在收到退回多付的款项时,账务处

理如下：

借：银行存款
  贷：预付账款（退回多付的金额）

【例 2-10】 20×1 年 10 月 12 日，正泰公司根据购货合同规定，预付科盛公司货款 6 600 元。20×1 年 10 月 18 日科盛公司发出商品，并开来发票账单，增值税专用发票上注明货款 6 000 元，增值税额 780 元，材料已入库，不足款项于 20×1 年 10 月 20 日以银行存款电汇支付。正泰公司单设"预付账款"账户进行核算。

20×1 年 10 月 12 日，向科盛公司预付货款时，根据收据、电汇业务委托书（回执联），编制会计分录如下：

借：预付账款——科盛公司   6 600
  贷：银行存款   6 600

20×1 年 10 月 18 日，收到科盛公司开来发票账单，原材料已入库。记账时，增值税专用发票已认证。根据增值税专用发票（发票联）、入库单，编制会计分录如下：

借：原材料   6 000
  应交税费——应交增值税（进项税额）   780
  贷：预付账款——科盛公司   6 780

20×1 年 10 月 20 日补付科盛公司账款时，根据电汇业务委托书（回执联），编制会计分录如下：

借：预付账款——科盛公司   180
  贷：银行存款   180

（二）不单设"预付账款"账户，预付账款的账务处理

预付款项情况不多的企业，也可以不设"预付账款"账户，将预付的款项直接记入"应付账款"账户的借方进行核算。

项目四　其他应收款的核算

一、其他应收款的概念

其他应收款指小企业除应收票据、应收账款、预付账款、应收股利、应收利息等以外的其他各种应收及暂付款项。主要包括以下内容：

① 应收的各种赔款、罚款；
② 应收出租包装物租金；
③ 应向职工收取的各种垫付款项；

④ 存出保证金，如租入包装物支付的押金；
⑤ 其他各种应收、暂付款项。

二、其他应收款核算的账户设置

小企业根据1221"其他应收款"科目的规定，设置"其他应收款"账户核算小企业除应收票据、应收账款、预付账款、应收股利、应收利息等以外的其他各种应收及暂付款项。该账户基本结构如下：

其他应收款	资产类
（1）发生的金额	（1）收回的金额 （2）实际发生坏账损失应冲减的账面余额
余额：小企业尚未收回的其他应收款项	

明细：按对方单位（或个人）进行明细核算

三、其他应收款的账务处理

小企业发生其他应收款时，账务处理如下：
借：其他应收款
　　贷：库存现金/银行存款/营业外收入等
收回备用金以外的其他应收款时，账务处理如下：
借：库存现金/银行存款/应付职工薪酬等
　　贷：其他应收款

【例2-11】20×1年12月2日，正泰公司以银行存款代职工张红垫付应由个人负担的住院费600元，拟从工资中扣回。

20×1年12月2日以银行存款垫支款项时，根据垫付住院费决议、现金支票（存根联），编制会计分录如下：

借：其他应收款——代垫款（张红）　　　　　　　　　　　600
　　贷：银行存款　　　　　　　　　　　　　　　　　　　　600

20×1年12月31日从张红的工资中扣回款项时，根据工资结算汇总表，编制会计分录如下：

借：应付职工薪酬　　　　　　　　　　　　　　　　　　　600
　　贷：其他应收款——代垫款（张红）　　　　　　　　　　600

【例2-12】20×1年12月2日，正泰公司预租入包装物一批，以银行存款向出租方科盛公司支付押金5 000元。

20×1年12月2日以银行存款支付押金时，根据电汇业务委托书（回执联）、收据，编制会计分录如下：
　　借：其他应收款——存出保证金（科盛公司）　　　　　　　　5 000
　　　　贷：银行存款　　　　　　　　　　　　　　　　　　　　　　5 000
　　如果租入包装物按期如数退回，收到出租方科盛公司退还的押金5 000元，已存入银行，根据资金划拨补充凭证（回单联）、收据，编制会计分录如下：
　　借：银行存款　　　　　　　　　　　　　　　　　　　　　　　5 000
　　　　贷：其他应收款——存出保证金（科盛公司）　　　　　　　　5 000

项目五　坏账的核算

一、坏账与坏账损失

　　无法收回或收回的可能性极小的应收款项称为"坏账"。由于发生坏账而使小企业遭受的损失，称为"坏账损失"。
　　小企业应收及预付款项符合下列条件之一的，减除可收回的金额后确认的无法收回的应收及预付款项，作为坏账损失：
　　① 债务人依法宣告破产、关闭、解散、被撤销，或者被依法注销、吊销营业执照，其清算财产不足清偿的；
　　② 债务人死亡，或者依法被宣告失踪、死亡，其财产或者遗产不足清偿的；
　　③ 债务人逾期3年以上未清偿，且有确凿证据证明已无力清偿债务的；
　　④ 与债务人达成债务重组协议或法院批准破产重整计划后，无法追偿的；
　　⑤ 因自然灾害、战争等不可抗力导致无法收回的；
　　⑥ 国务院财政、税务主管部门规定的其他条件。

二、坏账损失的账务处理

　　应收及预付款项的坏账损失核算采用直接转销法，应当于实际发生时计入营业外支出，同时冲减应收及预付款项。
　　应收账款实际发生坏账损失的账务处理如下：
　　借：银行存款（可收回的金额）
　　　　营业外支出——坏账损失（发生坏账损失的金额）
　　　　贷：应收账款（账面余额）

【例 2-13】 20×1 年 12 月 31 日，正泰公司应收科盛公司款项的余额为 200 000 元，科盛公司发生重大火灾，经协商正泰公司同意将科盛公司的债务减为 120 000 元，并于当日收到货款。根据坏账损失确认单、银行进账单编制会计分录如下：

借：银行存款　　　　　　　　　　　　　　　　　120 000
　　营业外支出——坏账损失　　　　　　　　　　 80 000
　　贷：银行存款　　　　　　　　　　　　　　　　　　200 000

小企业已作为坏账损失处理后又收回的应收款项，记入"营业外收入"科目。

《企业会计准则》与《小企业会计准则》差异比较

1. 应收款项的核算不同

《企业会计准则》规定，在客户实际支付合同对价或在该对价到期应付之前，企业如果已经向客户转让了商品，则应当将因已转让商品而有权收取对价的权利列示为合同资产或应收款项。需要说明的是，合同资产和应收款项都是企业拥有的有权收取对价的合同权利，二者的区别在于，应收款项代表的是无条件收取合同对价的权利，即企业仅仅随着时间的流逝即可收款，而合同资产并不是一项无条件收款权，该权利除了时间流逝之外，还取决于其他条件（例如，履行合同中的其他履约义务）才能收取相应的合同对价。企业设置"合同资产"科目核算企业已向客户转让商品而有权收取对价的权利；仅取决于时间流逝因素的收取对价的权利，在"应收账款"科目核算。

《小企业会计准则》规定，小企业仅设置"应收账款"科目核算小企业因销售商品、提供劳务等日常经营活动应收取的款项。

2. 坏账处理不同

《企业会计准则》规定，企业应当在资产负债表日计算应收款项的预期信用损失，以未来可能的违约事件造成的损失的期望值确认减值准备。应收款项坏账的处理方法采用备抵法。企业设置"信用减值损失""坏账准备"科目对发生减值的应收款项，确认减值损失，计提减值准备。

《小企业会计准则》规定，小企业应收及预付款项的坏账损失应当于实际发生时记入"营业外支出"科目，同时冲减应收款项。应收款项坏账的处理方法采用直接转销法。

会计与税收差异比较

小企业发生的应收及预付款项坏账损失，应在向主管税务机关提供证据资料证明其已符合法定资产损失确认条件，且会计上已作损失处理的年度申报扣除。坏账损失应按规定的程序和要求向主管税务机关申报后方能在税前扣除，未经申报的损失，不得税前扣除。

小企业逾期3年以上的应收款项在会计上已作为损失处理的，可作为坏账损失税前扣除，但应说明情况，并出具专项报告。企业逾期1年以上，单笔数额不超过5万元或不超过企业年度收入总额万分之一的应收款项，会计上已作为损失处理的，可作为坏账损失税前扣除，但应说明情况，并出具专项报告。

第三章 存货的核算

项目一 存货概述

一、存货的定义

存货是指小企业在日常生产经营过程中持有以备出售的产成品或商品、处在生产过程中的在产品、将在生产过程或提供劳务过程中耗用的材料和物料等,以及小企业(农、林、牧、渔业)为出售而持有的、或在将来收获为农产品的消耗性生物资产。

小企业的存货包括:原材料、在产品、半成品、产成品、商品、周转材料、委托加工物资、消耗性生物资产等。

存货区别于固定资产等非流动资产的最基本的特征是,小企业持有存货的最终的目的是出售,包括可供直接销售的产成品、商品,以及需经过进一步加工后出售的原材料等。

二、存货的分类

存货的构成内容很多,不同存货的具体特点和管理要求各不相同。为了有效地组织各项存货的会计核算,应对存货进行科学分类。

① 原材料,是指小企业在生产过程中经加工改变其形态或性质并构成产品主要实体的各种原料及主要材料、辅助材料、外购半成品(外购件)、修理用备件(备品备件)、包装材料、燃料等。

② 在产品,是指小企业正在制造尚未完工的产品。包括:正在各个生产工序加工的产品,以及已加工完毕但尚未检验或已检验但尚未办理入库手续的产品。

③ 半成品,是指小企业经过一定生产过程并已检验合格交付半成品仓库保管,但尚未制造完工成为产成品,仍需进一步加工的中间产品。

④ 产成品，是指小企业已经完成全部生产过程并已验收入库，符合标准规格和技术条件，可以按照合同规定的条件送交订货单位，或者可以作为商品对外销售的产品。

⑤ 商品，是指小企业（批发业、零售业）外购或委托加工完成并已验收入库用于销售的各种商品。

⑥ 周转材料，是指小企业能够多次使用、逐渐转移其价值但仍保持原有形态且不确认为固定资产的材料。包括：包装物、低值易耗品、小企业（建筑业）的钢模板、木模板、脚手架等。

⑦ 委托加工物资，是指小企业委托外单位加工的各种材料、商品等物资。

⑧ 消耗性生物资产，是指小企业（农、林、牧、渔业）生长中的大田作物、蔬菜、用材林以及存栏待售的牲畜等。

此外，存货按来源主要分为外购存货、自制存货、委托外单位加工存货、投资者投入的存货、接受捐赠的存货、盘盈的存货等。

三、存货的确认

（一）存货确认条件

某个项目要确认为存货，首先要符合存货的定义，其次还应符合存货的确认条件。存货在同时满足以下两个条件时，才能予以确认：

① 与该存货有关的经济利益很可能流入企业；

② 该存货的成本能够可靠地计量。

（二）存货范围的确定

存货范围的确定，应以小企业对存货是否具有法定所有权为标准，而不以物品的存放地点为依据。即在盘存日，法定所有权归属小企业的一切存货，无论其存放于何处或处于何种状态，都应作为小企业的存货。凡法定所有权不属小企业的存货，即使存放在本企业，也不应纳入本企业的存货范围。

项目二 存货的计价

一、存货取得的计价

存货取得的计价即存货取得时入账价值的确定。小企业取得存货，应当按照成本进行计量。存货成本包括采购成本、加工成本和其他成本三个组成部分。小企业取得存货的途径不同，其实际成本的构成也有所不同。

1. 外购存货的成本

外购存货的成本包括：购买价款、相关税费、运输费、装卸费、保险费，以及在外购存货过程发生的其他直接费用，但不含按照税法规定可以抵扣的增值税进项税额。

2. 加工取得存货的成本

通过进一步加工取得存货的成本包括：直接材料、直接人工以及按照一定方法分配的制造费用。

经过1年期以上的制造才能达到预定可销售状态的存货发生的借款费用，也计入存货的成本。借款费用，是指小企业因借款而发生的利息及其他相关成本，包括借款利息、辅助费用以及因外币借款而发生的汇兑差额等。

3. 投资者投入存货的成本

投资者投入存货的成本，应当按照评估价值确定。

4. 提供劳务的成本

提供劳务的成本包括：与劳务提供直接相关的人工费、材料费和应分摊的间接费用。

5. 盘盈存货的成本

应当按照同类或类似存货的市场价格或评估价值确定。

二、存货发出的计价

存货发出的计价即存货发出成本的确定。基于存货的成本流转顺序和实物的流转顺序可以分离的特点，存货发出的计价就是在采用某种成本流转假设的前提下，按照不同的成本流转顺序确定存货的发出成本和结存成本。

小企业应当采用先进先出法、加权平均法或者个别计价法确定发出存货的实际成本。计价方法一经选用，不得随意变更。

对于性质和用途相似的存货，应当采用相同的成本计算方法确定发出存货的成本。

（一）个别计价法

个别计价法，亦称个别认定法、具体辨认法、分批实际法，其特征是注重所发出存货具体项目的实物流转与成本流转之间的联系，逐一辨认各批发出存货和期末存货所属的购进批别或生产批别，分别按其购入或生产时所确定的单位成本计算各批发出存货和期末存货的成本。即把每一种存货的实际成本作为计算发出存货成本和期末存货成本的基础。

【例3-1】正泰公司的原材料发出采用个别计价法计价。20×1年3月，乙材料的收入、发出及结存情况，如表3-1所示。

表 3-1 材料明细账（个别计价法）

类别：原材料　　　　　　　　　　　最高储备量：
名称：乙材料　　　计量单位：千克　　最低储备量：　　　　　　　金额单位：元

日期		摘要	收入			发出			结存		
月	日		数量	单价	金额	数量	单价	金额	数量	单价	金额
3	1	期初余额							150	110	16 500
	5	购入	100	120	12 000				150 100	110 120	16 500 12 000
	11	领用				100 100	110 120	11 000 12 000	50	110	5 500
	16	购入	200	130	26 000				50 200	110 130	5 500 26 000
	20	领用				100	130	13 000	50 100	110 130	5 500 13 000
	23	购入	100	125	12 500				50 100 100	110 130 125	5 500 13 000 12 500
	27	领用				50 50	110 125	5 500 6 250	100 50	130 125	13 000 6 250
	31	本期合计	400	—	50 500	400	—	47 750	100 50	130 125	13 000 6 250

本期发出乙材料的单位成本如下：

3月11日发出的200千克中，100千克系期初结存，单价为110元；100千克为5日购入，单价为120元；

3月20日发出的100千克系16号购入，单价为130元；

3月27日发出的100千克，50千克为期初结存，单价为110元；50千克系23日购入，单价为125元。

正泰公司本期发出乙材料成本及期末结存材料成本如下：

本期发出材料成本＝(100×110＋100×120)＋100×130＋(50×110＋50×125)＝47 750(元)

期末结存材料成本＝100×130＋50×125＝19 250(元)

或：

期末结存材料成本＝16 500＋50 500－47 750＝19 250(元)

这种方法假设存货的实物流转与成本流转相一致，反映发出存货的实际成本最为准确，且可随时结转。但其应用条件是必须正确认定存货的批次、单价，存货收发批次较多时，核算工作量大；如果用于可互换使用的存货时，可能导致企业任意挑选存货成本以调整当期利润。

对于不能替代使用的存货、为特定项目专门购入或制造的存货及提供的劳务，采用个别计价法确定发出存货的成本。在实际工作中，个别计价法可以广泛应用于采用计算机信息系统进行会计处理的企业的发出存货的计价。

（二）先进先出法

先进先出法是以先购入的存货应先发出（销售或耗用）这样一种存货实物流动假设为前提，对发出存货进行计价。采用这种方法，先购入的存货成本在后购入存货成本之前转出，据此确定发出存货和期末存货的成本。

先进先出法下存货明细账的登记方法：逐笔登记每批入库存货的数量、单价、金额；按先进先出法计价，逐笔登记每批发出、结存存货的数量、单价、金额。

一般而言，先进先出法适用于经营品种简单、进货价格持续变动的商品。经营活动受存货形态影响较大或存货容易腐败变质的企业可采用此种方法。

（三）月末一次加权平均法

月末一次加权平均法，是指以当月全部进货数量加上月初存货数量作为权数，去除当月全部进货成本加上月初存货成本，计算出存货的加权平均单位成本，以此为基础计算当月发出存货的成本和期末存货的成本的一种方法。计算公式如下：

$$加权平均单位成本 = \frac{月初库存存货成本 + 本月入库存货成本}{月初库存存货数量 + 本月入库存货数量}$$

$$本月发出存货成本 = 本月发出存货数量 \times 存货加权平均单位成本$$

$$月末库存存货成本 = 月末库存存货数量 \times 存货加权平均单位成本$$

月末一次加权平均法下存货明细账的登记方法：收到存货，按数量、单价、金额进行序时登记；发出存货，平时只记数量，不记单价、金额，月末按平均单价一次计算。

一般而言，对于储存在同一地点、性能形态相同的大量存货（如非主要材料等价值不大、数量不多的存货），可采用月末一次加权平均法。

项目三　原材料按实际成本计价的核算

原材料按照实际成本计价核算时，原材料的收发，无论总分类核算还是明细分类核算，均按照实际成本计价，不存在成本差异的计算与结转问题。

一、原材料按实际成本计价核算的账户设置

1．"在途物资"账户

小企业根据1402"在途物资"科目的规定，设置"在途物资"账户核算小企业采用实际成本进行材料、商品等物资的日常核算、尚未到达或尚未验收入库的各种物资的实际采购成本。

小企业（批发业、零售业）在购买商品过程中发生的费用（包括运输费、装卸费、包装费、保险费、运输途中的合理损耗和入库前的挑选整理费等），在"销售费用"账户核算，

不在本账户核算。该账户基本结构如下：

在途物资	资产类
（1）应计入材料、商品采购成本的金额（已付款未入库）	（1）所购材料、商品到达验收入库的金额（实际成本或进价）
余额：小企业在途材料、商品等物资的采购成本	
明细：按供应单位和物资品种进行明细核算	

2. "原材料"账户

小企业根据1403"原材料"科目的规定，设置"原材料"账户核算小企业库存的各种材料。包括原料及主要材料、辅助材料、外购半成品（外购件）、修理用备件（备品备件）、包装材料、燃料等的实际成本或计划成本。

购入的工程用材料，在"工程物资"账户核算，不在本账户核算。该账户基本结构如下：

原材料	资产类
（1）已验收入库原材料的实际成本	（1）发出原材料的实际成本
余额：小企业库存材料的实际成本	
明细：按材料的保管地点（仓库）、材料的类别、品种和规格等进行明细核算	

原材料按计划成本核算的，该账户的借贷余分别登记原材料的计划成本。

二、原材料按实际成本计价取得的账务处理

（一）购入原材料的核算

材料入库时应填制收料单，"收料单"一般一式四联（材料入库通知、付款通知、财务留存、仓库留存）。

外购原材料，由于结算方式和采购地点的不同，货款支付和存货入库的时间往往不一致，因而账务处理也不完全相同。

1. 单货同到情况下外购原材料账务处理

单货同到是指发票账单等结算单据已到，货款已经支付或开出、承兑商业汇票，同时材料已验收入库。

单货同到情况下外购原材料的账务处理如下：

借：原材料（入库材料的实际成本）
　　　应交税费——应交增值税（进项税额）（记账时，增值税专用发票已认证的可抵扣增值税额）
　　　应交税费——待认证进项税额（记账时，增值税专用发票未认证的可抵扣增值税额）

贷：银行存款/其他货币资金/应付票据等
　　待认证进项税额经认证后，账务处理如下：
　　借：应交税费——应交增值税（进项税额）
　　　贷：应交税费——待认证进项税额

【例3-2】20×1年1月26日，正泰公司从科盛公司购入甲材料1 000千克，每千克单价20元，取得增值税专用发票已认证相符，专用发票上列明价款为20 000元，增值税额2 600元；另对方代垫运费，取得增值税专用发票已认证相符，专用发票上列明价款1 000元，增值税额90元，经审核无误承付该款项。材料已验收入库。

承付货款、材料入库时，根据增值税专用发票（发票联）、托收凭证（付款通知联）、收料单，编制会计分录如下：

　　借：原材料——甲材料　　　　　　　　　　　　　　　　　　21 000
　　　　应交税费——应交增值税（进项税额）　　　　　　　　　 2 690
　　　贷：银行存款　　　　　　　　　　　　　　　　　　　　　23 690

2. 单到货未到情况下外购原材料的账务处理

单到货未到是指发票账单等结算单据已到，货款已经支付或开出、承兑商业汇票，材料尚未到达或尚未验收入库。

单到货未到情况下外购原材料的账务处理如下：

　　借：在途物资（购入物资的采购成本）
　　　　应交税费——应交增值税（进项税额）（记账时，增值税专用发票已认证的可抵扣增值税额）
　　　　应交税费——待认证进项税额（记账时，增值税专用发票未认证的可抵扣增值税额）
　　　贷：银行存款/其他货币资金/应付票据等
　　待认证进项税额经认证后：
　　借：应交税费——应交增值税（进项税额）
　　　贷：应交税费——待认证进项税额

【例3-3】承例3-2。假设20×1年1月26日，正泰公司收到银行转来的托收承付结算凭证及发票等单据。经审核无误承付该款项。材料尚未到达。

承付货款时，根据增值税专用发票（发票联）托收凭证（付款通知联），编制会计分录如下：

　　借：在途物资——甲材料　　　　　　　　　　　　　　　　　21 000
　　　　应交税费——应交增值税（进项税额）　　　　　　　　　 2 690
　　　贷：银行存款　　　　　　　　　　　　　　　　　　　　　23 690

20×1年1月30日，购入的甲材料收到并验收入库时，根据收料单，编制会计分录如下：

　　借：原材料——甲材料　　　　　　　　　　　　　　　　　　21 000

贷：在途物资——甲材料　　　　　　　　　　　　　　　　　　　21 000

3. 货到单未到情况下外购原材料的账务处理

外购材料已经到达企业，但发票账单尚未到达，因而尚未支付货款，可暂不作账务处理，只在明细账上反映入库数量。

① 待月内发票账单等结算单据到达，支付货款时，账务处理如下：

借：原材料（入库材料的实际成本）
　　应交税费——应交增值税（进项税额）（记账时，增值税专用发票已认证的可抵扣增值税额）
　　应交税费——待认证进项税额（记账时，增值税专用发票未认证的可抵扣增值税额）
　贷：银行存款/其他货币资金/应付票据等

待认证进项税额经认证后：

借：应交税费——应交增值税（进项税额）
　贷：应交税费——待认证进项税额

② 如果月末发票账单等结算单据仍未到达，可暂估入账，账务处理如下：

借：原材料（入库材料的暂估价值）
　贷：应付账款——暂估应付账款

应注意的是，暂估入账的金额不包含增值税进项税额。

下月月初用红字作同样的会计分录冲销该笔分录，账务处理如下：

借：原材料（入库材料的暂估价值）（红字）
　贷：应付账款——暂估应付账款（红字）

待发票账单等结算单据到达时，按单货同到的情况进行处理。

【例3-4】 承3-2。假设20×1年1月26日，正泰公司购入的该批甲材料已验收入库，月末发票账单等结算凭证尚未到达，按合同价格20 000元暂估入账。

1月31日，根据收料单，编制会计分录如下：

借：原材料——甲材料　　　　　　　　　　　　　　　　　　　　20 000
　贷：应付账款——暂估应付账款　　　　　　　　　　　　　　　　20 000

2月1日，用红字作同样的记录，予以冲回：

借：原材料——甲材料　　　　　　　　　　　　　　　　　　　　20 000
　贷：应付账款——暂估应付账款　　　　　　　　　　　　　　　　20 000

2月3日，发票账单等结算凭证到达，根据已认证增值税专用发票（发票联）、运输发票、托收凭证（付款通知联）、收料单，编制会计分录如下：

借：原材料——甲材料　　　　　　　　　　　　　　　　　　　　21 000
　　应交税费——应交增值税（进项税额）　　　　　　　　　　　 2 690
　贷：银行存款　　　　　　　　　　　　　　　　　　　　　　　 23 690

此外，如果已经收到银行转来的结算凭证，由于资金不足未能支付货款，借记"原材料""应交税费——应交增值税（进项税额）"科目，贷记"应付账款"科目。

采用预付货款的方式采购材料的，收到发票账单并将材料验收入库后，借记"原材料""应交税费——应交增值税（进项税额）"科目，贷记"预付账款"科目。

4. 购进原材料进项税额不得抵扣的账务处理

一般纳税人购进货物、加工修理修配劳务、服务、无形资产或不动产，用于简易计税方法计税项目、免征增值税项目、集体福利或个人消费等，其进项税额按照现行增值税制度规定不得从销项税额中抵扣的。购进原材料，进项税额不得抵扣，账务处理如下。

① 取得增值税专用发票时：

借：原材料

　　应交税费——待认证进项税额

　贷：银行存款/应付账款等

② 经税务机关认证后：

借：应交税费——应交增值税（进项税额）

　贷：应交税费——待认证进项税额

③ 按现行增值税制度规定转出时：

借：原材料

　贷：应交税费——应交增值税（进项税额转出）

此外，小规模纳税人购买物资、服务、无形资产或不动产，取得增值税专用发票上注明的增值税应计入相关成本费用或资产，不通过"应交税费——应交增值税"科目核算。

如果增值税专用发票未认证发生退货情况的，购买方应将发票退回并做相反的账务处理；如果增值税专用发票认证抵扣后发生退货情况的，购买方可在增值税发票管理系统中填开并上传《开具红字增值税专用发票信息表》，销售方凭税务机关系统校验通过的《信息表》开具红字专用发票，购买方待取得销售方开具的红字专用发票后，与《信息表》一并作为记账凭证，进行采购退货的账务处理。需要说明的是，增值税红字专用发票不需要认证。

（二）自制原材料的核算

小企业基本生产车间或辅助生产车间自制的材料，应先通过"生产成本——基本生产成本"或"生产成本——辅助生产成本"科目核算其发生的料、工、费支出，账务处理如下：

借：生产成本——基本生产成本/生产成本——辅助生产成本（自制过程中发生的料、工、费）

　贷：原材料——A材料/应付职工薪酬/制造费用等

自制完成的材料验收入库时，账务处理如下：

借：原材料——B材料

　贷：生产成本——基本生产成本/生产成本——辅助生产成本

三、原材料按实际成本计价发出的核算

采用实际成本进行材料日常核算的企业，发出原材料的实际成本，可以采用先进先出法、月末一次加权平均法、个别计价法等计算确定。

小企业发出材料主要是为满足生产耗用，少量对外销售和委托加工。发出材料需要办理发料手续，填制相关发料凭证，以便进行材料核算。小企业采用的领料凭证主要有领料单、限额领料单、领料登记簿、退料单等。

在实际工作中，由于发料频繁，发料凭证数量较多，平时一般只根据领料凭证登记原材料明细账，并不直接根据领料凭证填制记账凭证，而是按材料的领用部门和用途，定期分类汇总，月末汇总编制"发料凭证汇总表"，据此进行账务处理。

根据领料凭证，原材料按实际成本计价发出的账务处理如下：

借：生产成本——基本生产成本（基本生产车间生产领用原材料的实际成本）
　　　　　　——辅助生车成本（辅助生产车间领用原材料的实际成本）
　　制造费用（车间非生产耗用领用原材料的实际成本）
　　管理费用（行政管理部门领用原材料的实际成本）
　　销售费用（销售部门领用原材料的实际成本）
　　委托加工物资（发给外单位加工的原材料的实际成本）
　　在建工程（在建工程领用原材料的实际成本）
　　研发支出（研发部门领用原材料的实际成本）
　　其他业务成本（出售原材料的实际成本）
　　贷：原材料

同时，因改变用途等，原已计入进项税额、待认证进项税额，但按现行增值税制度规定不得从销项税额中抵扣的增值税进项税额、待认证进项税额（先认证），应予以转出。账务处理如下：

借：应付职工薪酬等科目（进项税额抵扣情况发生改变，转出的不得从销项税额中抵扣的增值税进项税额）
　　贷：应交税费——应交增值税（进项税额转出）

【例3-5】正泰公司根据20×1年6月份"发料凭证汇总表"的记录，6月份基本生产车间生产领用甲材料42 500元，辅助生产车间领用甲材料21 000元，基本生产车间一般耗用领用甲材料13 500元，企业行政管理部门领用甲材料10 000元，安装工程领用甲材料23 000元，计110 000元。根据"发料凭证汇总表"，编制会计分录如下：

借：生产成本——基本生产成本　　　　　　　　　　42 500
　　　　　　——辅助生产成本　　　　　　　　　　21 000
　　制造费用——基本生产车间　　　　　　　　　　13 500
　　管理费用　　　　　　　　　　　　　　　　　　10 000

在建工程　　　　　　　　　　　　　　　　　　　23 000
　　贷：原材料　　　　　　　　　　　　　　　　　　　　　110 000
　　原材料按计划成本的核算的小企业，设置"原材料""材料采购""材料成本差异"科目进行核算。

项目四　周转材料的核算

　　周转材料同固定资产一样，属于劳动资料，在生产经营过程中，可以多次周转使用而不改变其原有的实物形态，其价值在使用过程中因磨损而逐渐转移到产品成本或期间费用中。但由于周转材料品种多、数量大、价值低、使用期限短、容易损坏，具有较强的流动性，因此，将其划归为存货进行核算。

一、低值易耗品的核算

　　（一）低值易耗品的概念
　　低值易耗品是指不符合固定资产确认条件的各种用具物品，如工具、管理用具、玻璃器皿、劳动保护用品，以及在经营过程中周转使用的容器等。
　　低值易耗品按其用途不同可分为以下几类：
　　① 一般工具，指车间生产产品用的工具，如刀具、量具和各种辅助工具以及供生产周转使用的容器等；
　　② 专用工具，指为了生产某种产品所专用的工具，如专业模具、专用工具等；
　　③ 管理工具，指在管理工作中使用的各种物品，如办公用具、办公家具等；
　　④ 劳动保护用品，指为了能使职工安全而发给职工的防护用品，如工作服、工作鞋等；
　　⑤ 替换设备，指容易损坏或磨损，为制造不同产品需要替换的各种设备，如钢锭模、轧辊等；
　　⑥ 其他，指不属于以上各类的低值易耗品。
　　（二）低值易耗品的摊销方法
　　小企业应当采用一次转销法或者分次摊销法对低值易耗品进行摊销，计入相关资产的成本或者当期损益。一次转销法是指低值易耗品在领用时就将其全部成本计入生产成本或当期损益的方法，适用于价值较低或极易损坏的管理用具和小型工具、卡具，以及在单件小批生产方式下为制造某批订货所用的专用工具等低值易耗品。
　　分次摊销法是指将低值易耗品的成本按其使用期限的长短或价值的大小分次摊入生产成本、或当期损益的方法，适用于期限较长、金额较大的低值易耗品。
　　（三）低值易耗品核算的账户设置
　　小企业根据1411"周转材料"科目的规定，设置"周转材料"账户核算小企业库存的

各种低值易耗品的实际成本,也可以单独设置1413"低值易耗品"账户进行核算。该账户基本结构如下:

周转材料——低值易耗品	资产类
(1)购入、自制、委托加工等原因增加的低值易耗品的实际成本	(1)领用、摊销及盘亏等原因减少的低值易耗品的实际成本
余额:小企业在库低值易耗品的实际成本,以及在用低值易耗品的摊余价值(分次摊销法)	

明细:按低值易耗品的种类进行明细核算。分次摊销法下,还应分别"在库""在用""摊销"进行明细核算

"周转材料——低值易耗品"账户也可以按照计划成本进行核算。

(四)低值易耗品的账务处理

1. 低值易耗品增加的账务处理

小企业购入、自制、委托外单位加工完成并已验收入库的低值易耗品,与原材料收入核算的账务处理基本相同。

【例3-6】20×1年4月5日,正泰公司购入低值易耗品一批,取得增值税专用发票已认证相符,专用发票上列明价款1 000元,增值税额130元,以银行存款支付,低值易耗品已验收入库。正泰公司对低值易耗品采用实际成本计价、一次转销法核算。根据增值税专用发票(发票联)、托收凭证(付款通知联)、低值易耗品入库单,编制会计分录如下:

借:周转材料——低值易耗品　　　　　　　　　　　　　　　　1 000
　　应交税费——应交增值税(进项税额)　　　　　　　　　　　 130
　　贷:银行存款　　　　　　　　　　　　　　　　　　　　　　1 130

需要注意的是如果采用分次摊销法核算,应借记"周转材料——低值易耗品(在库)"科目。

2. 低值易耗品发出的账务处理

小企业应当根据具体情况,结合低值易耗品采用的摊销方法进行发出的账务处理。

一次转销法下,低值易耗品在领用时将其全部价值摊入有关资产成本或当期损益。

一次转销法下低值易耗品发出的账务处理如下:

借:制造费用(车间领用低值易耗品的实际成本)
　　管理费用(行政管理部门领用低值易耗品的实际成本)
　　销售费用(销售部门领用低值易耗品的实际成本)
　　其他业务成本(出售领用低值易耗品的实际成本)
　　委托加工物资(发给外单位加工的低值易耗品的实际成本)
　　贷:周转材料——低值易耗品

金额较大的周转材料,也可以采用分次摊销法进行会计处理。领用时应按照其成本,借

记"周转材料——低值易耗品（在用）"科目，贷记"周转材料——低值易耗品（在库）"科目；按照使用次数摊销时，应按照其摊销额，借记"制造费用""管理费用"等科目，贷记"周转材料——低值易耗品（摊销）"科目。

在实际工作中，在用低值易耗品及使用部门退回仓库的低值易耗品，应当加强实物管理，并在备查簿上进行登记。

【例3-7】20×1年4月份，正泰公司低值易耗品领用情况如下：生产车间领用一批低值易耗品，实际成本为800元，管理部门领用一批低值易耗品，实际成本为200元；本月生产车间还报废一批上月领用的低值易耗品，回收残料价值100元，残料已入库。正泰公司对低值易耗品采用实际成本计价、一次转销法核算，根据本月份的低值易耗品领料单、低值易耗品摊销表，编制会计分录如下：

借：制造费用　　　　　　　　　　　　　　　　　　　　　　800
　　管理费用　　　　　　　　　　　　　　　　　　　　　　200
　　贷：周转材料——低值易耗品　　　　　　　　　　　　　　1 000

根据本月份的低值易耗品报废报告单，编制会计分录如下：

借：原材料　　　　　　　　　　　　　　　　　　　　　　　100
　　贷：制造费用　　　　　　　　　　　　　　　　　　　　　100

【例3-8】承例3-7。假设正泰公司采用分次摊销法对低值易耗品进行核算，则正泰公司的账务处理如下：

① 领用时，根据领料单，编制会计分录如下：

借：周转材料——低值易耗品（在用）　　　　　　　　　　1 000
　　贷：周转材料——低值易耗品（在库）　　　　　　　　　1 000

② 假设该低值易耗品预计使用4次，根据低值易耗品摊销计算表，该次领用时编制会计分录如下：

借：制造费用　　　　　　　　　　　　　　　　　　　　　200
　　管理费用　　　　　　　　　　　　　　　　　　　　　　50
　　贷：周转材料——低值易耗品（摊销）　　　　　　　　　250

③ 假设本月报废的低值易耗品实际成本为2 000元，根据本月份的低值易耗品报废报告单，编制会计分录如下：

借：周转材料——低值易耗品（摊销）　　　　　　　　　2 000
　　贷：周转材料——低值易耗品（在用）　　　　　　　　　2 000

低值易耗品采用计划成本进行日常核算的，领用等发出低值易耗品，还应结转应分摊的成本差异。

二、包装物的核算

（一）包装物的概念

包装物是指为了包装本企业商品而储备的各种包装容器，如桶、箱、瓶、坛、袋等。其主要作用是盛装、装潢产品或商品。包括以下四类：

① 生产过程中用于包装产品作为产品组成部分的包装物；

② 随同商品出售而不单独计价的包装物；

③ 随同商品出售而单独计价的包装物；

④ 出租或出借给购买单位使用的包装物。

下列各项在会计上不作为包装物进行核算：

① 各种包装材料，如纸、绳、铁丝、铁皮等，一次性使用，应在"原材料"科目内核算；

② 用于储存和保管产品、材料而不对外出售的包装物，应按价值大小和使用年限长短，分别在"固定资产"或"周转材料——低值易耗品"科目核算；包装物数量不大的企业，可以不设置"周转材料——包装物"科目，将包装物并入"原材料"科目内核算；

③ 单独列作企业商品产品的自制包装物，应作为库存商品处理，不在"周转材料——包装物"科目核算。

（二）包装物的摊销方法

小企业应当采用一次转销法对包装物进行摊销，计入生产成本或者当期损益。

（三）包装物核算的账户设置

小企业根据1411"周转材料——包装物"科目的规定，设置"周转材料——包装物"账户核算小企业库存的各种包装物的实际成本，也可以单独设置"1412 包装物"账户进行核算。该账基本结构如下：

周转材料——包装物	资产类
（1）购入、自制、委托加工等原因增加的包装物的实际成本	（1）领用、摊销、销售及盘亏等原因减少的包装物的实际成本
余额：小企业在库包装物的实际成本	

明细：按包装物的种类进行明细核算

"周转材料——包装物"账户也可以按照计划成本进行核算。

（四）包装物的账务处理

1. 包装物增加的账务处理

小企业购入、自制、委托外单位加工完成并已验收入库的包装物，与原材料收入核算的账务处理基本相同。

【例3-9】20×1年4月5日，正泰公司购入包装物一批，取得增值税专用发票已认证相符，专用发票上列明价款1 000元，增值税额130元，以银行存款支付，包装物已验收入库。正泰公司对包装物采用实际成本计价、一次转销法核算。根据增值税专用发票（发票联）、托收凭证（付款通知联）、包装物入库单，编制会计分录如下：

借：周转材料——包装物　　　　　　　　　　　　　　　1 000
　　应交税费——应交增值税（进项税额）　　　　　　　　130
　　贷：银行存款　　　　　　　　　　　　　　　　　　　1 130

2. 包装物发出的账务处理

小企业应按发出包装物的不同用途进行不同的账务处理。

（1）生产领用包装物

在生产过程中领用包装物用于包装产品时，一般采用一次转销法，将包装物成本计入产品成本。实际成本计价下账务处理如下：

借：生产成本（领用包装物的实际成本）
　　贷：周转材料——包装物

【例3-10】20×1年7月3日，正泰公司生产车间领用未使用包装物一批，以包装产品，实际成本1 000元。根据包装物出库单，编制会计分录如下：

借：生产成本　　　　　　　　　　　　　　　　　　　　　1 000
　　贷：周转材料——包装物　　　　　　　　　　　　　　　　1 000

（2）随同商品出售而不单独计价的包装物

包装物随同商品出售而不单独计价，其目的主要是确保销售商品的质量或提供较好的销售服务，因此，应于包装物发出时作为包装费用计入销售费用，实际成本计价下账务处理如下：

借：销售费用（领用包装物的实际成本）
　　贷：周转材料——包装物

【例3-11】承例3-10。假设正泰公司领用的该批包装物，随同商品出售而不单独计价，根据包装物出库单，编制会计分录如下：

借：销售费用　　　　　　　　　　　　　　　　　　　　　1 000
　　贷：周转材料——包装物　　　　　　　　　　　　　　　　1 000

（3）随同商品出售而单独计价的包装物

包装物随同商品出售且单独计价的，实际上是出售包装物。应于产品发出时，作为其他业务处理，实际成本计价下账务处理如下：

借：银行存款
　　贷：其他业务收入（包装物的销售收入）
　　　　应交税费——应交增值税（销项税额）
借：其他业务成本（领用包装物的实际成本）
　　贷：周转材料——包装物

【例3-12】承例3-10。假设正泰公司领用的该批包装物，随同商品出售而单独计价，收到的增值税专用发票列明价款为1 200元，增值税额为156元，根据增值税专用发票（记账联）、银行进账单（收账通知联）、包装物出库单、其他业务成本计算表，编制会计分录如下：

借：银行存款　　　　　　　　　　　　　　　　　　　　　1 356
　　贷：其他业务收入　　　　　　　　　　　　　　　　　　　1 200
　　　　应交税费——应交增值税（销项税额）　　　　　　　　　 156
借：其他业务成本　　　　　　　　　　　　　　　　　　　1 000
　　贷：周转材料——包装物　　　　　　　　　　　　　　　　1 000

3. 出租或出借包装物的账务处理

小企业出租或出借包装物，不需结转其成本，但需进行备查登记。在确认逾期未退包装物时，应结转其成本，借记"营业外支出"科目，确认的出租包装物的租金收入、逾期未退包装物押金收益，借记"其他应付款"等科目，贷记"营业外收入"科目，同时贷记"应交税费——应交增值税（销项税额）"科目。

【例3-13】正泰公司20×1年1月20日随同产品销售出租给乙公司包装箱一批，租期15个月。该批包装箱实际成本6 000元，收取押金8 000元，收取租金3 390元，存入银行。假设直到20×2年5月20日乙公司包装箱仍未归还，经与乙公司联系，该批包装箱已损坏，没收押金。

① 出租或出借包装物，不需结转成本，需进行备查登记。

收到押金时，根据银行进账单，编制会计分录如下：

借：银行存款　　　　　　　　　　　　　　　　　　　　8 000
　　贷：其他应付款——乙公司　　　　　　　　　　　　　　 8 000

② 收到租金时，根据增值税专用发票（记账联）、根据银行进账单，编制会计分录如下：

借：银行存款　　　　　　　　　　　　　　　　　　　　3 390
　　贷：营业外收入　　　　　　　　　　　　　　　　　　 3 000
　　　　应交税费——应交增值税（销项税额）　　　　　　　 390

③ 20×2年5月20日没收包装箱押金，根据押金计算单，编制会计分录如下：

借：其他应付款——乙公司　　　　　　　　　　　　　　 8 000
　　贷：营业外收入　　　　　　　　　　　　　　　　　 7 079.65
　　　　应交税费——应交增值税（销项税额）　　　　　　 920.35

④ 结转包装箱成本，根据包装物出库单，包装物报废单编制会计分录如下：

借：营业外支出　　　　　　　　　　　　　　　　　　　 6 000
　　贷：包装物　　　　　　　　　　　　　　　　　　　　 6 000

包装物采用计划成本进行日常核算的，领用等发出包装物，还应结转应分摊的成本差异。

项目五　委托加工物资的核算

一、委托加工物资的概念

委托加工物资是指小企业委托外单位加工的各种材料、商品等物资。小企业委托外单位加工的物资，其实际成本应包括：加工中耗用物资的实际成本（使用或消耗的原材料采购成本转移金额）、支付的加工费用、支付的价内税金（主要是消费税），支付加工物资的往返运杂费等。

二、委托加工物资核算的账户设置

小企业根据1408"委托加工物资"科目的规定，设置"委托加工物资"账户核算小企业委托外单位加工的各种材料、商品等物资的实际成本。该账户基本结构如下：

委托加工物资	资产类
（1）发给外单位加工物资的实际成本 （2）支付的加工费用 （3）支付的运杂费 （4）应负担的税金	（1）加工完成验收入库物资实际成本 （2）收回剩余物资的实际成本
余额：小企业委托外单位加工尚未完成物资的实际成本	

明细：按加工合同、委托加工单位及工物资的品种等进行明细核算

三、委托加工物资的账务处理

委托加工物资的账务处理主要包括拨付加工物资、支付加工费用及应负担的运杂费与增值税、交纳消费税，以及收回加工物资与剩余物资等几个环节。

发出委托加工物资所需材料时需要填制"委托加工发料单"，加工完毕收回时应填制"委托加工物资入库单"。

实际成本法下，小企业委托加工物资的账务处理，如表3-2所示。

表3-2 委托加工物资的账务处理

处 理 环 节	账 务 处 理	
拨付委托加工物资	借：委托加工物资（发给外单位加工物资的实际成本） 贷：原材料/库存商品等（发出物资的实际成本）	
支付加工费、应负担的运杂费及增值税等	借：委托加工物资（委托加工费及运杂费） 应交税费——应交增值税（进项税额）（加工费及运费负担的增值税，已认证） 应交税费——待认证进项税额（加工费及运费负担的增值税，未认证） 贷：银行存款	
交纳消费税（按照消费税的有关规定，如果委托加工物资属于应纳消费税的应税消费品，应由受托方在向委托方交货时代收代交税款）	收回后用于继续加工的应税消费品	借：应交税费——应交消费税（应税消费品应负担的消费税税额） 贷：银行存款/应付账款
	收回后用于直接出售的应税消费品	借：委托加工物资（应税消费品应负担的消费税税额） 贷：银行存款/应付账款
加工完成验收入库的物资和剩余物资	借：库存商品/原材料/周转材料等（验收入库的收回委托加工物资的实际成本） 贷：委托加工物资（委托加工过程中归集的实际成本） 借：原材料（收回剩余物资的实际成本） 贷：委托加工物资（收回剩余物资的实际成本）	

小企业发给外单位加工的物资或加工完成验收入库的物资和剩余物资，也可按照计划成本或售价核算，此时需核算材料成本差异或商品进销差价。

【例 3-14】正泰公司委托昊天公司加工丙材料一批（属于应税消费品）。发出用于加工丙材料的甲材料的实际成本为 2 400 元；支付加工费，取得增值税专用发票已认证相符，专用发票上列明价款 1 700 元，增值税额 221 元；消费税为 1 300 元，丙材料加工完成收回后继续用于生产应税消费品。丙材料加工完毕验收入库，加工费用等均以银行存款支付。收回剩余甲材料成本 700 元。

(1) 发出委托加工材料时，根据委托加工合同、委托加工发料单、受托单位的收料凭据编制会计分录如下：

借：委托加工物资　　　　　　　　　　　　　　　　　　　　2 400
　　贷：原材料——甲材料　　　　　　　　　　　　　　　　　2 400

(2) 支付加工费用和税金时，根据增值税专用发票（发票联）、代扣代收款（消费税）凭证、转账支票（存根联），编制会计分录如下：

借：委托加工物资　　　　　　　　　　　　　　　　　　　　1 700
　　应交税费——应交增值税（进项税额）　　　　　　　　　　221
　　应交税费——应交消费税　　　　　　　　　　　　　　　1 300
　　贷：银行存款　　　　　　　　　　　　　　　　　　　　3 221

如果材料加工完成收回后直接用于销售，则在支付加工费时，编制会计分录如下：

借：委托加工物资　　　　　　　　　　　　　　　　　　　　3 000
　　应交税费——应交增值税（进项税额）　　　　　　　　　　221
　　贷：银行存款　　　　　　　　　　　　　　　　　　　　3 221

(3) 加工完成验收入库丙材料和剩余的甲材料时，根据委托加工物资入库单、退料单，编制会计分录如下：

借：原材料——甲材料　　　　　　　　　　　　　　　　　　　700
　　　　——丙材料　　　　　　　　　　　　　　　　　　　3 400
　　贷：委托加工物资　　　　　　　　　　　　　　　　　　4 100

项目六　库存商品的核算

小企业的库存商品，包括库存产成品、外购商品、存放在门市部准备出售的商品、发出展览的商品、寄存在外的商品等。已完成销售手续、但购买单位在月末未提取的库存产成品，不应作为小企业的库存产品，而应作为代管产品处理，单独设置代管产品备查簿进行登记。

一、加工制造业产成品的核算

产成品，是指小企业已经完成全部生产过程并已验收入库合乎标准规格和技术条件，可以按照合同规定的条件送交订货单位,或者可以作为商品对外销售的产品。小企业接受来料加工制造的代制品和为外单位加工修理的代修品,制造和修理完成验收入库后,视同小企业的产成品核算。可以降价出售的不合格品,也视同小企业的产成品核算,但应与合格产品分开记账。

(一)产成品核算的账户设置

小企业根据 1405 "库存商品" 科目的规定,设置 "库存商品" 账户核算小企业库存的各种商品的实际成本。该账户基本结构如下:

库存商品	资产类
(1)验收入库商品的实际成本	(1)对外销售等发出商品的实际成本
余额:小企业库存商品的实际成本	

明细:按库存商品的种类、品种、规格等进行明细核算

(二)产成品的账务处理

工业企业的产成品一般应按实际成本进行核算。在这种情况下,产成品的入库和出库,平时只记数量不记金额;月度终了,计算入库产成品的实际成本;对发出和销售的产成品,可以采用先进先出法、加权平均法或者个别计价法等方法确定其实际成本。

1. 产成品入库的账务处理

产成品制造完工经检验合格后,应由生产车间按照交库数量以及 "完工产品成本计算单",填写 "完工产品入库单",交仓库点收数量并登记明细账。月终,可以编制 "完工产品入库汇总表"。实际成本计价下账务处理如下:

借:库存商品(按实际成本核算的验收入库产成品的实际成本)
　　贷:生产成本

【例 3-15】 20×1 年 8 月 31 日,正泰公司对产成品采用实际成本计价核算,根据编制的 "完工产品入库汇总表" 得知,8 月份 A 产品完工 600 件,单位成本 80 元,总成本 48 000 元;B 产品完工 460 件,单位成本 110 元,总成本 50 600 元。根据 "完工产品入库汇总表" 编制会计分录如下:

借:库存商品——A 产品　　　　　　　　　　　　　　48 000
　　　　　　——B 产品　　　　　　　　　　　　　　50 600
　　贷:生产成本——基本生产成本　　　　　　　　　　98 600

2. 产成品发出的账务处理

小企业销售部门销售产品时,应编制销售(发货)通知单,并经相关授权人员审核。仓储部门根据经审批的销售(发货)通知单开具出库单,核对发出货物,由仓储发出人和销售领用人签字确认。

月终,编制 "产品发出汇总表",结转发出和销售的产品成本。实际成本计价下产成品发出账务处理如下:

借：主营业务成本（结转已实现销售产成品的实际成本）
　　　　贷：库存商品（销售产成品的实际成本）
　　在建工程、研发支出领用库存商品、向职工提供非货币性福利用库存商品的核算，见相关规定。

　　【例3-16】20×1年8月，正泰公司根据产成品发出汇总表得知，当月因销售发出 A 产品500件，单位成本80元，总成本40 000元，发出 B 产品400件，单位成本110元，总成本44 000元。根据产品发出汇总表，编制会计分录如下：

　　借：主营业务成本　　　　　　　　　　　　　　　　84 000
　　　　贷：库存商品——A 产品　　　　　　　　　　　　　40 000
　　　　　　　　——B 产品　　　　　　　　　　　　　　 44 000

二、商品流通小企业库存商品的核算

　　商品流通小企业的库存商品主要指外购或委托加工完成验收入库用于销售的各种商品。商品流通企业的库存商品的核算分为库存商品按进价核算、库存商品按售价核算。

　　库存商品按进价进行核算时，其收入、发出和结存成本均按商品的进价处理。

　　库存商品按售价进行核算时，平时商品的进、销、存均按售价记账，售价与进价的差额记入"商品进销差价"科目，期末通过计算进销差价率的办法计算本期已销商品应分摊的进销差价，并据以调整销售成本。

项目七　存货清查的核算

　　存货清查是指通过对存货的实地盘点，确定存货的实有数量，并与账面结存数核对，从而确定存货实存数与账面结存数是否相符的一种专门方法。小企业至少于每年年度终了开展全面的存货清查。

　　由于存货种类繁多、收发频繁，在日常收发过程中可能发生计量错误、计算错误、自然损耗，还可能发生损坏变质以及贪污、盗窃等情况，造成账实不符，形成存货的盘盈、盘亏。对于存货的盘盈、盘亏，应填写"存货盘存报告单"，及时查明原因，按照规定程序报批处理。

一、存货盘盈的账务处理

　　小企业发生存货盘盈时，根据"存货盘存报告单"所列盘盈存货的种类，并且按照同类或类似存货的市场价格或评估价值确定成本，先借记"待处理财产损溢——待处理流动资产损溢"科目;盘盈存货实现的收益应当计入营业外收入。存货盘盈的账务处理,如表 3-3 所示。

表 3-3 存货盘盈的账务处理

业务环节	账务处理
盘盈时	借:库存商品/原材料等 　贷:待处理财产损溢——待处理流动资产损溢(盘盈存货的成本)
报经批准后	借:待处理财产损溢——待处理流动资产损溢 　贷:营业外收入(转销的盘盈存货成本)

【例 3-17】20×1 年 12 月 31 日,正泰公司在财产清查中盘盈甲材料 50 千克,实际单位成本 110 元,经查属于材料收发计量方面的错误。经批准将其计入营业外收入。

(1) 盘盈时,根据"存货盘存报告单",编制会计分录如下:

借:原材料——甲材料　　　　　　　　　　　　　　　　　5 500
　贷:待处理财产损溢——待处理流动资产损溢　　　　　　　　5 500

(2) 报经批准处理后,根据"盘盈存货处理意见书",编制会计分录如下:

借:待处理财产损溢——待处理流动资产损溢　　　　　　　　5 500
　贷:营业外收入——盘盈收益　　　　　　　　　　　　　　5 500

二、存货盘亏及毁损的账务处理

存货发生毁损,处置收入、可收回的责任人赔偿和保险赔款,扣除其成本、相关税费后的净额,应当计入营业外支出或营业外收入。盘亏存货发生的损失应当计入营业外支出。

存货发生的盘亏或毁损,应通过"待处理财产损溢——待处理流动资产损溢"科目进行核算。因发生非正常损失,原已计入进项税额、待认证进项税额,但按现行增值税制度规定不得从销项税额中抵扣的进项税额、待认证进项税额应予以转出。存货盘亏或毁损账务处理,如表 3-4 所示。

表 3-4 存货盘亏及毁损的账务处理

业务环节	账务处理
盘亏时	借:待处理财产损溢——待处理流动资产损溢(盘亏或毁损存货的价税合计) 　贷:库存商品/原材料/周转材料等(盘亏或毁损存货的实际成本) 　　　应交税费——应交增值税(进项税额转出)(盘亏或毁损的存货所耗用材料的进项税额,已认证)
报经批准后	借:原材料(回收的残料价值) 　　其他应收款(可收回的保险赔偿和责任人赔偿) 　　营业外支出(存货盘亏、毁损的净损失) 　贷:待处理财产损溢——待处理流动资产损溢(转销的盘亏或毁损存货的价税合计)

【例3-18】20×1年12月31日,正泰公司盘点时发现价值10 000元的乙材料发生毁损,其进项税额为1 300元。经调查后,认定该批材料的毁损与该批材料的性能、仓库条件及保管员责任均有关系,最后的处理意见是由保管员赔偿770元,应收保险公司赔款9 000元,其余部分计入营业外支出。正泰公司采用实际成本法对存货进行核算。

(1) 发现材料毁损时,根据"存货盘存报告单",编制会计分录如下:

借:待处理财产损溢——待处理流动资产损溢　　　　　11 300
　　贷:原材料——乙材料　　　　　　　　　　　　　　10 000
　　　　应交税费——应交增值税(进项税额转出)　　　 1 300

(2) 经批准处理后,根据有关部门核准的"盘亏存货处理意见书",保险公司确认理赔单编制会计分录如下:

借:其他应收款——责任人　　　　　　　　　　　　　　 770
　　　　　　　　——保险公司　　　　　　　　　　　　9 000
　　营业外支出——存货盘亏损失　　　　　　　　　　　1 530
　　贷:待处理财产损溢——待处理流动资产损溢　　　　11 300

《企业会计准则》与《小企业会计准则》差异比较

1. 存货类科目设置不同

《小企业会计准则》存货类科目删除了"发出商品"和"存货跌价准备"等科目。

2. 发出存货实际成本的计算方法不同

《企业会计准则》规定,企业应当采用先进先出法、加权平均法、移动加权平均法或者个别计价法确定发出存货的实际成本。

《小企业会计准则》规定,企业应当采用先进先出法、加权平均法或者个别计价法确定发出存货的实际成本。

3. 低值易耗品和包装物的处理不同

《企业会计准则》规定低值易耗品和包装物领用时采用一次转销法或者五五摊销法核算。包装物租金收入和没收的押金收入贷记"其他业务收入"科目,结转成本时,借记"其他业务成本"科目,对于逾期未退包装物没收的加收的押金,贷记"营业外收入"科目。

《小企业会计准则》规定低值易耗品和包装物领用时采用一次转销法或者分次摊销法核算。出租或出借周转材料,不需要结转其成本,但应当进行备查登记。包装物租金收入和没收的押金收入贷记"营业外收入"科目,确认逾期未退包装物时,应结转其成本,借记"营业外支出"科目。

4. 存货盘盈、盘亏毁损的处理不同

《企业会计准则》规定存货盘盈净收益冲减"管理费用"科目;存货盘亏毁损的净损失

属于计量收发差错和管理不善等原因造成的,借记"管理费用"科目。

《小企业会计准则》规定存货盘盈净收益贷记"营业外收入"科目;存货盘亏毁损的净损失借记"营业外支出"科目。

5. 存货减值处理不同

《企业会计准则》规定对于存货可能发生的减值计提存货跌价准备,按存货可变现净值低于成本的差额,借记"资产减值损失"科目,贷记"存货跌价准备"科目。

《小企业会计准则》规定不得计提存货跌价准备。

会计与税收差异比较

小企业发生的存货损失,应按规定的程序和要求向主管税务机关申报后方能在税前扣除,未经申报的损失,不得在税前扣除。

第四章 短期投资的核算

项目一 对外投资概述

一、对外投资的概念

对外投资是小企业为了获得收益或实现资本增值向被投资单位投放资金的经济行为,是小企业将其他资产让渡给其他单位所换取的另一项资产。对外投资通常是将小企业的部分资产转让给其他单位使用,通过其他单位使用投资者投入的资产创造的效益后分配取得的,或者通过投资改善贸易关系,如提供稳定的原料供应,良好的销售网点等从而达到获取利益的目的。

二、对外投资分类

1. 按投资性质不同进行区分

(1) 债权性投资

债权性投资是指投资企业通过投资获得债权,被投资企业承担债务。从而,投资企业与被投资企业之间形成了一种债权债务关系。

(2) 权益性投资

权益性投资是指为获取另一企业的权益或净资产所进行的投资。投资企业通过投资取得对被投资企业相应份额的所有权,从而形成投资企业与被投资企业之间的所有权关系。

2. 按期限不同进行区分

(1) 短期投资

短期投资是小企业购入的能随时变现并且持有时间不准备超过1年(含1年,下同)的投资。短期投资往往以赚取差价为目的。

短期投资具有以下特点：
① 短期投资随时可以上市流通，很容易变现；
② 持有时间较短，企业管理层有意在1个会计年度之内将其转变为现金；
③ 不以控制、共同控制被投资单位或对被投资单位实施重大影响为目的。
（2）长期投资

长期投资是小企业购入的持有时间准备超过1年（含1年，下同）的投资。小企业管理层取得长期投资的目的在于持有而不在于出售。长期投资主要包括长期债券投资、长期股权投资。

项目二　短期投资的核算

一、短期投资的概念

短期投资，是指小企业购入的能随时变现并且持有时间不准备超过1年（含1年，下同）的投资，如小企业以赚取差价为目的从二级市场购入的股票、债券、基金等。短期投资随时可以上市流通，企业管理层有意在1个会计年度内将其变现。

二、短期投资核算的账户设置

1．"短期投资"账户

小企业根据1101"短期投资"科目的规定，设置"短期投资"账户核算小企业为交易目的所持有的债券投资、股票投资、基金投资等。该账户基本结构如下：

短期投资	资产类
（1）取得短期投资的成本	（1）出售短期投资的账面余额
余额：小企业持有的短期投资的成本	
明细：应按照股票、债券、基金等短期投资种类进行明细核算	

2．"投资收益"账户

小企业根据5111"投资收益"科目的规定，设置"投资收益"账户核算小企业确认的投资收益或投资损失。该账户基本结构如下：

投资收益	损益类
(1) 持有期间发生的投资损失 (2) 处置时发生的投资损失	(1) 持有期间实现的投资收益 (2) 处置时取得的投资收益

期末，应将本账户余额转入"本年利润"账户，结转后应无余额
明细：按投资项目进行明细核算

3. "应收股利"账户

小企业根据1131"应收股利"科目的规定，设置"应收股利"账户核算小企业应收取的现金股利或利润。该账户基本结构如下：

应收股利	资产类
(1) 购入股票，支付的价款中所包含的、已宣告但尚未发放的现金股利 (2) 对外权益性投资持有期间，被投资单位宣告发放的现金股利或利润，投资企业应享有的份额	(1) 实际收到的现金股利或利润
余额：小企业尚未收到的现金股利或利润	

明细：按被投资单位进行明细核算

4. "应收利息"账户

小企业根据1132"应收利息"科目的规定，设置"应收利息"账户核算小企业债券投资应收取的利息。购入的一次还本付息债券投资持有期间的利息收入，在"长期债券投资"账户核算，不在本账户核算。该账户基本结构如下：

应收利息	资产类
(1) 购入债券，支付的价款中包含的、已到付息期但尚未领取的利息 (2) 债务人应付利息日，计算的应收未收利息（不含应收的长期利息）	(1) 实际收到应收利息
余额：小企业尚未收到的利息	

明细：按借款人或被投资单位进行明细核算

三、短期投资的账务处理

（一）购入短期投资的账务处理

以支付现金取得的短期投资，应当按照购买价款和相关税费作为成本进行计量。实际支付价款中包含的已宣告但尚未发放的现金股利或已到付息期但尚未领取的债券利息，应当单

独确认为应收股利或应收利息,不计入短期投资的成本。

小企业取得短期投资时,账务处理如下:

借:短期投资(实际支付的购买价款和相关税费扣除已宣告但尚未发放的现金股利或已到付息期但尚未领取的债券利息后的金额)

　　应收利息/应收股利(实际支付的购买价款中包含的已到付息期尚未领取的利息或已宣告尚未发放的现金股利)

　贷:银行存款/其他货币资金——存出投资款(实际支付的购买价款和相关税费)

收到取得价款中支付的已到付息期尚未领取的利息或已宣告尚未发放的现金股利时,账务处理如下:

借:银行存款(实际收到的金额)

　贷:应收利息/应收股利(已到付息期尚未领取的利息或已宣告尚未发放的现金股利)

(二)短期投资持有期间取得现金股利或利息的账务处理

在短期投资持有期间,被投资单位宣告分派的现金股利或在债务人应付利息日按照分期付息、一次还本债券投资的票面利率计算的利息收入,应当计入投资收益。

账务处理如下:

借:应收股利(被投资单位宣告发放的现金股利,按应享有的份额)

　　/应收利息(应收分期付息、一次还本债券投资的票面利率计算的利息收入)

　贷:投资收益(持有期间,确认的投资收益)

收到持有收益时,账务处理如下:

借:银行存款(实际收到金额)

　贷:应收股利/应收利息

(三)短期投资出售的账务处理

小企业出售短期投资,出售价款扣除其账面余额、相关税费后的净额,应当计入投资收益。

借:库存现金/银行存款/其他货币资金——存出投资款(实际收到的出售价款)

　贷:短期投资(账面余额)

　　应收股利/应收利息(尚未收到的现金股利或债券利息)

　　投资收益(差额:投资收益;或者在借方,为投资损失)

【例4-1】20×1年1月1日,正泰公司从二级市场购入甲公司发行的债券,支付价款1 020 000元(含已到付息期但尚未领取的利息20 000元),另发生交易费用20 000元。该债券面值1 000 000元,剩余期限为2年,票面年利率为4%,每半年付息一次,正泰公司将其划分为短期投资。其他资料如下:

① 20×1年1月5日,收到该债券20×0年下半年利息20 000元;

② 20×1年7月5日,收到该债券半年利息;

③ 20×2年1月5日,收到该债券20×1年下半年利息;

④ 20×2 年 3 月 31 日，正泰公司将该债券出售，取得价款 1 180 000 元（含 1 季度利息 10 000 元）。假定不考虑其他因素。

正泰公司账务处理如下：

① 20×1 年 1 月 1 日，正泰公司购入债券，根据成交过户交割凭单、转账支票（存根联），编制会计分录如下：

借：短期投资　　　　　　　　　　　　　　　　　　　　1 020 000
　　应收利息——甲公司　　　　　　　　　　　　　　　　　 20 000
　　贷：银行存款　　　　　　　　　　　　　　　　　　　　1 040 000

② 20×1 年 1 月 5 日，收到该债券 20×0 年下半年利息，根据银行进账单（收账通知联），编制会计分录如下：

借：银行存款　　　　　　　　　　　　　　　　　　　　　 20 000
　　贷：应收利息——甲公司　　　　　　　　　　　　　　　 20 000

③ 20×1 年 6 月 30 日，根据应收利息计算表，编制会计分录如下：

借：应收利息——甲公司　　　　　　　　　　　　　　　　 20 000
　　贷：投资收益　　　　　　　　　　　　　　　　　　　　 20 000

④ 20×1 年 7 月 5 日，收到该债券半年利息，根据银行进账单（收账通知联），编制会计分录如下：

借：银行存款　　　　　　　　　　　　　　　　　　　　　 20 000
　　贷：应收利息——甲公司　　　　　　　　　　　　　　　 20 000

⑤ 20×1 年 12 月 31 日，根据应收利息计算表，编制会计分录如下：

借：应收利息——甲公司　　　　　　　　　　　　　　　　 20 000
　　贷：投资收益　　　　　　　　　　　　　　　　　　　　 20 000

⑥ 20×2 年 1 月 5 日，收到该债券 20×1 年下半年利息，根据银行进账单（收账通知联），编制会计分录如下：

借：银行存款　　　　　　　　　　　　　　　　　　　　　 20 000
　　贷：应收利息——甲公司　　　　　　　　　　　　　　　 20 000

⑦ 20×2 年 3 月 31 日，将该债券予以出售，根据银行进账单（收账通知联）、成交过户交割凭单，编制会计分录如下：

借：银行存款　　　　　　　　　　　　　　　　　　　　　1 180 000
　　贷：短期投资　　　　　　　　　　　　　　　　　　　　1 020 000
　　　　应收利息——甲公司　　　　　　　　　　　　　　　 10 000
　　　　投资收益　　　　　　　　　　　　　　　　　　　　 150 000

《企业会计准则》与《小企业会计准则》差异比较

一、投资分类不同

《企业会计准则》将投资归类为金融资产，金融资产分类为以摊余成本计量的金融资产、以公允价值计量且其变动计入其他综合收益的金融资产以及以公允价值计量且其变动计入当期损益的金融资产三类。

《小企业会计准则》把投资分为短期投资和长期投资，长期投资分为长期债券投资和长期股权投资。

二、短期投资会计处理不同

1. 使用的会计科目不同

《企业会计准则》使用"交易性金融资产"科目核算企业为了近期出售而持有的、以公允价值计量且其变动计入当期损益的金融资产。

《小企业会计准则》使用"短期投资"科目核算小企业购入的能随时变现并且持有时间不准备超过1年（含1年）的投资。

2. 初始计量不同

《企业会计准则》设置"交易性金融资产——成本"科目核算企业取得的交易性金融资产的成本。企业初始确认交易性金融资产时，需按照公允价值进行计量，相关交易费用在发生时直接计入"投资收益"科目。

《小企业会计准则》规定在短期投资取得时，采用历史成本计量，交易费用计入投资成本。

3. 后续计量不同

《企业会计准则》设置"交易性金融资产——公允价值变动"科目核算资产负债表日发生的交易性金融资产公允价值的变动。

《小企业会计准则》对于资产负债表日发生的短期投资的公允价值的变动，不予核算。

4. 资产处置不同

《企业会计准则》按照出售交易性金融资产的所收到的对价与其账面余额的差额，确认投资收益；同时将出售资产持有期间"公允价值变动损益"科目余额转入"投资收益"科目。

《小企业会计准则》规定，只需按照出售短期投资价款扣除其账面余额、相关税费后的净额，确认投资收益。

会计与税收差异比较

　　对于小企业确认的短期投资收益属于税法规定的免税收入的，构成永久性差异，需要进行所得税纳税调整。比如小企业购买国债取得的利息收入，属于税法规定的免税收入的权益性投资收益等。

第五章 长期投资的核算

项目一 长期债券投资的核算

一、长期债券投资的概念

长期债券投资，是指小企业准备长期（在1年以上，下同）持有的债券投资。长期债券投资到期日固定、回收金额固定或可确定，投资目的主要是获得稳定的经济利益。债券票面利率等于市场利率时，平价发行；债券票面利率高于市场利率时，溢价发行；债券票面利率低于市场利率时，折价发行。

二、长期债券投资核算的账户设置

小企业根据1501"长期债券投资"科目的规定，设置"长期债券投资"账户核算小企业准备长期（在1年以上，下同）持有的债券投资。该账户基本结构如下：

长期债券投资	资产类
（1）取得长期债券投资的面值（面值） （2）取得长期债券投资时，产生的溢价额 （3）债务人应付利息日，长期债券投资折价摊销额 （4）债务人应付利息日，一次还本付息方式下的长期债券投资按票面利率计算确定的应收未收利息（应计利息）	（1）取得长期债券投资时，产生的折价额 （2）债务人应付利息日，长期债券投资溢价摊销额 （3）出售、到期收回长期债券投资、发生投资损失时转出的账面余额（面值、溢折价、应计利息）
余额：小企业持有的分期付息、一次还本债券投资的成本和到期一次还本付息债券投资的本息	

明细：按债券种类和被投资单位，分别"面值""溢折价""应计利息"进行明细核算

三、长期债券投资的账务处理

1. 购入长期债券投资的账务处理

长期债券投资应当按照购买价款和相关税费作为成本进行计量。实际支付价款中包含的已到付息期但尚未领取的债券利息,应当单独确认为应收利息,不计入长期债券投资的成本。长期债券投资的成本与面值之间的差额确认为债券的溢价或折价。

小企业取得长期债券投资时,账务处理如下:

借:长期债券投资——面值(长期债券投资的面值)
　　应收利息(支付的价款中包含的已到付息期但尚未领取的利息)
　贷:银行存款/其他货币资金——存出投资款(实际支付的购买价款及相关税费)
　　长期债券投资——溢折价(折价金额,溢价金额在借方)

【例 5-1】正泰公司在 20×1 年 1 月 1 日以 1 050 757 元的价格购入 A 公司发行的债券,期限 3 年,票面利率 12%,每年 1 月 5 日支付上年度的利息,到期一次归还本金。正泰公司将其划分为长期债券投资。

20×1 年 1 月 1 日,正泰公司购入债券,根据成交过户交割凭单、转账支票(存根联),编制会计分录如下:

借:长期债券投资——面值　　　　　　　　　　　　1 000 000
　　长期债券投资——溢折价　　　　　　　　　　　　　50 757
　贷:银行存款　　　　　　　　　　　　　　　　　1 050 757

2. 长期债券投资持有期间发生应收利息、确认投资收益的账务处理

长期债券投资在持有期间发生的应收利息应当确认为投资收益。

① 分期付息、一次还本的长期债券投资,在债务人应付利息日按照票面利率计算的应收未收利息收入应当确认为应收利息,不增加长期债券投资的账面余额。

② 一次还本付息的长期债券投资,在债务人应付利息日按照票面利率计算的应收未收利息收入应当增加长期债券投资的账面余额。

③ 债券的折价或者溢价在债券存续期间内于确认相关债券利息收入时采用直线法进行摊销。

长期债券投资在持有期间发生的应收利息、同时确认投资收益,具体账务处理,如表 5-1 所示。

表 5-1 长期债券投资在持有期间发生应收利息、确认投资收益的账务处理

付息方式		账务处理
分期付息、一次还本的长期债券投资	面值购入	借：应收利息（面值×票面利率） 　　贷：投资收益
	溢价购入	借：应收利息（面值×票面利率） 　　贷：投资收益 　　　　长期债券投资——溢折价（溢价摊销额）
	折价购入	借：应收利息（面值×票面利率） 　　　长期债券投资——溢折价（折价摊销额） 　　贷：投资收益
一次还本付息的长期债券投资	面值购入	借：长期债券投资——应计利息（面值×票面利率） 　　贷：投资收益
	溢价购入	借：长期债券投资——应计利息（面值×票面利率） 　　贷：投资收益 　　　　长期债券投资——溢折价（溢价摊销额）
	折价购入	借：长期债券投资——应计利息（面值×票面利率） 　　　长期债券投资——溢折价（折价摊销额） 　　贷：投资收益

【例 5-2】承例 5-1。20×1 年 12 月 31 日，确认利息收入，编制会计分录如下：

借：应收利息——A 公司　　　　　　　　　　　　　　　120 000
　　贷：投资收益　　　　　　　　　　　　　　　　　　　103 081
　　　　长期债券投资——溢折价　　　　　　　　　　　　 16 919

20×2 年 1 月 5 日，收到票面利息，根据银行进账单（收账通知联），编制会计分录如下：

借：银行存款　　　　　　　　　　　　　　　　　　　　120 000
　　贷：应收利息——A 公司　　　　　　　　　　　　　　120 000

20×2 年 12 月 31 日、20×3 年 1 月 5 日、20×3 年 12 月 31 日，账务处理同上。

3. 处置、到期收回长期债券投资的账务处理

长期债券投资到期，小企业收回的长期债券投资，应当冲减其账面余额。处置长期债券投资，处置价款扣除其账面余额、相关税费后的净额，应当计入投资收益。

小企业处置、到期收回长期债券投资，账务处理如下：

借：银行存款（处置收入）
　　贷：长期债券投资——面值（账面余额）
　　　　长期债券投资——应计利息（账面余额）

长期债券投资——溢折价（折价余额；溢价余额在借方）
　　投资收益（差额；或者在借方）

【例 5-3】 承例 5-1、例 5-2。20×3 年 12 月 31 日，债券到期。收回票面最后一期利息和债券成本，根据成交过户交割凭单、银行进账单（收账通知联），编制会计分录如下：

借：银行存款　　　　　　　　　　　　　　　　　　　　　1 120 000
　　贷：应收利息——A 公司　　　　　　　　　　　　　　　　120 000
　　　　长期债券投资——面值　　　　　　　　　　　　　1 000 000

4. 长期债券投资损失的账务处理

小企业长期债券投资发生损失的，减除可收回的金额后确认的无法收回的长期债券投资，作为长期债券投资损失。

长期债券投资损失应当于实际发生时计入营业外支出，同时冲减长期债券投资账面余额。

① 债务人依法宣告破产、关闭、解散、被撤销，或者被依法注销、吊销营业执照，其清算财产不足清偿的。

② 债务人死亡，或者依法被宣告失踪、死亡，其财产或者遗产不足清偿的。

③ 债务人逾期 3 年以上未清偿，且有确凿证据证明已无力清偿债务的。

④ 与债务人达成债务重组协议或法院批准破产重整计划后，无法追偿的。

⑤ 因自然灾害、战争等不可抗力导致无法收回的。

⑥ 国务院财政、税务主管部门规定的其他条件。

长期债券投资于损失实际发生时，账务处理如下：

借：银行存款（可收回的金额）
　　营业外支出——无法收回的长期债券投资损失（实际发生的投资损失）
　　贷：长期债券投资（账面余额）

【例 5-4】 承例 5-1、例 5-2、例 5-3。假设 20×3 年 2 月，正泰公司持有的 A 公司的长期债券投资发生投资损失，收回金额 80 万元。正泰公司在确认投资损失时，根据投资损失确认单、银行进账单（收账通知联），编制会计分录如下：

借：银行存款　　　　　　　　　　　　　　　　　　　　　　800 000
　　营业外支出——无法收回的长期债券投资损失　　　　　　353 838
　　贷：长期债券投资——面值　　　　　　　　　　　　　1 000 000
　　　　　　　　　　——溢折价　　　　　　　　　　　　　33 838
　　　　应收利息——A 公司　　　　　　　　　　　　　　　120 000

项目二 长期股权投资的核算

一、长期股权投资的概念

长期股权投资，是指小企业准备长期持有的权益性投资。长期股权投资，属于权益性投资。小企业的长期股权投资一般意图长期持有，通过对被投资单位实施控制或重大影响，或通过改善贸易关系，获取较大经济利益，投资风险大。

二、长期股权投资的账务处理

（一）长期股权投资核算的账户设置

小企业根据1511"长期股权投资"科目的规定，设置"长期股权投资"账户核算小企业准备长期持有的权益性投资。该账户基本结构如下：

长期股权投资	资产类
（1）取得长期股权投资的成本	（1）处置投资时，转出的长期股权投资的成本 （2）发生投资损失时，冲减的长期股权投资的成本
余额：小企业持有的长期股权投资的成本	
明细：按被投资单位进行明细核算	

（二）长期股权投资的账务处理

1. 取得的长期股权投资的账务处理

长期股权投资应当按照成本进行计量。投资持有期间长期股权投资的账面价值不随被投资方所有者权益的变动而变动。除追加投资和收回投资外，一般不得调整"长期股权投资"科目的账面价值。小企业以支付现金取得的长期股权投资，应当按照购买价款和相关税费作为成本进行计量。实际支付价款中包含的已宣告但尚未发放的现金股利，应当单独确认为应收股利，不计入长期股权投资的成本。

以支付现金取得的长期股权投资，账务处理如下：

借：长期股权投资（实际支付的购买价款和相关税费扣除已宣告但尚未发放的现金股利后的金额）

　　　　应收股利（支付价款中包含的被投资单位已宣告但尚未发放的现金股利或利润）

　贷：银行存款/其他货币资金——存出投资款（实际支付的购买价款和相关税费）

【例 5-5】20×1 年 1 月 1 日,正泰公司自公开市场中买入甲公司 20％的股份,实际支付价款 160 万元。另外,在购买过程中支付手续费等相关费用 4 万元。

正泰公司应当按照实际支付的购买价款作为取得长期股权投资的成本,根据成交过户交割凭单、转账支票(存根联),编制会计分录如下:

借:长期股权投资——甲公司　　　　　　　　　　　　1 640 000
　　贷:银行存款　　　　　　　　　　　　　　　　　　　　　1 640 000

【例 5-6】承例 5-5。假定正泰公司取得该项投资时,甲公司已经宣告但尚未发放现金股利,正泰公司按其持股比例计算确定可分得 6 万元。

正泰公司在确认该长期股权投资时,应将包含的现金股利部分单独核算,根据成交过户交割凭单、股利发放公告、转账支票(存根联),编制会计分录如下:

借:长期股权投资——甲公司　　　　　　　　　　　　1 580 000
　　应收股利——甲公司　　　　　　　　　　　　　　　　　60 000
　　贷:银行存款　　　　　　　　　　　　　　　　　　　　　1 640 000

2. 长期股权投资持有期间,分得现金股利的账务处理

在长期股权投资持有期间,被投资单位宣告分派的现金股利或利润中,投资企业按应享有的部分确认为当期投资收益,账务处理如下:

借:应收股利(被投资单位宣告分派的现金股利或利润中,投资企业按应分得的金额)
　　贷:投资收益

【例 5-7】承例 5-5。20×2 年 4 月,甲公司宣告分派现金股利,正泰公司按其持股比例可取得 10 万元。

正泰公司在确认投资收益时,根据股利发放公告、投资收益确认表,编制会计分录如下:

借:应收股利——甲公司　　　　　　　　　　　　　　　100 000
　　贷:投资收益　　　　　　　　　　　　　　　　　　　　　　100 000

3. 长期股权投资的处置的账务处理

小企业持有长期股权投资的过程中,将所持有的对被投资单位的股权全部或部分对外出售时,应相应结转长期股权投资的成本,处置价款扣除其成本、相关税费后的净额,应当计入投资收益,账务处理如下:

借:银行存款(实际收到的金额)
　　贷:长期股权投资(账面余额)
　　　　应收股利(尚未领取的现金股利或利润)
　　　　投资收益(差额:投资收益;或在借方:投资损失)

【例 5-8】承例 5-5、例 5-7。20×2 年 11 月,正泰公司将持有的甲公司的长期股权投资出售,出售价款 178 万元,同时支付相关手续费 5 万元。正泰公司在确认投资收益时,根据成交过户交割凭单、银行进账单(收账通知联),编制会计分录如下:

借：银行存款 1 730 000
　　贷：长期股权投资——甲公司 1 580 000
　　　　投资收益 150 000

4. 长期股权投资损失的账务处理

小企业长期股权投资符合下列条件之一的，减除可收回的金额后确认的无法收回的长期股权投资，作为长期股权投资损失：

① 被投资单位依法宣告破产、关闭、解散、被撤销，或者被依法注销、吊销营业执照的。

② 被投资单位财务状况严重恶化，累计发生巨额亏损，已连续停止经营3年以上，且无重新恢复经营改组计划的。

③ 对被投资单位不具有控制权，投资期限届满或者投资期限已超过10年，且被投资单位因连续3年经营亏损导致资不抵债的。

④ 被投资单位财务状况严重恶化，累计发生巨额亏损，已完成清算或清算期超过3年以上的。

⑤ 国务院财政、税务主管部门规定的其他条件。

长期股权投资损失应当于实际发生时计入营业外支出，同时冲减长期股权投资账面余额，账务处理如下：

借：银行存款（可收回的金额）
　　营业外支出——无法收回的长期股权投资损失（实际发生的投资损失）
　　贷：长期股权投资（账面余额）

【例5-9】 承例5-5、例5-7。假设20×2年10月，正泰公司持有的甲公司的长期股权投资发生投资损失，收回金额100万元。正泰公司在确认投资损失时，根据投资损失确认单、银行进账单（收账通知联），编制会计分录如下：

借：银行存款 1 000 000
　　营业外支出——无法收回的长期股权投资损失 580 000
　　贷：长期股权投资——甲公司 1 580 000

《企业会计准则》与《小企业会计准则》差异比较

一、长期债券投资会计处理不同

1. 核算科目设置不同

《企业会计准则》设置"债权投资"科目核算企业以摊余成本计量的债权投资，下设

"成本""利息调整""应计利息"明细科目。

《企业会计准则》设置"其他债权投资"科目核算企业以公允价值计量且其变动计入其他综合收益的债权性金融资产，下设"成本""利息调整""应计利息""公允价值变动"明细科目。

《小企业会计准则》通过"长期债券投资"核算，下设"面值""溢折价""应计利息"二级明细科目。

2. 初始确认不同

《企业会计准则》规定企业初始确认债权投资时，应当按照公允价值计量。对于债权投资，相关交易费用应当计入初始确认金额。

《企业会计准则》规定企业初始确认其他债权投资时，应当按照公允价值计量。相关交易费用应当计入初始确认金额。

《小企业会计准则》规定长期债券投资应当按照购买价款和相关税费作为成本进行计量。

3. 后续计量不同

《企业会计准则》规定企业对债权投资应当采用实际利率法按摊余成本进行后续计量。投资收益则根据期初摊余成本乘以实际利率计算确定；债券的溢折价在债券存续期间内于确认相关债券利息收入时采用实际利率法进行摊销。

《企业会计准则》规定，对于其他债权投资，资产负债表日按公允价值计量，公允价值变动计入其他综合收益。同时，采用实际利率法计算其他债权投资的投资收益，该类金融资产计入各期损益的金额应当与视同其一直按摊余成本计量而计入各期损益的金额相等。债券的溢折价在债券存续期间内于确认相关债券利息收入时采用实际利率法进行摊销。

《小企业会计准则》规定长期债券投资后续计量按面值进行。投资收益根据面值和票面利率计算确定的应收利息或应计利息并进行溢折价摊销后的金额计算确定。债券的折价或者溢价在债券存续期间内于确认相关债券利息收入时采用直线法进行摊销。

4. 减值损失处理不同

《企业会计准则》规定企业应当在资产负债表日计算债权投资预期信用损失。如果该预期信用损失大于当前减值准备的账面金额，企业应当将其差额确认为减值损失，计提债权投资减值准备。

《企业会计准则》规定企业应当在资产负债表日计算其他债权投资预期信用损失。如果该预期信用损失大于当前减值准备的账面金额，企业应当将其差额确认为减值损失。企业应当在其他综合收益中确认其损失准备，并将减值损失或利得计入当期损益，不减少该金融资产在资产负债表中列示的账面价值。

《小企业会计准则》规定不得计提长期债券投资减值准备；长期债券投资损失应当于实际发生时计入营业外支出，同时冲减长期债券投资账面余额。

5. 终止确认不同

《企业会计准则》规定债权投资终止确认时，应将收到的对价与所转移金融资产的账面价值的差额计入当期损益。

《企业会计准则》规定其他债权投资终止确认时,将实际收到的金额与其账面价值的差额确认为投资收益。之前计入其他综合收益的累计利得或损失应当从其他综合收益中转出,计入当期损益。

《企业会计准则》规定长期债券投资处置或到期,小企业收回的长期债券投资,应当冲减其账面余额。处置长期债券投资,处置价款扣除其账面余额、相关税费后的净额,应当计入投资收益。

二、长期股权投资会计处理不同

1. 后续计量不同

《企业会计准则》采用成本法和权益法对长期股权投资进行后续计量。权益法下在长期股权投资科目下设置"成本""损益调整""其他综合收益""其他权益变动"明细科目并进行核算。

《小企业会计准则》以成本进行长期股权投资后续计量,设置"长期股权投资"科目核算。

2. 减值损失处理不同

《企业会计准则》规定对于长期股权投资可能发生的减值,计提长期股权投资减值准备。

《小企业会计准则》规定不得计提长期股权投资减值准备。长期股权投资损失应当于实际发生时计入营业外支出,同时冲减长期股权投资账面余额。

3. 终止确认不同

《企业会计准则》规定,处置长期股权投资时,需转出"长期股权投资减值准备"科目,并且在权益法下,将处置资产相关的"资本公积——其他资本公积""其他综合收益"科目余额转入"投资收益"科目。

《小企业会计准则》处置长期股权投资时,不涉及此类问题。

会计与税收差异比较

1. 关于长期债券投资

小企业取得长期债券投资时,实际支付的价款中包含的已到付息期但尚未领取的债券利息,在会计上单独确认为应收利息,不计入长期债券投资成本。而税法规定,实际支付的价款中包含的已到付息期但尚未领取的债券利息,作为购买价款的组成部分计入长期债券投资成本。

小企业溢折价购入的长期债券,会计上需要逐期分摊溢折价,调整利息收入,确认投资收益。而税法规定企业利息收入按照票面利率计算确定。

税法规定，国债利息收入免征企业所得税，取得的地方政府债券利息收入免征企业所得税。小企业取得债券利息，按照税法规定属于免税收入的，需要进行所得税纳税调整。

2. 关于长期股权投资

小企业取得长期股权投资时，实际支付的价款中包含的已宣告但尚未发放的现金股利，在会计上单独确认为应收股利，不计入长期股权投资成本。而税法规定，实际支付的价款中包含的已宣告但尚未发放的现金股利，作为购买价款的组成部分计入长期股权投资成本。

税法规定，符合条件的居民企业之间的股息、红利等权益性投资收益免征企业所得税。小企业取得现金股利或利润，按照税法规定属于免税收入的，需要进行所得税纳税调整。小企业取得的股票股利，无需进行会计处理，而税法规定投资企业分得的股票股利，如不符合免税条件，应调整应纳税所得额。

第六章 固定资产的核算

项目一　固定资产概述

固定资产是小企业重要的生产力要素之一，是小企业赖以生存的物质基础，是小企业产生效益的源泉，固定资产的结构、状况、管理水平等直接影响着企业的竞争力，关系到企业的运营与发展。

一、固定资产的定义

固定资产是指小企业为生产产品、提供劳务、出租或经营管理而持有的，使用寿命超过1年的有形资产。

小企业的固定资产包括：房屋、建筑物、机器、机械、运输工具、设备、器具、工具等。

固定资产的使用寿命是指小企业使用固定资产的预计期间，或者该固定资产所能生产产品或提供劳务的数量。固定资产为有形资产，区别于无形资产。

二、固定资产的分类

小企业的固定资产种类繁多，构成复杂。根据不同的管理需要和核算要求，可以对固定资产按不同的分类标准进行分类。

小企业一般可将固定资产分为以下几类：
① 生产经营用固定资产；
② 非生产经营用固定资产；
③ 租出固定资产；
④ 未使用固定资产；
⑤ 不需用固定资产；

⑥ 融资租入固定资产；

⑦ 土地，指过去已经估价单独入账的土地，企业取得的土地使用权不能作为固定资产管理。

小企业应当根据固定资产定义，结合本企业的具体情况，制定适合于本企业的固定资产目录、分类方法、每类或每项固定资产的折旧年限、折旧方法，作为进行固定资产核算的依据。

三、固定资产的确认条件

某一资产项目，如果要作为固定资产加以确认，首先需要符合固定资产的定义；其次，还需要符合固定资产的确认条件。

固定资产在同时满足以下两个条件时，才能加以确认：

① 与该固定资产有关的经济利益很可能流入企业；

② 该固定资产的成本能够可靠地计量。

此外，融资租入的固定资产，小企业虽然没有所有权，但与固定资产所有权有关的风险和报酬实质上已经转移到了企业（承租人），应视同自有固定资产进行核算。

四、固定资产的账簿体系

固定资产账簿体系由固定资产总分类账和固定资产明细分类账组成。固定资产的明细分类账又包括"固定资产卡片"和"固定资产登记簿"两种。

（一）固定资产卡片

小企业应当根据固定资产的定义，结合自身实际情况，制定适合本企业的固定资产目录，列明固定资产编号、名称、种类、所在地点、使用部门、责任人、数量、账面价值、使用年限、损耗等内容，有利于企业了解固定资产使用情况的全貌。小企业在固定资产目录的基础上，按照单项资产建立固定资产卡片，资产卡片应在资产编号上与固定资产目录保持对应关系。固定资产目录和卡片均应定期或不定期复核，保证信息的真实和完整。

通过固定资产卡片，可以反映小企业各项固定资产从进入企业开始到退出企业的整个生命周期所发生的全部情况。固定资产卡片通常一式三份，分别由会计部门、资产管理部门、固定资产使用或保管部门负责登记并保管。

（二）固定资产登记簿

小企业应按固定资产的类别设置固定资产登记簿，登记簿上的账页应按使用或保管单位设置专栏并按顺序排列。通过固定资产登记簿，可以反映企业各类固定资产的使用、保管和增减变动及其结存情况。小企业每年年初按照规定的类别和使用或保管单位，将固定资产的年初余额计入登记簿，每月按各类固定资产的增减日期序时登记，只登记金额，不登记数量,并按月结出余额。

项目二　固定资产增加的核算

一、固定资产的计价

(一)固定资产的计价基础

1. 原始价值

固定资产的基本计价标准是历史成本,亦称原始价值,包括企业购建某项固定资产达到前所发生的一切合理、必要的支出。它可以反映固定资产取得时的规模,并可据此为后续计量提供依据。

2. 净值

固定资产净值也称为折余价值,是指固定资产原始价值或重置完全价值减去已提折旧后的净额。它可以反映企业实际占用在固定资产上的资金数额和固定资产的新旧程度。

(二)固定资产计价的相关问题

1. 关于固定资产借款费用的处理

在固定资产竣工决算之前发生的借款费用应计入购建固定资产的成本,其后发生的应计入当期损益。

2. 关于固定资产价值的调整

固定资产的价值确定入账以后,一般不得进行调整,但是在一些特殊情况下,对于入账的固定资产的价值可进行调整。这些情况主要包括:

① 根据国家规定对固定资产价值重新估价;
② 增加补充设备或改良装置;
③ 将固定资产的一部分拆除;
④ 根据实际价值调整原来的暂估价值;
⑤ 发现原记固定资产价值有错误。

二、固定资产增加核算的账户设置

1. "固定资产"账户

小企业根据1601"固定资产"科目的规定,设置"固定资产"账户核算小企业持有的固定资产原价(成本)。小企业购置计算机硬件所附带的、未单独计价的软件,也通过本账户核算。小企业临时租入的固定资产和以经营租赁租入的固定资产,应另设备查簿进行登记,不在本账户核算。该账户基本结构如下:

固定资产	资产类
（1）增加的固定资产的入账价值（成本）	（1）处置减少的固定资产的账面余额（成本）
余额：小企业期末固定资产的原价（成本）	
明细：按固定资产类别和项目进行明细核算	

2. "在建工程"账户

小企业根据1604"在建工程"科目的规定，设置"在建工程"账户核算小企业需要安装的固定资产、固定资产新建工程、改扩建等所发生的成本。小企业购入不需要安装的固定资产，在"固定资产"账户核算，不在本账户核算。小企业已提足折旧的固定资产的改建支出和经营租入固定资产的改建支出，在"长期待摊费用"账户核算，不在本账户核算。该账户基本结构如下：

在建工程	资产类
（1）工程发生的各项实际支出	（1）结转的已办理竣工决算工程的实际成本
余额：小企业尚未完工或虽已完工，但尚未办理竣工决算的工程成本	
明细：按在建工程项目进行明细核算	

3. "工程物资"账户

小企业根据1605"工程物资"科目的规定，设置"工程物资"账户核算小企业为在建工程准备的各种物资的成本。包括：工程用材料、尚未安装的设备及为生产准备的工器具等。该账户基本结构如下：

工程物资	资产类
（1）购入为工程准备的物资的实际成本 （2）剩余工程物资退库的金额	（1）领用工程物资的成本 （2）工程完工后剩余的工程物资转作本企业存货的金额
余额：小企业为在建工程准备的各种物资的成本	
明细：按"专用材料""专用设备""工器具"等进行明细核算	

三、固定资产增加的账务处理

（一）外购固定资产的账务处理

小企业外购固定资产的成本包括：购买价款、相关税费、运输费、装卸费、保险费、安装费等，但不含按照税法规定可以抵扣的增值税进项税额。

小企业购入的固定资产分为不需要安装的固定资产和需要安装的固定资产两种情形。后者的取得成本是在前者取得成本的基础上，加上安装调试成本等。小企业购入、安装固定资产常见原始凭证主要有固定资产验收单、工程物资领料单等。

1. 购入不需安装的有形动产的账务处理

有形动产，是指使用期限超过 12 个月的机器、机械、运输工具以及其他与生产经营有关的设备、工具、器具等固定资产。

小企业购入的不需安装的有形动产等固定资产，应按实际支付的计入固定资产成本的金额作为购入的固定资产原价入账。

小企业购入不需安装固定资产的账务处理如下：

借：固定资产（应计入固定资产成本的金额）
　　应交税费——应交增值税（进项税额）（记账时，增值税专用发票已认证相符可抵扣增值税额）
　　应交税费——待认证进项税额（记账时，增值税专用发票未认证的可抵扣增值税额）
　贷：银行存款/其他货币资金/应付票据等

待认证进项税额经认证后，账务处理如下：

借：应交税费——应交增值税（进项税额）
　贷：应交税费——待认证进项税额

【例 6-1】 20×1 年 3 月 12 日，正泰公司购入一台不需要安装的生产用机器设备，取得的增值税专用发票已认证相符，专用发票注明的设备价款为 101 000 元，进项税额为 13 130 元，款项电汇支付。设备已验收交付基本生产车间使用。

根据增值税专用发票（发票联）、业务委托书（回执联）、固定资产验收单，编制会计分录如下：

借：固定资产　　　　　　　　　　　　　　　　　　　101 000
　　应交税费——应交增值税（进项税额）　　　　　　 13 130
　贷：银行存款　　　　　　　　　　　　　　　　　　114 130

2. 购入需安装有形动产的账务处理

小企业购入需要安装调试的有形动产等固定资产，则先记入"在建工程"科目，安装完成后再转入"固定资产"科目核算。

小企业购入需要安装调试有形动产的账务处理如下：

借：在建工程——安装工程
　　应交税费——应交增值税（进项税额）
　　应交税费——待认证进项税额
　贷：银行存款等

发生安装调试支出的账务处理如下：

借：在建工程——安装工程

应交税费——应交增值税（进项税额）
　　应交税费——待认证进项税额
　贷：银行存款/原材料/工程物资/应付职工薪酬等
安装完成后账务处理如下：
　借：固定资产
　　贷：在建工程——安装工程

【例6-2】承例6-1。20×1年3月12日，假设正泰公司购入的该设备需要安装。安装设备时，领用原材料价值20 000元，支付安装人员工资10 000元。设备安装完毕，交付基本生产车间使用。

（1）购入固定资产，根据增值税专用发票（发票联）、业务委托书（回执联）、验收单，编制会计分录如下：

　借：在建工程——安装工程　　　　　　　　　　　　　101 000
　　应交税费——应交增值税（进项税额）　　　　　　　 13 130
　贷：银行存款　　　　　　　　　　　　　　　　　　　114 130

（2）领用安装材料，支付工资等费用，根据原材料领料单（记账联）、工资计算表，编制会计分录如下：

　借：在建工程——安装工程　　　　　　　　　　　　　 30 000
　贷：原材料　　　　　　　　　　　　　　　　　　　　 20 000
　　　应付职工薪酬——工资　　　　　　　　　　　　　 10 000

（3）设备安装完成后，根据固定资产验收单、质量检验报告，编制会计分录如下：

　借：固定资产　　　　　　　　　　　　　　　　　　　131 000
　　贷：在建工程——安装工程　　　　　　　　　　　　 131 000

固定资产的入账价值为：101 000＋30 000＝131 000（元）。

3. 购入不动产的账务处理

不动产，是指不能移动或者移动后会引起性质、形状改变的财产，包括建筑物、构筑物等。

取得的不动产，包括以直接购买、接受捐赠、接受投资入股以及抵债等各种形式取得的不动产。

纳税人新建、改建、扩建、修缮、装饰不动产，属于不动产在建工程。

自2019年4月1日起，增值税一般纳税人销售交通运输、邮政、基础电信、建筑、不动产租赁服务，销售不动产，转让土地使用权，销售或者进口政策规定的货物，适用税率为9%。

小企业购入不动产的账务处理如下：
　借：固定资产（应计入固定资产成本的金额）
　　应交税费——应交增值税（进项税额）

应交税费——待认证进项税额
　　　贷：银行存款/其他货币资金/应付票据等
待认证进项税额经认证后，账务处理如下：
借：应交税费——应交增值税（进项税额）
　　贷：应交税费——待认证进项税额

【例6-3】20×1年6月，正泰公司购进办公楼办公用，取得增值税专用发票已认证相符，专用发票注明价款10 000万元，进项税额900万元，分10年计提折旧，无残值。

20×1年6月购进办公楼时，根据增值税专用发票（发票联）、业务委托书（回执联）、验收单，编制会计分录如下：

借：固定资产　　　　　　　　　　　　　　　　　　　　　　100 000 000
　　应交税费——应交增值税（进项税额）　　　　　　　　　　　9 000 000
　　　贷：银行存款　　　　　　　　　　　　　　　　　　　　109 000 000

4. 购入货物和设计服务、建筑服务用于不动产的账务处理

小企业购进用于不动产货物，是指构成不动产实体的材料和设备，包括建筑装饰材料和给排水、采暖、卫生、通风、照明、通讯、煤气、消防、中央空调、电梯、电气、智能化楼宇设备及配套设施。

【例6-4】20×1年6月1日，正泰公司准备自行建造一座仓库，6月份购入钢材一批，取得增值税专用发票并认证相符，专用发票注明价款为100 000元，增值税额为13 000元，款项以银行存款支付，工程物资全部用于库房建造工程。

20×1年6月购进钢材时，根据增值税专用发票（发票联）、业务委托书（回执联）、入库验收单，编制会计分录如下：

借：工程物资——钢材　　　　　　　　　　　　　　　　　　　　100 000
　　应交税费——应交增值税（进项税额）　　　　　　　　　　　　 13 000
　　　贷：银行存款　　　　　　　　　　　　　　　　　　　　　　113 000

领用工程物资时，根据出库单，编制会计分录如下：

借：在建工程——仓库　　　　　　　　　　　　　　　　　　　　100 000
　　　贷：工程物资——钢材　　　　　　　　　　　　　　　　　　100 000

5. 购进进项税额不得抵扣的固定资产的账务处理

一般纳税人购进固定资产，用于简易计税方法计税项目、免征增值税项目、集体福利或个人消费等，其进项税额按照现行增值税制度规定不得从销项税额中抵扣的，取得增值税专用发票时，账务处理如下：

借：固定资产
　　应交税费——待认证进项税额
　　　贷：银行存款/应付账款等

经税务机关认证后，账务处理如下：

借：应交税费——应交增值税（进项税额）
　　贷：应交税费——待认证进项税额
按现行增值税规定转出时，账务处理如下：
借：固定资产
　　贷：应交税费——应交增值税（进项税额转出）

【例6-5】20×1年9月10日，正泰公司以银行存款109万元购入一栋楼用作职工宿舍，购进时增值税专用发票已认证相符，金额100万元，增值税额9万元。

20×1年9月10日，根据增值税专用发票（发票联）、业务委托书（回执联）、入库单，编制会计分录如下：

借：固定资产　　　　　　　　　　　　　　　　　　　　　　　1 000 000
　　应交税费——待认证进项税额　　　　　　　　　　　　　　　　90 000
　　贷：银行存款　　　　　　　　　　　　　　　　　　　　　　1 090 000

经税务机关认证后，账务处理如下：

借：应交税费——应交增值税（进项税额）　　　　　　　　　　　　90 000
　　贷：应交税费——待认证进项税额　　　　　　　　　　　　　　90 000

按现行增值税规定转出时，账务处理如下：

借：固定资产　　　　　　　　　　　　　　　　　　　　　　　　　90 000
　　贷：应交税费——应交增值税（进项税额转出）　　　　　　　　90 000

6. 不得抵扣进项税额的固定动产、不动产，发生用途改变，用于允许抵扣进项税额项目的核算

小企业不得抵扣且未抵扣进项税额的固定资产、不动产，发生用途改变，用于允许抵扣进项税额的应税项目（持有增值税专用发票的），可在用途改变的次月按照下列公式计算可以抵扣的进项税额：

可抵扣进项税额＝增值税扣税凭证注明或计算的进项税额×不动产净值率

　　　　不动产净值率＝（不动产净值÷不动产原值）×100％

【例6-6】20×1年6月5日，正泰公司购入楼房一座，取得增值税专用发票已认证相符，专用发票上注明价款为5 000万元，增值税额为450万元。该楼房专用于职工娱体消费，作为固定资产核算，假定分10年计提折旧，无残值。20×3年6月，该公司将该大楼改为综合办公楼，属于增值税应税项目。

因购入后进项税额不得抵扣，故该大楼账面原值为5 450万元。不动产净值率＝净值÷原值＝（原值－折旧）÷原值＝[5 450－5 450÷（10×12）×24]÷5 450＝80％

可抵扣进项税额＝450×80％＝360（万元），进项税额360万元作为恢复抵扣的进项税额，应全部从不动产原值中转出。编制会计分录如下：

借：应交税费——应交增值税（进项税额）　　　　　　　　　　3 600 000
　　贷：固定资产　　　　　　　　　　　　　　　　　　　　　3 600 000

小企业基于产品价格等因素的考虑，可能以一笔款项购入多项没有单独标价的固定资产。如果这些资产均符合固定资产的定义，并满足固定资产的确认条件，则应将各项资产单独确认为固定资产。以一笔款项购入多项没有单独标价的固定资产，应当按照各项固定资产或类似资产的市场价格或评估价值比例对总成本进行分配，分别确定各项固定资产的成本。

（二）自行建造固定资产的账务处理

自行建造固定资产的成本，由建造该项资产在竣工决算前发生的支出（含相关的借款费用）构成。

小企业在建工程在试运转过程中形成的产品、副产品或试车收入冲减在建工程成本。

小企业自行建造固定资产包括自营建造和出包建造两种方式。无论采用何种方式，所建工程都应当按照实际发生的支出确定其工程成本。在建工程按其实施的方式不同可分为自营工程和出包工程两种。

1. 自营方式建造固定资产的账务处理

小企业以自营方式建造固定资产，意味着企业自行组织工程物资采购、自行组织施工人员从事工程施工。小企业以自营方式建造固定资产，其成本应当按照直接材料、直接人工、直接机械施工费等计量。

自营工程领用工程物资，借记"在建工程"科目，贷记"工程物资"科目。在建工程应负担的职工薪酬，借记"在建工程"科目，贷记"应付职工薪酬"科目。在建工程使用本企业的产品或商品，应当按照成本，借记"在建工程"科目，贷记"库存商品"科目。

在建工程在竣工决算前发生的借款利息，在应付利息日应当根据借款合同利率计算确定的利息费用，借记"在建工程"科目，贷记"应付利息"科目。办理竣工决算后发生的利息费用，在应付利息日，借记"财务费用"科目，贷记"应付利息"等科目。

在建工程在试运转过程中发生的支出，借记"在建工程"科目，贷记"银行存款"等科目；形成的产品或者副产品对外销售或转为库存商品的，借记"银行存款""库存商品"等科目，贷记"在建工程"科目。

自营工程办理竣工决算，借记"固定资产"科目，贷记"在建工程"科目。

【例6-7】 2016年6月1日，正泰公司准备自行建造一座仓库。6月份至12月份发生了下列经济业务：

（1）购入钢材一批，取得增值税专用发票已认证相符，专用发票注明价款为100 000元，增值税额为13 000元，款项以银行存款支付。工程物资全部用于库房建造工程。根据增值税专用发票（发票联）、工程物资入库单（记账联）、业务委托书（回执联），编制会计分录如下：

借：工程物资——钢材　　　　　　　　　　　　　　　　100 000
　　应交税费——应交增值税（进项税额）　　　　　　　　13 000
　　贷：银行存款　　　　　　　　　　　　　　　　　　　　　113 000

（2）工程先后领用工程物资100 000元。根据工程物资出库单（记账联），编制会计分录如下：

  借：在建工程——建筑工程（仓库）   100 000
    贷：工程物资——钢材   100 000

（3）领用生产用原材料方钢一批，价值为 3 000 元，购进该批方钢时支付的增值税进项税额为 390 元，在购进时已全额抵扣。根据原材料出库单（记账联），编制会计分录如下：

  借：在建工程——建筑工程（仓库）   3 000
    贷：原材料——方钢   3 000

（4）工程建设期间发生工程人员 50 000 元。根据工资计算表，编制会计分录如下：

  借：在建工程——建筑工程（仓库）   50 000
    贷：应付职工薪酬——工资   50 000

（5）2016 年 12 月 10 日，办理竣工决算手续。根据在建工程计算表、验收报告，编制会计分录如下：

  借：固定资产——生产经营用固定资产（仓库）   153 000
    贷：在建工程——建筑工程（仓库）   153 000

2. 出包方式建造固定资产的账务处理

在出包方式下，小企业通过招标方式将工程项目发包给建造承包商，由建造承包商（即施工企业）组织工程项目施工。小企业的新建、改建、扩建等建设项目，通常均采用出包方式。

（1）出包工程的成本构成

小企业以出包方式建造固定资产，其成本由建造该项固定资产竣工决算前所发生的必要支出构成，包括发生的建筑工程支出、安装工程支出，以及需分摊计入各固定资产价值的待摊支出。

① 建筑工程、安装工程支出。小企业按照合同规定的结算方式和工程进度定期与建造承包商办理工程价款结算，结算的工程价款计入在建工程成本。

② 待摊支出。待摊支出是指在建设期间发生的，不能直接计入某项固定资产价值、而应由所建造固定资产共同负担的相关费用，包括为建造工程发生的管理费、可行性研究费、临时设施费、公证费、监理费、应负担的税金、符合资本化条件的借款费用、建设期间发生的工程物资盘亏、报废及毁损净损失，以及负荷联合试车费等。

出包工程，按照工程进度和合同规定结算的工程价款，借记"在建工程"科目，贷记"银行存款""预付账款"等科目。

工程完工收到承包单位提供的账单，借记"固定资产"科目，贷记"在建工程"科目。

小企业为建造固定资产通过出让方式取得土地使用权而支付的土地出让金不计入在建工程成本，应确认为无形资产（土地使用权）。

此外，投资者投入的固定资产的成本，应当按照评估价值和相关税费确定。融资租入的固定资产的成本应当按照租赁合同约定的付款总额和在签订租赁合同过程中发生的相关税费等确定。

项目三　固定资产折旧的核算

一、固定资产折旧

（一）固定资产折旧的概念

折旧，是指在固定资产使用寿命内，按照确定的方法对应计折旧额进行系统分摊。应计折旧额，是指应当计提折旧的固定资产的原价（成本）扣除其预计净残值后的金额。预计净残值，是指固定资产预计使用寿命已满，小企业从该项固定资产处置中获得的扣除预计处置费用后的净额。已提足折旧，是指已经提足该项固定资产的应计折旧额。

影响固定资产折旧的主要因素包括：（1）折旧的基数，即固定资产的原始价值或账面净值；（2）固定资产的预计净残值；（3）固定资产的预计使用年限；（4）折旧方法。

除国务院财政、税务主管部门另有规定外，固定资产计提折旧的最低年限如下：

房屋、建筑物，为 20 年；机器、机械和其他生产设备，为 10 年；与生产经营活动有关的器具、工具、家具等，为 5 年；飞机、火车、轮船以外的运输工具，为 4 年；电子设备，为 3 年。

（二）固定资产折旧的范围

1. 空间范围

小企业应当对所有固定资产计提折旧，但已提足折旧仍继续使用的固定资产和单独计价入账的土地不得计提折旧。

需要注意的是，以融资租赁方式租入的固定资产和以经营租赁方式租出的固定资产，应当计提折旧；经营租赁方式租入的固定资产，不应当计提折旧。

处于更新改造过程而停止使用的固定资产，因已转入在建工程，因此不计提折旧，待更新改造项目完成，办理竣工决算转为固定资产后，再按重新确定的折旧方法和该项固定资产尚可使用年限计提折旧。

2. 时间范围

小企业应当按月计提折旧，当月增加的固定资产，当月不计提折旧，从下月起计提折旧；当月减少的固定资产，当月仍计提折旧，从下月起不计提折旧。已完工但尚未办理竣工决算的固定资产，应当按照估计价值确定其成本，并计提折旧；待办理竣工决算后再按实际成本调整原来的暂估价值，但不需要调整原已计提的折旧额。

(三)固定资产的折旧方法

小企业应当按照年限平均法(即直线法,下同)计提折旧。小企业的固定资产由于技术进步等原因,确需加速折旧的,可以采用双倍余额递减法和年数总和法。

小企业应当根据固定资产的性质和使用情况,并考虑税法的规定,合理确定固定资产的使用寿命和预计净残值。

固定资产的折旧方法、使用寿命、预计净残值一经确定,不得随意变更。

1. 年限平均法

年限平均法又称直线法,是指将固定资产的应计折旧额均衡地分摊到固定资产预计使用年限内的一种方法。采用这种方法计算的每期折旧额均相等。计算公式如下:

固定资产年折旧额=[(固定资产原始价值-预计净残值)÷预计使用寿命(年)]×100%

固定资产年折旧率=固定资产年折旧额÷固定资产原始价值

=[(1-预计净残值率)÷预计使用寿命(年)]×100%

其中:预计净残值率=预计净残值÷原始价值

月折旧率=年折旧率÷12

月折旧额=固定资产年折旧额÷12=固定资产原始价值×月折旧率

折旧率按计算对象不同,分为个别折旧率、分类折旧率和综合折旧率三种。个别折旧率是按单项固定资产计算的折旧率,分类折旧率是按各类固定资产分别计算的折旧率,综合折旧率则是按全部固定资产计算的折旧率。按个别折旧率计算折旧,工作量过于烦琐;按综合折旧率计算折旧,会影响折旧费的合理分摊;采用分类折旧率,既可以适当简化核算工作,又可以较为合理的地分配折旧费。

【例6-8】 承例6-1。正泰公司购入的该设备采用年限平均法计提折旧,预计使用年限为5年,预计残值7 000元,预计清理费2 000元。则该台机器设备的月折旧额计算如下:

(1) 年折旧额=(101 000-7 000+2 000)÷5=19 200(元)

月折旧额=19 200÷12=1 600(元)

(2) 或者:

预计净残值率=[(7 000-2 000)÷101 000]×100%=4.9505%

年折旧率=[(1-4.95%)÷5]×100%=19.01%

月折旧率=19%÷12=1.5842%

月折旧额=101 000×1.5842%=1 600(元)

年限平均法操作简便,适且于大多数固定资产,因而应用范围最广泛。但是,如果固定资产各期负荷程度不同,采用年限平均法计算的折旧,不能反映固定资产的实际损耗情况。因此,该法适合于各期使用强度和效率大致相同的固定资产。

2. 加速折旧法

(1) 年数总和法

年数总和法,又称年限合计法,是指将固定资产的原价减去预计净残值后的余额,乘以一个以固定资产尚可使用年限为分子、以预计使用年限逐年数字之和为分母的逐年递减的分数计算每年的折旧额。

年数总和法是以固定资产的应计折旧额作折旧基数,以一个逐期递减的分数作折旧率来计算各期折旧额的方法。该法下,折旧基数不变、年折旧率递减。计算公式如下:

$$年折旧率 = (尚可使用寿命 \div 预计使用年限的年数总和) \times 100\%$$

$$月折旧率 = 年折旧率 \div 12$$

$$月折旧额 = (固定资产原价 - 预计净残值) \times 月折旧率$$

【例6-9】承例6-1。假设正泰公司购入的该设备采用年数总和法计算的各年折旧额(预计净残值5 000元),如表6-1所示。

表6-1 年数总和法下计算的各年折旧额　　　　　　　　　　　　单位:元

年　份	尚可使用寿命	原价—净残值	年折旧率	每年折旧额	累　计　折　旧
1	5	96 000	5/15	32 000	32 000
2	4	96 000	4/15	25 600	57 600
3	3	96 000	3/15	19 200	76 800
4	2	96 000	2/15	12 800	89 600
5	1	96 000	1/15	6 400	96 000

(2) 双倍余额递减法

双倍余额递减法,是指在不考虑固定资产预计净残值的情况下,根据每期期初固定资产原价减去累计折旧后的金额和双倍的直线法折旧率计算固定资产折旧的一种方法。该法下,折旧基数逐期递减、年折旧率不变。

应用这种方法计算折旧额时,由于每年年初固定资产净值没有扣除预计净残值,折旧率中不考虑预计净残值,这样会导致在固定资产预计使用期满时已提折旧额总数大于应计折旧额。简化的做法是,在固定资产预计使用年限的最后两年,将固定资产账面净值与预计净残值之差采用直线法在剩余两年内分摊。

$$年折旧率 = [2 \div 预计的使用年限(年)] \times 100\%$$

$$月折旧率 = 年折旧率 \div 12$$

$$月折旧额 = 每月月初固定资产账面净值 \times 月折旧率$$

$$最后2年年折旧额 = (倒数第2年年初固定资产账面净值 - 预计净残值) \div 2$$

【例6-10】承例6-1。假设正泰公司购入的该设备采用双倍余额递减法计算各年折旧额(预计净残值5 000元),如表6-2所示。

表6-2　双倍余额递减法下计算的各年折旧额　　　　　　　　　单位：元

年次	年初净值	年折旧率	年折旧额	累计折旧额	年末净值
1	101 000	40%	40 400	40 400	60 600
2	60 600	40%	24 240	64 640	36 360
3	36 360	40%	14 544	79 184	21 816
4	21 816	—	8 408	87 592	13 408
5	13 408	—	8 408	96 000	5 000

其中：年折旧率＝2÷5＝40%

从第四年起改按年限平均法计提折旧：

第四、五年应提的折旧额＝(21 816－5 000)÷2＝8 408(元)

此外，为真实反映固定资产为企业提供经济利益的期间、每期实际的资产消耗以及与固定资产有关的经济利益的预期实现方式，小企业至少应当于每年年度终了，对固定资产使用寿命、预计净残值和折旧方法进行复核。

二、固定资产折旧核算的账户设置

小企业根据1602"累计折旧"科目的规定，设置"累计折旧"账户核算小企业固定资产的累计折旧。需要查明某项固定资产的已提折旧，可以根据固定资产卡片上记载的该项固定资产原值、折旧率和实际使用年数等资料进行计算。该账户基本结构如下：

累计折旧	资产类
（1）处置减少固定资产时转销的已提旧额	（2）按月计提的折旧额
	余额：小企业固定资产的累计折旧额

明细：本账户可以进行总分类核算，也可以按固定资产类别或项目进行明细核算。

三、固定资产折旧的账务处理

固定资产的折旧费应当根据固定资产的受益对象计入相关资产成本或者当期损益。小企业每月末，以"固定资产折旧计算表"为依据，进行计提折旧的账务处理。年限平均法下计算公式如下：

月折旧额的直接计算式＝月初固定资产原值×折旧率

月折旧额的调整计算式＝上月计提的折旧额＋上月增加固定资产计提的折旧额－
上月减少固定资产计提的折旧额

小企业计提固定资产折旧的账务处理：

借：制造费用（生产车间使用的固定资产计提的折旧）

　　管理费用（行政管理部门使用的固定资产计提的折旧；未使用、不需用房屋、建筑物计提的折旧）

　　销售费用（销售部门使用的固定资产计提的折旧）

　　在建工程（自行建造固定资产过程中所使用的固定资产计提的折旧）

　　研发支出（自行开发无形资产过程中所使用的固定资产计提的折旧）

　　其他业务成本（经营性出租固定资产计提的折旧）

　　应付职工薪酬（提供给职工作为非货币性职工薪酬的固定资产计提的折旧）

贷：累计折旧

【例6-11】正泰公司20×1年6月份固定资产计提折旧情况，如表6-3所示。另外本月新购置一台机器设备，价值为540 000元，预计使用寿命为10年，预计净残值率5%。

表6-3　固定资产折旧计算表　　　　　　　　　单位：元

使用部门	固定资产类别	月分类折旧率	月初应计折旧固定资产原始价值	本月折旧额
生产车间	建筑物	0.2%	10 000 000	20 000
	机器设备	0.5%	3 040 000	15 200
	其他	0.4%	1 997 000	7 988
	小计	—	15 037 000	43 188
管理部门	建筑物	0.2%	2 500 000	5 000
	其他	0.4%	243 000	972
	小计	—	2 743 000	5 972
销售部门	建筑物	0.2%	6 000 000	12 000
	机器设备	0.5%	1 260 000	6 300
	小计	—	7 260 000	18 300
经营租出	机器设备	0.5%	100 000	500
未使用	机器设备	0.5%	400 000	2 000
合计		—	17 880 000	69 960

20×1年6月份计提折旧，根据固定资产折旧计算表，编制会计分录如下：

借：制造费用——基本生产车间　　　　　　　　　　43 188

　　管理费用　　　　　　　　　　　　　　　　　　 7 972

销售费用	18 300
其他业务成本	500
贷：累计折旧	69 960

项目四　固定资产后续支出的核算

　　固定资产的后续支出是指固定资产使用过程中发生的改建支出、日常修理支出、大修理支出等。

一、固定资产日常修理支出的核算

　　固定资产的日常修理费，应当在发生时根据固定资产的受益对象计入相关资产成本或者当期损益。

　　账务处理如下：

　借：制造费用（生产车间发生的固定资产修理费用）
　　　管理费用（行政管理部门发生的固定资产修理费用）
　　　销售费用（专设销售机构发生的固定资产修理费用）
　　贷：银行存款等

　　【例6-12】20×1年1月3日，正泰公司对基本生产车间现有的一台生产用机器设备进行修理，修理过程中领用本企业工程物资一批，价值为94 000元，应支付维修人员的工资为28 000元。

　　发生修理费用，根据工程物资出库单（记账联）、工资费用分配表，编制会计分录如下：

　借：制造费用——基本生产车间　　　　　　　　　　　122 000
　　贷：工程物资　　　　　　　　　　　　　　　　　　　94 000
　　　　应付职工薪酬　　　　　　　　　　　　　　　　　28 000

　　需要说明的是，小企业固定资产的大修理支出，通过"长期待摊费用"科目核算。

二、固定资产改建支出的核算

　　固定资产的改建支出，是指改变房屋或者建筑物结构、延长使用年限等发生的支出。固定资产的改建支出，应当计入固定资产的成本，但已提足折旧的固定资产和经营租入的固定资产发生的改建支出应当计入长期待摊费用。

　　固定资产改建支出的账务处理，如表6-4所示。

表 6-4 固定资产改建支出的账务处理

固定资产资本化后续支出	账 务 处 理
将固定资产账面价值转入在建工程	借：在建工程（账面价值） 　　累计折旧（已计提折旧额） 贷：固定资产（原价）
停止计提折旧	
发生改扩建相关支出	借：在建工程 　　应交税费——应交增值税（进项税额） 贷：银行存款/工程物资/应付职工薪酬/累计折旧等
改建完成办理竣工决算	借：固定资产 贷：在建工程
按重新确定的使用寿命、预计净残值和折旧方法计提折旧	借：制造费用等 贷：累计折旧

【例 6-13】承例 6-1。20×1 年 10 月 31 日，正泰公司将该台生产用机器设备进行更新改造，为期 3 个月的改造过程中，领用工程物资 30 000 元；以银行存款支付技改支出，取得增值税专用发票已认证相符，专用发票注明价款 18 000 元，增值税额 2 340 元。被替换部分发生变价收入 1 000 元。20×2 年 1 月 31 日，设备更新改造完工，生产能力大为提高，预计使用年限延长了 2 年，预计净残值率不变，折旧方法不变。

① 20×1 年 10 月 31 日，将固定资产的账面价值转入在建工程，根据固定资产改造报批单，编制会计分录如下：

固定资产的账面价值 = 101 000 - 1 600 × 7 = 89 800（元）

借：在建工程——更新改造工程　　　　　　　　　　89 800
　　累计折旧　　　　　　　　　　　　　　　　　　11 200
　　贷：固定资产　　　　　　　　　　　　　　　　　　101 000

② 20×1 年 11 月 1 日—20×2 年 1 月 31 日，发生更新改造支出，根据工程物资出库单、增值税专用发票、转账支票（存根联），编制会计分录如下：

借：在建工程——更新改造工程　　　　　　　　　　30 000
　　贷：工程物资　　　　　　　　　　　　　　　　　　30 000
借：在建工程——更新改造工程　　　　　　　　　　18 000
　　应交税费——应交增值税（进项税额）　　　　　2 340
　　贷：银行存款　　　　　　　　　　　　　　　　　　20 340

取得变价收入，根据银行进账单（收账通知联），编制会计分录如下：

借：银行存款　　　　　　　　　　　　　　　　　　1 000
　　贷：在建工程——更新改造工程　　　　　　　　　　1 000

③ 20×2 年 1 月 31 日，设备更新改造完成办理竣工决算，根据固定资产验收单，编制

会计分录如下:

借:固定资产   136 800
　　贷:在建工程——更新改造工程   136 800

④ 20×2年1月31日,转为固定资产后,按重新确定的使用寿命、预计净残值和折旧方法计提折旧。

$$应计折旧额 = 136\ 800 \times (1 - 4.95\%) = 130\ 028.40(元)$$

$$月折旧额 = 130\ 028.40 \div (6 \times 12 + 2) = 1\ 757.14(元)$$

$$20 \times 2年2月应计提的折旧额 = 1\ 757.14(元)$$

根据2月份折旧额计算表,编制会计分录如下:

借:制造费用   1 757.14
　　贷:累计折旧   1 757.14

项目五　固定资产经营租赁的核算

一、固定资产经营出租的核算

租赁是指在约定的期间内,出租人将资产使用权让与承租人,以获取租金的协议。承租人应在租赁开始日将租赁分为融资租赁和经营租赁。融资租赁,是指在实质上转移与一项资产所有权有关的主要风险和报酬的一种租赁。经营租赁,是指融资租赁以外的另一种租赁。

1. 一般纳税人经营出租有形动产的核算

一般纳税人以纳入营改增试点之日前取得的有形动产为标的物提供的经营租赁服务和在纳入营改增试点之日前签订的尚未执行完毕的有形动产租赁合同,可以选择适用简易计税方法计税,征收率3%。一般纳税人营改增之后购进或自制的有形动产,选择一般计税方法计交增值税,税率为13%。经营租赁有形动产(老项目)也可选择一般计税方法计交增值税。

【例6-14】2016年6月27日,正泰公司出租2001年外购的设备,按月收取租金,每月租金价税合计20万元。由于出租的是外购老项目,正泰公司可以选择简易办法计税,也可以选择一般计税方法。

(1)选择简易办法

选择简易计税方法应交纳的税款为$[20 \div (1 + 3\%)] \times 3\% = 5\ 825.24$元,根据租金发票、资金划拨补充凭证(回单联),编制会计分录如下:

借:银行存款   200 000
　　贷:其他业务收入   194 174.76
　　　　应交税费——简易计税   5 825.24

(2) 选择一般计税方法

选择一般计税方法应交纳的税款为 $[20÷(1+13\%)]×13\% = 23\,008.85$ 万元，根据增值税专用发票、资金划拨补充凭证（回单联），编制会计分录如下：

借：银行存款　　　　　　　　　　　　　　　　　　　　　　200 000
　　贷：其他业务收入　　　　　　　　　　　　　　　　　　176 991.15
　　　　应交税费——应交增值税（销项税额）　　　　　　　23 008.85

2. 一般纳税人经营出租不动产的核算

一般纳税人出租其 2016 年 4 月 30 日前取得的不动产，可以选择适用简易计税方法，按照 5% 的征收率计算应纳税额。不动产所在地与机构所在地不在同一县（市、区）的，纳税人应按照上述计税方法向不动产所在地主管国税机关预交税款，向机构所在地主管国税机关申报纳税。不动产所在地与机构所在地在同一县（市、区）的，纳税人向机构所在地主管国税机关申报纳税。

$$应预交税款 = [含税销售额÷(1+5\%)]×5\%$$

一般纳税人出租其 2016 年 5 月 1 日后取得的不动产，适用一般计税方法计税。不动产所在地与机构所在地不在同一县（市、区）的，纳税人应按照 3% 的预征率向不动产所在地主管国税机关预交税款，向机构所在地主管国税机关申报纳税。不动产所在地与机构所在地在同一县（市、区）的，纳税人应向机构所在地主管国税机关申报纳税。

$$应预交税款 = [含税销售额÷(1+9\%)]×3\%$$

一般纳税人经营出租不动产（老项目）也可选择一般计税方法计交增值税。

【例 6-15】 2016 年 6 月 27 日，正泰公司出租 2001 年外购的异地办公楼，按月收取租金，每月租金价税合计 20 万元。由于出租的是外购老项目，正泰公司可以选择简易办法计税，也可以选择一般计税方法。

(1) 选择简易办法

取得租金，选择简易计税方法应向不动产所在地预交税款为 $[20÷(1+5\%)]×5\% = 9\,523.81$ 万元，根据完税凭证，编制会计分录如下：

借：应交税费——简易计税　　　　　　　　　　　　　　　9 523.81
　　贷：银行存款　　　　　　　　　　　　　　　　　　　　9 523.81

向机构所在地申报纳税。根据租金发票、资金划拨补充凭证（回单联），编制会计分录如下：编制会计分录如下：

借：银行存款　　　　　　　　　　　　　　　　　　　　　　200 000
　　贷：其他业务收入　　　　　　　　　　　　　　　　　　190 476.19
　　　　应交税费——简易计税　　　　　　　　　　　　　　9 523.81

(2) 选择一般计税方法

如果不动产所在地与机构所在地不同，正泰公司取得租金，选择一般计税方法应向不动产所在地预交税款为 $[20÷(1+9\%)]×3\% = 5\,504.59$ 元，向机构所在地申报纳税，应纳税款为[20÷(1+9%)]×9%＝16 513.76 万元，补交税款。

根据完税凭证，编制会计分录如下：

借：应交税费——预交增值税　　　　　　　　　　　　　5 504.59
　　贷：银行存款　　　　　　　　　　　　　　　　　　　　5 504.59

同时，根据增值税专用发票、资金划拨补充凭证（回单联），编制会计分录如下：

借：银行存款　　　　　　　　　　　　　　　　　　　　200 000
　　贷：其他业务收入　　　　　　　　　　　　　　　　　183 486.24
　　　　应交税费——应交增值税（销项税额）　　　　　　 16 513.76

如果不动产所在地与机构所在地相同，正泰公司选择一般计税方法应交纳的税款为[20÷(1+9%)]×9%＝16 513.76 元，编制会计分录如下：

借：银行存款　　　　　　　　　　　　　　　　　　　　200 000
　　贷：其他业务收入　　　　　　　　　　　　　　　　　183 486.24
　　　　应交税费——应交增值税（销项税额）　　　　　　 16 513.76

二、固定资产经营租入的核算

承租人采用经营性租赁方式租入的资产，主要是为了解决生产经营的季节性、临时性的需要，并不是长期拥有，租赁期限相对较短；资产的所有权仍归属出租方，企业只是在租赁期内拥有资产的使用权；租赁期满，企业将资产退还给出租人。也就是说在这种租赁方式下，与租赁资产相关的风险和报酬仍然归属出租人。鉴于经营租赁的上述特点，作为承租人的小企业，对租入的资产不作为本企业的资产计价入账，也无须计提折旧，只在备查簿中登记。承租人对经营租赁的账务处理，如表6-5所示。

表6-5　承租人对经营租赁的账务处理

经营租赁业务	账 务 处 理
经营租赁的租金应在租赁期内各个期间分摊计入相关资产成本或当期损益	借：制造费用/销售费用/管理费用 　　应交税费——应交增值税（进项税额） 　贷：银行存款等
发生的初始直接费用，应计入当期损益	借：管理费用等 　贷：银行存款
或有租金在实际发生时计入当期损益	借：销售费用等 　贷：银行存款

【例6-16】正泰公司由于季节性生产经营的需要，每年9—12月需租入货运汽车以满足进货之需，假设20×1年9月租入汽车10辆，租期为4个月，每月租金25 000元，共100 000元，租金于开始时一次付清。有关会计处理如下：

① 电汇预付租金,根据增值税专用发票、业务委托书(回执联),编制会计分录如下:
借:其他应付款   100 000
  应交税费——应交增值税(进项税额)   13 000
  贷:银行存款   113 000
② 分四期摊销,根据内部转账单,编制会计分录如下:
借:制造费用   25 000
  贷:其他应付款   25 000

正泰公司租入的固定资产在备查簿中登记,租期满,退还出租人,在备查簿中注销,不进行账务处理。正泰公司不计提折旧。

此外,融资租入的固定资产,在租赁期开始日,按照租赁合同约定的付款总额和在签订租赁合同过程中发生的相关税费等,借记"固定资产"科目或"在建工程"科目,贷记"长期应付款"科目。

项目六 固定资产处置的核算

一、固定资产终止确认的条件

固定资产满足下列条件之一的,应当予以终止确认:
① 该固定资产处于处置状态;
② 该固定资产预期通过使用或处置不能产生经济利益。

二、一般纳税人转让不动产的增值税管理规定

一般纳税人转让其取得的不动产,规定如表 6-6 所示。

表 6-6 一般纳税人转让不动产的增值税管理规定

转让不动产的项目类型	计税方法	预交税款	申报纳税
转让 2016 年 4 月 30 日前取得(不含自建)的不动产	简易计税	向不动产所在地主管地税机关预交税款=[(全部价款和价外费用－不动产购置原价或者取得不动产时的作价)÷(1+5%)]×5%	向机构所在地主管国税机关申报纳税。应纳税额=[(全部价款和价外费用－不动产购置原价或者取得不动产时的作价)÷(1+5%)]×5%
	一般计税	向不动产所在地主管地税机关预交税款=[(全部价款和价外费用－不动产购置原价或者取得不动产时的作价)÷(1+5%)]×5%	向机构所在地主管国税机关申报纳税。应纳税款=[(全部价款和价外费用－不动产购置原价或者取得不动产时的作价)÷(1+9%)]×9%

续表

转让不动产的项目类型	计税方法	预交税款	申报纳税
转让其2016年4月30日前自建的不动产	简易计税	向不动产所在地主管地税机关预交税款＝［全部价款和价外费用÷(1＋5%)］×5%	向机构所在地主管国税机关申报纳税。应纳税额＝［全部价款和价外费用÷(1＋5%)］×5%
	一般计税	向不动产所在地主管地税机关预交税款＝［全部价款和价外费用÷(1＋5%)］×5%	向机构所在地主管国税机关申报纳税。应纳税款＝［全部价款和价外费用÷(1＋9%)］×9%
转让其2016年5月1日后取得（不含自建）的不动产	一般计税	向不动产所在地主管地税机关预交税款＝［(全部价款和价外费用－不动产购置原价或者取得不动产时的作价)÷(1＋5%)］×5%	向机构所在地主管国税机关申报纳税。应纳税款＝［(全部价款和价外费用－不动产购置原价或者取得不动产时的作价)÷(1＋9%)］×9%
一般纳税人转让其2016年5月1日后自建的不动产	一般计税	向不动产所在地主管地税机关预交税款＝［全部价款和价外费用÷(1＋5%)］×5%	向机构所在地主管国税机关申报纳税。应纳税款＝［全部价款和价外费用÷(1＋9%)］×9%

因简易计税方法按征收率计算增值税，且纳税人不能开具增值税专用发票。

此外，小规模纳税人转让其取得的不动产，除个人转让其购买的住房外，按照以下规定缴纳增值税：

① 小规模纳税人转让其取得（不含自建）的不动产，以取得的全部价款和价外费用扣除不动产购置原价或者取得不动产时的作价后的余额为销售额，按照5%的征收率计算应纳税额；

② 小规模纳税人转让其自建的不动产，以取得的全部价款和价外费用为销售额，按照5%的征收率计算应纳税额。

此外，纳税人销售其取得的不动产或者不动产在建工程时，尚未抵扣完毕的待抵扣进项税额，允许于销售的当期从销项税额中抵扣。

纳税人按规定以全部价款和价外费用扣除不动产价款后的余额为销售额或计算预缴税款的依据的，其允许扣除的价款应当取得符合法律、行政法规和国家税务总局规定的合法有效凭证。上述凭证包括税务部门监制的发票，法院判决书、裁定书、调解书，以及仲裁裁决书、公证债权文书等。企业如因丢失等原因无法提供取得不动产时的发票，可向税务机关提供其他能证明契税计税金额的完税凭证等资料，进行差额扣除。

三、固定资产处置核算的账户设置

小企业根据1606"固定资产清理"科目的规定，设置"固定资产清理"账户核算小企业因出售、报废、毁损、对外投资等原因处置固定资产所转出的账面价值以及在清理过程中所发生的清理费用和清理收入等。该账户基本结构如下：

固定资产清理	资产类
（1）因出售、报废等处置固定资产转出的账面价值 （2）清理过程中所支付的清理费用 （3）转让时发生的相关税费 （4）结转的固定资产清理净收益	（1）收回出售固定资产的价款、残料价值和变价收入 （2）应由保险公司或过失人赔偿的损失 （3）结转的固定资产清理净损失
余额：小企业尚未清理完毕的固定资产清理净损失	余额：小企业尚未清理完毕的固定资产清理净收益
明细：按被清理的固定资产项目进行明细核算	

四、固定资产处置、改变用途的账务处理

小企业处置固定资产，处置收入扣除其账面价值、相关税费和清理费用后的净额，应当计入营业外收入或营业外支出。

小企业应编制固定资产清理损益计算表。固定资产出售、转让、报废、毁损的账务处理，如表 6-7 所示。

表 6-7 固定资产出售、报废、毁损的账务处理

固定资产处置业务	账务处理
固定资产转入清理	借：固定资产清理（账面价值） 　　累计折旧（已计提的累计折旧） 贷：固定资产（原价）
发生的清理费用	借：固定资产清理（发生的固定资产清理费用以及应支付的相关税费） 　　应交税费——应交增值税（进项税额） 　　　　　　——待认证进项税额 贷：银行存款
取得清理收入	借：银行存款/原材料等 贷：固定资产清理（实际收到的出售价款以及残料变价收入） 　　应交税费——简易计税/应交税费——应交增值税（销项税额）/应交税费——应交增值税（进项税额转出）
应收或收到保险赔偿	借：其他应收款/银行存款 贷：固定资产清理（计算或收到的应由保险公司或过失人赔偿的损失）
处理清理净损益	借：营业外支出——非流动资产处置净损失（属于生产经营期间正常的处理损失） 　　营业外支出——非常损失（属于生产经营期间由于自然灾害等非正常原因造成的处理损失） 贷：固定资产清理（固定资产清理完成后的净损失） 借：固定资产清理（固定资产清理完成后的净收益） 贷：营业外收入——非流动资产处置净收益

(一) 固定资产报废、出售的账务处理

【例 6-17】承例 6-1。20×5 年 3 月 31 日，正泰公司的该台设备，因寿命期满报经批准报废。该设备累计已提折旧 130 028.40 元。在清理过程中，以银行存款支付清理费用 6 000 元，残料变卖收入为 7 400 元。

① 固定资产转入清理，根据固定资产报废申请单、固定资产折旧表，编制会计分录如下：

借：固定资产清理　　　　　　　　　　　　　　　　　6 771.60
　　累计折旧　　　　　　　　　　　　　　　　　　　130 028.40
　　贷：固定资产　　　　　　　　　　　　　　　　　　　　136 800

② 发生清理费用，根据普通发票（发票联）、转账支票（存根联），编制会计分录如下：

借：固定资产清理　　　　　　　　　　　　　　　　　6 000
　　贷：银行存款　　　　　　　　　　　　　　　　　　　　6 000

③ 收到残料变价收入，根据普通发票（记账联），银行进账单（收账通知联），编制会计分录如下：

借：银行存款　　　　　　　　　　　　　　　　　　　7 400
　　贷：固定资产清理　　　　　　　　　　　　　　　　　　7 400

若该设备为出售，开出增值税专用发票，专用发票注明价款 80 000 元，增值税额 10 400 元。根据增值税专用发票（记账联）、银行进账单（收账通知联），编制会计分录如下：

借：银行存款　　　　　　　　　　　　　　　　　　　90 400
　　贷：固定资产清理　　　　　　　　　　　　　　　　　　80 000
　　　　应交税费——应交增值税（销项税额）　　　　　　　10 400

④ 结转报废固定资产清理净损益，根据固定资产清理损益计算表，编制会计分录如下：

借：营业外支出——非流动资产处置净损失　　　　　　5 371.60
　　贷：固定资产清理　　　　　　　　　　　　　　　　　　5 371.60

【例 6-18】2016 年 6 月 20 日，正泰公司出售其于 2001 年异地外购的办公楼，购买时取得的发票注明价税合计 200 000 元，已提折旧 120 000 元；取得出售收入价税合计 290 000 元。

① 固定资产转入清理，根据固定资产出售申请单，编制会计分录如下：

借：固定资产清理　　　　　　　　　　　　　　　　　80 000
　　累计折旧　　　　　　　　　　　　　　　　　　　120 000
　　贷：固定资产　　　　　　　　　　　　　　　　　　　　200 000

② 取得清理收入，按照简易计税方法，向不动产所在地预交税款[(290 000－200 000)÷(1+5%)]×5%＝4 286 元，根据完税凭证，编制会计分录如下：

借：应交税费——简易计税　　　　　　　　　　　　　4 286
　　贷：银行存款　　　　　　　　　　　　　　　　　　　　4 286

向机构所在地申报纳税，不再补交税款，根据房屋销售发票（记账联）、资金划拨补充凭证（回单联）编制会计分录如下：

借：银行存款　　　　　　　　　　　　　　　　290 000
　　贷：固定资产清理　　　　　　　　　　　　　　　285 714
　　　　应交税费——简易计税　　　　　　　　　　　 4 286

如果按照一般计税方法，向不动产所在地预交税款＝[（290 000－200 000）÷（1＋5％）]×5％＝4 286元，根据完税凭证，编制会计分录如下：

借：应交税费——预交增值税　　　　　　　　　　 4 286
　　贷：银行存款　　　　　　　　　　　　　　　　　 4 286

向机构所在地申报纳税，应交税款＝[（290 000－200 000）÷（1＋9％）]×9％＝7 431元，补交税款，根据增值税专用发票（记账联）、资金划拨补充凭证（回单联）编制会计分录如下：

借：银行存款　　　　　　　　　　　　　　　　290 000
　　贷：固定资产清理　　　　　　　　　　　　　　　282 569
　　　　应交税费——应交增值税（销项税额）　　　　 7 431

③ 按照简易计税方法，结转清理净收益，根据固定资产清理损益计算表，编制会计分录如下：

借：固定资产清理　　　　　　　　　　　　　　205 714
　　贷：营业外收入——非流动资产处置净收益　　　　205 714

（二）固定资产发生非正常损失、改变用途的账务处理

非正常损失，是指因管理不善造成货物被盗、丢失、霉烂变质，以及因违反法律法规造成货物或者不动产被依法没收、销毁、拆除的情形。

已抵扣进项税额的不动产，发生非正常损失，或者改变用途，专用于简易计税方法计税项目、免征增值税项目、集体福利或者个人消费的，按照下列公式计算不得抵扣的进项税额：

$$不得抵扣的进项税额＝已抵扣进项税额×不动产净值率$$

$$不动产净值率＝（不动产净值÷不动产原值）×100\%$$

不得抵扣的进项税额应于该不动产改变用途的当期，将不得抵扣的进项税额从进项税额中扣减。

不动产在建工程发生非正常损失的（被依法没收、销毁、拆除等），其所耗用的购进货物、设计服务和建筑服务已抵扣的进项税额应于当期全部转出。

此外，其他方式减少的固定资产，如投资转出固定资产、捐赠转出固定资产、债务重组转出固定资产、非货币性资产交换转出固定资产等，分别按照有关规定进行核算。

【例6-19】20×1年6月，正泰公司购进办公楼办公用，增值税专用发票已认证相符，专用发票注明价款10 000万元，进项税额900万元，分10年计提折旧，无残值。

(1) 6月购进办公楼时，根据增值税专用发票，转账支票（存根联），编制会计分录如下：

借：固定资产——办公楼　　　　　　　　　　　　　　　　　10 000
　　应交税费——应交增值税（进项税额）　　　　　　　　　900
　　贷：银行存款　　　　　　　　　　　　　　　　　　　　10 900

(2) 7月起计提折旧，每月折旧金额10 000÷10÷12＝83.33万元，根据折旧计算表，编制会计分录如下：

借：管理费用　　　　　　　　　　　　　　　　　　　　　　83.33
　　贷：累计折旧　　　　　　　　　　　　　　　　　　　　83.33

(3) 若10月份，将办公楼改造成员工食堂，用于集体福利，转出进项税额，编制会计分录如下：

　　不动产净值率＝〔10 000万元－10 000万元÷（10×12）×4〕÷10 000万元＝96.67％
　　不得抵扣的进项税额＝900万元×96.67％＝870.03万元

借：固定资产——办公楼　　　　　　　　　　　　　　　　　870.03
　　贷：应交税费——应交增值税（进项税额转出）　　　　　870.03

【例6-20】接例6-19，假设20×1年10月该办公楼发生非正常损失，编制进项税额转出的会计分录如下：

借：固定资产清理　　　　　　　　　　　　　　　　　　　　870.03
　　贷：应交税费——应交增值税（进项税额转出）　　　　　870.03

不动产在建工程发生非正常损失的，其所耗用的购进货物、设计服务和建筑服务已抵扣的进项税额应于当期全部转出。

此外，其他方式减少的固定资产，如投资转出固定资产、捐赠转出固定资产、债务重组转出固定资产、非货币性资产交换转出固定资产等，分别按照有关规定进行核算。

项目七　固定资产清查的核算

固定资产清查，是指企业定期或不定期地对固定资产进行全面或局部的检查，以保护固定资产的安全完整，避免账实不符。固定资产清查的方法通常为实地盘点。财务部门需组织固定资产使用部门和管理部门定期进行清查，明确资产权属，确保实物与卡、财务报表相符。

小企业应当健全制度，加强管理，定期或至少每年年末对固定资产实地盘点一次。对盘盈、盘亏的固定资产应当查明原因，编制固定资产盘点盘亏报告单，写出书面报告，并报经企业权力机构批准，在期末结账前处理完毕。

一、盘亏的固定资产的账务处理

小企业盘亏固定资产发生的损失应当计入营业外支出。小企业在财产清查中盘亏的固定资产,账务处理如下。

(1) 财产清查中盘亏固定资产的账务处理

借:待处理财产损溢——待处理非流动资产损溢(盘亏的固定资产的账面价值)
　　累计折旧
　　贷:固定资产
　　　　应交税费——应交增值税(进项税额转出)

(2) 查明原因并报经批准后的账务处理

借:营业外支出——盘亏损失(盘亏的固定资产的损失)
　　贷:待处理财产损溢——待处理非流动资产损溢

【例 6-21】20×1 年 12 月 31 日,正泰公司盘亏设备一台,该设备原价为 100 000 元,机动车销售统一发票上注明的增值税款为 13 000 元。公司对该发票进行了认证抵扣。盘亏时已计提折旧 20 000 元。盘亏损失系管理不善造成,报经批准后转作营业外支出。

① 财产清查中盘亏固定资产,根据固定资产盘点盘亏报告单,编制会计分录如下:

借:待处理财产损溢——待处理非流动资产损溢　　　　　90 400
　　累计折旧　　　　　　　　　　　　　　　　　　　　20 000
　　贷:固定资产　　　　　　　　　　　　　　　　　　100 000
　　　　应交税费——应交增值税(进项税额转出)　　　 10 400

按净值计算不得抵扣的进项税额=[(100 000-20 000)÷100 000]×13 000=10 400(元)

② 查明原因并报经批准后,根据固定资产盘亏处理通知单,编制会计分录如下:

借:营业外支出——盘亏损失　　　　　　　　　　　　　90 400
　　贷:待处理财产损溢——待处理非流动资产损溢　　　 90 400

二、盘盈的固定资产的账务处理

盘盈固定资产的成本,应当按照同类或者类似固定资产的市场价格或评估价值扣除按照该项固定资产新旧程度估计的折旧后的余额确定。

小企业在财产清查中盘盈的固定资产,账务处理如下:

(1) 财产清查中盘盈固定资产的账务处理

借:固定资产(同类或者类似固定资产的市场价格或评估价值,扣除按照该项固定资产新旧程度估计的折旧后的余额)
　　贷:待处理财产损溢——待处理非流动资产损溢

(2) 查明原因并报经批准后的账务处理

借：待处理财产损溢——待处理非流动资产损溢
　　贷：营业外收入——盘盈收益

【例6－22】20×1年12月31日，正泰公司在财产清查中发现20×0年未入账的八成新的一台机床，该机床的市场价格为200 000元。

① 固定资产盘盈时，根据固定资产盘点盘亏报告单、资产评估报告，编制会计分录如下：

借：固定资产（200 000×80％）　　　　　　　　　　　　160 000
　　贷：待处理财产损溢——待处理非流动资产损溢　　　　160 000

② 查明原因并报经批准后，根据固定资产盘盈处理通知单编制会计分录如下：

借：待处理财产损溢——待处理非流动资产损溢　　　　　160 000
　　贷：营业外收入——盘盈收益　　　　　　　　　　　　160 000

《企业会计准则》与《小企业会计准则》差异比较

1. 外购固定资产初始确认与计量不同

《企业会计准则》规定外购固定资产的成本包括弃置费用。以一笔款项购入多项没有单独标价的固定资产，应当按照各项固定资产公允价值的比例对总成本进行分配，分别确定各项固定资产的成本。分期付款购买固定资产按购买价款的现值记入"固定资产"科目，按应支付的金额记入"长期应付款"科目，差额作为"未确认融资费用"科目，在信用期内采用实际利率法摊销。

《小企业会计准则》规定外购固定资产的成本不含弃置费用。以一笔款项购入多项没有单独标价的固定资产，应当按照各项固定资产或类似资产的市场价格或评估价值比例对总成本进行分配，分别确定各项固定资产的成本。分期付款购买固定资产按购买价款记入"固定资产"和"长期应付款"科目。

2. 自行建造固定资产成本归集的截止日期不同

《企业会计准则》规定自行建造固定资产成本归集的截止到达到预定可使用状态之前。

《小企业会计准则》规定自行建造固定资产成本归集的截止到竣工结算前。

3. 借款费用资本化条件和范围不同

《企业会计准则》规定发生在资本化期间、符合资本化条件的借款费用应该资本化，并且资本化金额的计算需要区分一般借款和专门借款。

《小企业会计准则》规定小企业为购建固定资产在竣工结算前发生的借款费用，应当计入固定资产的成本。

4. 租赁资产核算不同

《企业会计准则》规定在租赁期开始日,承租人应当对租赁确认使用权资产和租赁负债,进行简化处理的短期租赁和低价值资产租赁除外。使用权资产应当按照成本进行初始计量,包括支付租赁付款额的现值、初始直接费用、预计发生的拆除复原资产等支出的现值,扣除租赁激励金额后在"使用权资产"科目核算;对于使用权资产,计提租赁资产折旧在"使用权资产累计折旧"科目核算;承租人应当确定使用权资产是否发生减值,并对已识别的减值损失在"使用权资产减值准备"科目核算。

《小企业会计准则》规定融资租入的固定资产的成本,在租赁期开始日,按照租赁合同约定的付款总额和在签订租赁合同过程中发生的相关税费等确定,在"固定资产——融资租入固定资产"科目核算。

5. 折旧核算不同

《企业会计准则》规定应计提折旧额为固定资产原值扣除预计净残值、已计提的固定资产减值准备。企业应当根据固定资产的性质和使用情况,合理确定固定资产的使用寿命和预计净残值。

《小企业会计准则》规定应计提折旧额为固定资产原值扣除预计净残值。《小企业会计准则》向税法靠拢,最低折旧年限按照《企业所得税法》的规定执行。

6. 固定资产日常修理费核算不同

《企业会计准则》规定企业生产车间和行政管理部门发生的固定资产日常修理费记入"管理费用"科目。

《小企业会计准则》规定,生产车间发生的固定资产日常修理费用记入"制造费用"科目,行政管理部门发生的固定资产日常修理费用,记入"管理费用"科目。

7. 固定资产大修理支出核算不同

《企业会计准则》规定固定资产大修理支出,符合资本化条件的计入固定资产,不符合资本化条件的应当计入当期损益。

《小企业会计准则》规定固定资产大修理支出,符合税法规定的通过"长期待摊费用"科目核算,在摊销期内平均摊销。

8. 固定资产的改扩建支出核算不同

《企业会计准则》规定固定资产改扩建支出,符合资本化条件的计入固定资产成本,不符合资本化条件的应当计入当期损益。

《小企业会计准则》规定固定资产改扩建支出一般计入固定资产成本,但已提足折旧和经营租入固定资产的改建支出则记入"长期待摊费用"科目核算。

9. 固定资产盘盈处理不同

《企业会计准则》规定固定资产盘盈作为前期会计差错处理,通过"以前年度损益调整"科目核算。

《小企业会计准则》规定固定资产盘盈净收益记入"营业外收入"科目。

10. 固定资产减值核算不同

《企业会计准则》规定对于可能发生的减值，需要计提固定资产减值准备。

《小企业会计准则》规定固定资产不得计提减值准备。

11. 固定资产处置核算不同

《企业会计准则》规定处置固定资产时，结转的固定资产账面价值是指固定资产的原值扣减累计折旧、计提的固定资产减值准备后的金额。

《小企业会计准则》规定处置固定资产时，结转的固定资产账面价值是指固定资产的原价扣减累计折旧后的金额。

会计与税收差异比较

1. 关于固定资产折旧

《小企业会计准则》规定，除已提足折旧继续使用的固定资产和单独计价入账的土地外，小企业应对所有固定资产计提折旧。而税法规定房屋、建筑物以外未投入使用的固定资产、与经营活动无关的固定资产计提的折旧，不得在计算应纳税所得额时扣除，需要进行纳税调整。

《小企业会计准则》未限定固定资产的最低折旧年限，固定资产的使用寿命和预计净残值，由小企业进行合理估计。而所得税法明确了各类固定资产计提折旧的最低年限。

《小企业会计准则》规定应当按照年限平均法计提折旧，小企业的固定资产由于技术进步等原因，确需加速折旧的，可以采用双倍余额递减法和年数总和法。所得税法明确规定固定资产按照直线法计算的折旧，准予扣除。小企业应对缩短折旧年限或者采取加速折旧方法的固定资产，按照税法规定进行纳税调整。

2. 固定资产加速折旧优惠政策

所得税法规定，由于技术进步、产品更新换代较快的固定资产，常年处于强震动、高腐蚀状态的固定资产，可以采用加速折旧方法（双倍余额递减法或者年数总和法）或者采取缩短折旧年限方法。对于缩短折旧年限方法，规定最低折旧年限不得低于所得税法规定折旧年限的60%。

为进一步支持科技创新，促进企业提质增效，财政部、税务总局于2014年、2015年两次下发文件，出台了固定资产加速折旧政策，主要包括：一是六大行业和四个领域重点行业企业新购进的固定资产允许加速折旧。二是上述行业小型微利企业新购进的研发和生产经营共用的仪器、设备，单位价值不超过100万元的，可一次性税前扣除；三是所有行业企业新购进的专门用于研发的仪器、设备，单位价值不超过100万元的，可一次性税前扣除，超过100万元，允许加速折旧；四是所有行业企业持有的单位价值不超过5 000元的固定资产，可一次性税前扣除。财政部、税务总局于2018年又出台政策明确了设备、器具一次性税前扣除。企业在 2018 年 1 月 1 日至 2020 年 12 月 31 日期间新购进的设备、器具，单位价值不超过 500 万元的，允许一次性计入当期成本费用在计算应纳税所得额时扣除，不再分年度计算折旧；单位价值超过 500 万元的，仍按相关规定执行。会计处理需要按照固定资产折旧方法计提折旧，企业所得税处理"一次性计入当期成本费用"，从而产生税会差异。

3. 关于固定资产损失

小企业发生的固定资产损失，应当在小企业向主管税务机关提供证据资料证明其已符合法定资产损失确认条件，且会计上已作损失处理的年度申报后扣除，未经申报的损失，不得在税前扣除。

第七章 无形资产及长期待摊费用的核算

项目一 无形资产概述

一、无形资产的定义及其基本特征

无形资产,是指小企业为生产产品、提供劳务、出租或经营管理而持有的、没有实物形态的可辨认非货币性资产。

小企业的无形资产包括:土地使用权、专利权、商标权、著作权、非专利技术等。

相对于其他资产,无形资产具有三个显著的特征。

1. 无形资产不具有实物形态

无形资产通常表现为某种权利、某项技术或是某种获取超额利润的综合能力,它们不具有实物形态。但这并不排除某些无形资产的存在有赖于实物载体。比如,存储在介质中的计算机软件。

2. 无形资产具有可辨认性

符合以下条件之一的,应当认定为其具有可辨认性:

① 能够从企业中分离或者划分出来,并能单独用于出售或转让等,而不需要同时处置在同一获利活动中的其他资产;

② 产生于合同性权利或其他法定权利,无论这些权利是否可以从企业或其他权利和义务中转移或者分离,比如,特许使用权,商标权等。

3. 无形资产属于非货币性资产

无形资产不属于以固定或可确定的金额收取的资产,属于非货币性资产。

二、无形资产的确认条件

某个项目要作为小企业的无形资产予以确认,首先应符合无形资产的定义,其次还应符合无形资产的确认条件。无形资产同时满足下列两个确认条件的,才能予以确认。

(1) 与该无形资产有关的经济利益很可能流入企业

客户关系、人力资源等,如果企业无法控制其带来的未来经济利益,不符合无形资产的定义,不应将其确认为无形资产。

(2) 该无形资产的成本能够可靠地计量

内部产生的品牌、报刊名、刊头、客户名单和实质上类似的项目的支出,由于不能与整个业务开发成本区分开来。因此,这类项目不应确认为无形资产。

此外,在确定一项包含无形和有形要素的资产是属于固定资产,还是属于无形资产时,需要通过判断来加以确定,通常以哪个要素更重要作为判断的依据。

三、无形资产的增值税管理规定

小企业销售无形资产的增值税率为6%(土地使用权增值税率为9%)。

营业税改征增值税试点过渡政策的规定,纳税人提供技术转让、技术开发和与之相关的技术咨询、技术服务,为免征增值税项目。企业取得专利权、非专利技术免征增值税,从个人取得著作权免征增值税。

项目二 无形资产增加的核算

无形资产通常是按实际成本计量,即以取得无形资产并使之达到预定用途前而发生的全部支出作为无形资产的成本。对于不同来源取得的无形资产,其成本构成不尽相同。

一、无形资产增加核算的账户设置

1. "无形资产"账户

小企业根据1701"无形资产"科目的规定,设置"无形资产"账户核算小企业持有的无形资产成本。该账户基本结构如下:

无形资产	资产类
(1) 增加无形资产,应计入无形资产成本的金额	(1) 转出预期不能为企业带来经济利益的无形资产的账面余额 (2) 处置无形资产转出的账面余额
余额:小企业无形资产的成本	
明细:按无形资产项目进行明细核算	

2. "研发支出"账户

小企业根据4301"研发支出"科目的规定,设置"研发支出"账户核算小企业进行研究与开发无形资产过程中发生的各项支出。该账户基本结构如下:

研发支出	成本类
(1) 自行研究开发无形资产发生的研发支出(包括费用化支出和资本化支出)	(1) 研究开发项目达到预定用途形成无形资产结转的资本化支出 (2) 期(月)末,结转归集的不形成无形资产成本的费用化支出
余额:小企业正在进行的无形资产开发项目满足资本化条件的支出	
明细:按研究开发项目,分别"费用化支出"与"资本化支出"进行明细核算	

二、无形资产增加的账务处理

(一) 外购无形资产的核算

1. 外购无形资产的成本构成

小企业外购无形资产的成本包括:购买价款、相关税费和相关的其他支出(含相关的借款费用)。其中,相关的其他支出包括使无形资产达到预定用途所发生的专业服务费用、测试无形资产是否能够正常发挥作用的费用等,但不包括为引入新产品进行宣传发生的广告费、管理费用及其他间接费用。

无形资产达到预定用途后所发生的支出,不构成无形资产的成本。例如,在形成预定经济规模之前发生的初始运作损失。

2. 外购无形资产的账务处理

小企业购入无形资产的账务处理如下:

借:无形资产(购买价款、相关税费和相关的其他支出)
　　应交税费——应交增值税(进项税额)
　贷:银行存款

【例7-1】20×1年4月2日,正泰公司购买商标权,取得的增值税专用发票已认证相符,专用发票注明价款152 400元,增值税额9 144元。价款已通过电汇方式支付。

20×1年4月2日,正泰公司应根据专利权购买合同、增值税专用发票(发票联)、业务委托书(回执联),编制会计分录如下:

借:无形资产——商标权　　　　　　　　　　　　　　　152 400
　　应交税费——应交增值税(进项税额)　　　　　　　　9 144
　贷:银行存款　　　　　　　　　　　　　　　　　　　161 544

如果小企业采用分期付款方式购买无形资产，按照购买价款，借记"无形资产"科目、"应交税费——应交增值税（进项税额）"科目，贷记"长期应付款"科目。

（二）内部开发无形资产的核算

自行开发的无形资产的成本，由符合资本化条件后至达到预定用途前发生的支出（含相关的借款费用）构成。

1. 开发阶段有关支出资本化的条件

小企业自行开发无形资产发生的支出，同时满足下列条件的，才能确认为无形资产：

① 完成该无形资产以使其能够使用或出售在技术上具有可行性；

② 具有完成该无形资产并使用或出售的意图；

③ 能够证明运用该无形资产生产的产品存在市场或无形资产自身存在市场，无形资产将在内部使用的，应当证明其有用性；

④ 有足够的技术、财务资源和其他资源支持，以完成该无形资产的开发，并有能力使用或出售该无形资产；

⑤ 归属于该无形资产开发阶段的支出能够可靠地计量。

2. 内部开发的无形资产的成本构成

内部开发活动形成的无形资产，其成本由可直接归属于该资产的创造、生产并使该资产能够以管理层预定的方式运作的所有必要支出组成。可直接归属于该资产的成本包括：开发该无形资产时耗费的材料、劳务成本、注册费、在开发该无形资产过程中使用的其他专利权和特许权的摊销、资本化的利息支出，以及为使该无形资产达到预定用途前所发生的其他费用。

在开发无形资产过程中发生的除上述可直接归属于无形资产开发活动的其他销售费用、管理费用等间接费用、无形资产达到预定用途前发生的可辨认的无效和初始运作损失、为运行该无形资产发生的培训支出等，不构成无形资产的开发成本。

值得强调的是，对于同一项无形资产在开发过程中达到资本化条件之前已经费用化计入损益的支出不再进行调整。

3. 内部研究开发费用的账务处理

小企业研究阶段的支出全部费用化，计入当期损益；开发阶段的支出只有同时满足开发阶段有关支出资本化五项条件的才能资本化，确认为无形资产，不符合资本化条件的计入当期损益，如图 7-1 所示。如果确实无法区分研究阶段的支出和开发阶段的支出，应将其所发生的研发支出全部费用化，计入当期损益。

小企业自行开发无形资产发生的研发支出的账务处理：

借：研发支出——费用化支出（研究阶段的支出及未满足资本化条件的开发阶段的支出）

　　　研发支出——资本化支出（满足资本化条件的开发阶段的支出）

　贷：原材料/银行存款/应付职工薪酬等

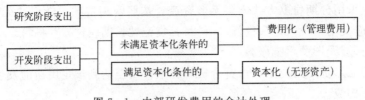

图 7-1 内部研发费用的会计处理

小企业研究开发项目达到预定用途形成无形资产的账务处理：
借：无形资产
　　贷：研发支出——资本化支出（"研发支出——资本化支出"明细科目的余额）

月末，将"研发支出——费用化支出"明细科目归集的金额计入当期损益的账务处理：
借：管理费用
　　贷：研发支出——费用化支出（"研发支出——费用化支出"明细科目的余额）

此外，小企业购买正在进行中的研究开发项目的账务处理：
借：研发支出——资本化支出（确定的金额）
　　贷：银行存款等

【例 7-2】正泰公司研发一项专利技术，截至 20×1 年 12 月 31 日，在研究阶段发生材料费 600 000 元，研究人员工资 200 000 元，支付其他费用 80 000 元，总计 880 000 元，经测试，该项研发活动完成了研究阶段。从 20×2 年 1 月 1 日开始进入开发阶段，20×2 年发生材料费 50 000 元，开发人员工资 60 000 元，支付律师费 37 000 元，支付注册费 3 000 元，总计 150 000 元，假定同时满足开发阶段支出资本化条件。20×2 年 6 月 30 日，该项研发活动结束，最终开发出一项专利技术，并且该专利技术已经达到预定用途。

① 20×1 年研究阶段支出实际发生时，根据领料单、工资计算单、普通发票（发票联）、转账支票（存根联），编制会计分录如下：

借：研发支出——费用化支出　　　　　　　　　　　880 000
　　贷：原材料　　　　　　　　　　　　　　　　　　600 000
　　　　应付职工薪酬　　　　　　　　　　　　　　　200 000
　　　　银行存款　　　　　　　　　　　　　　　　　 80 000

② 月末，发生的研究支出全部费用化，根据内部转账单，编制会计分录如下：

借：管理费用　　　　　　　　　　　　　　　　　　880 000
　　贷：研发支出——费用化支出　　　　　　　　　　880 000

③ 20×2 年，开发阶段支出实际发生时，根据领料单、工资计算单、普通发票（发票联）、转账支票（存根联），编制会计分录如下：

借：研发支出——资本化支出　　　　　　　　　　　150 000
　　贷：原材料　　　　　　　　　　　　　　　　　　 50 000

应付职工薪酬　　　　　　　　　　　　　　　　　　60 000
　　银行存款　　　　　　　　　　　　　　　　　　　　40 000
　④ 20×2 年 6 月 30 日，该专利技术研发完成并形成无形资产，根据无形资产验收单，编制会计分录如下：
　　借：无形资产——专利技术　　　　　　　　　　　　150 000
　　　贷：研发支出——资本化支出　　　　　　　　　　　150 000

（三）土地使用权的处理

　　小企业购入或者以支付土地出让金方式取得的土地使用权，必须取得土地使用权的有效证明文件。小企业取得的土地使用权通常应确认为无形资产。自行开发建造厂房等建筑物，相关的土地使用权与建筑物应当分别进行处理。外购土地及建筑物支付的价款应当在建筑物与土地使用权之间按照合理的方法进行分配；难以合理分配的，应当全部作为固定资产。

　　此外，投资者投入的无形资产的成本，应当按照评估价值和相关税费确定。

项目三　无形资产摊销的核算

一、无形资产摊销的规定

　　无形资产，应在其预计的使用寿命内采用系统合理的方法对应摊销金额进行摊销。其中应摊销金额是指无形资产的成本扣除残值后的余额。

1. 摊销期限的确定

　　无形资产的摊销期自其可供使用时开始至停止使用或出售时止。即无形资产可供使用当月起开始摊销，处置当月不再摊销。

　　有关法律规定或合同约定了使用年限的，可以按照规定或约定的使用年限分期摊销。

　　小企业不能可靠估计无形资产使用寿命的，摊销期不得低于 10 年。

2. 摊销方法的确定

　　无形资产应当在其使用寿命内采用年限平均法进行摊销；根据其受益对象计入相关资产成本或者当期损益。

　　无形资产的残值一般为零。

二、无形资产摊销的账户设置

　　小企业根据 1702"累计摊销"科目的规定，设置"累计摊销"账户核算小企业对无形资产计提的累计摊销。该账户基本结构如下：

累计摊销	资产类
（1）处置无形资产同时转出的累计摊销额	（1）按期（月）计提无形资产的摊销额
	余额：小企业无形资产的累计摊销额

明细：可按无形资产项目进行明细核算

三、无形资产摊销的账务处理

小企业应按月编制无形资产摊销计算表，对无形资产进行摊销。无形资产的摊销额一般应当计入当期损益。但如果某项无形资产是专门用于生产某种产品的，其所包含的经济利益是通过转入到所生产的产品中体现的，无形资产的摊销费用应构成产品成本的一部分。

无形资产摊销的账务处理如下：

借：管理费用（自用的无形资产摊销额）

其他业务成本（出租的无形资产摊销额）

制造费用（专门用于生产某种产品的无形资产摊销额）

研发支出（内部研发无形资产使用的其他无形资产摊销额）

贷：累计摊销

【例7-3】承例7-1。20×1年4月30日，正泰公司对购买的该商标权进行摊销，该商标权的使用寿命确定为10年，残值确定为0。以年限平均法摊销预期实现经济利益的方式。

20×1年4月30日，根据该商标权摊销计算表，编制会计分录如下：

每月摊销额＝(152 400÷10)÷12＝1 270(元)

借：管理费用　　　　　　　　　　　　　　　　　　　　　　1 270

贷：累计摊销　　　　　　　　　　　　　　　　　　　　　　　　　1 270

项目四　无形资产处置的核算

无形资产的处置，主要是指无形资产出售、对外出租、对外捐赠，或者是无法为企业带来未来经济利益时，应予转销并终止确认。

一、无形资产出售的账务处理

小企业处置无形资产，处置收入扣除其账面价值、相关税费等后的净额，应当计入营业外收入或营业外支出。无形资产的账面价值，是指无形资产的成本扣减累计摊销后的金额。

出售无形资产的账务处理：

借：银行存款（实际收到的金额）
　　累计摊销（已计提的累计摊销额）
　　营业外支出——非流动资产处置净损失（差额在借方：处置损失）
　贷：应交税费——应交增值税（销项税额）
　　　无形资产（无形资产的成本）
　　　营业外收入——非流动资产处置净收益（差额在贷方：处置收益）

【例7-4】承例7-1、例7-3。20×6年10月5日，正泰公司将拥有的该项商标权出售，实际取得的转让收入价款为80 000元，增值税率6%。

根据商标权销售合同或者转让协议、增值税专用发票（记账联）、无形资产摊销计算表、资金划拨补充凭证（回单联），编制会计分录如下：

已摊销的累计摊销额＝1 270×(12×5＋6)＝83 820(元)

借：银行存款　　　　　　　　　　　　　　　　　　　　80 000
　　累计摊销　　　　　　　　　　　　　　　　　　　　83 820
　贷：无形资产——商标权　　　　　　　　　　　　　　152 400
　　　应交税费——应交增值税（销项税额）　　　　　　 4 800
　　　营业外收入——非流动资产处置净收益　　　　　　 6 620

二、无形资产出租的账务处理

小企业将所拥有的无形资产出租给他人并收取租金，属于与企业日常活动相关的其他经营活动取得的收入，应确认相关的收入及成本（技术指导费、人员培训费、手续费、律师费、印花税等）。出租的无形资产，所有权没有转移，不转销无形资产的成本，仍需继续摊销。

出租无形资产取得租金收入的账务处理：

借：银行存款
　贷：其他业务收入（实际取得的租金收入）
　　　应交税费——应交增值税（销项税额）

摊销出租的无形资产成本的账务处理：

借：其他业务成本（出租无形资产的摊销额）
　贷：累计摊销

发生与出租有关的各种费用支出的账务处理：

借：其他业务成本（费用支出的实际发生额）
　贷：银行存款等

【例7-5】承例7-1。20×3年4月1日—20×4年3月31日，正泰公司将该项商标权出租给兴达公司使用。出租合同规定,承租方每销售一件使用该商标的产品,必须付给出租方 3 元商标使用费。假定承租方当年销售该产品 10 000 件。假定不考虑其他相关税费。

取得租金收入,根据租赁协议、增值税专用发票(记账联)、资金划拨补充凭证(回单联),编制会计分录如下:

  借:银行存款   31 800
    贷:其他业务收入   30 000
      应交税费——应交增值税(销项税额)   1 800

摊销该年出租无形资产的成本,根据出租的商标权摊销计算表,编制会计分录如下:

      该年累计摊销额=1 270×12=15 240(元)

  借:其他业务成本   15 240
    贷:累计摊销   15 240

三、无形资产报废的账务处理

如果无形资产预期不能为企业带来未来经济利益(该无形资产已被其他新技术所替代、无形资产不再受到法律保护,且不能给企业带来经济利益等),不再符合无形资产的定义,应将其转销,进行无形资产的报废处理。无形资产报废的账务处理如下:

  借:累计摊销(已计提的累计摊销额)
    营业外支出——报废损失(差额:报废损失)
    贷:无形资产(无形资产的成本)

【例 7-6】承例 7-1。假设 20×6 年 1 月 1 日,正泰公司用该项商标权生产的产品没有市场,应予报废转销。

该商标权报废,根据无形资产报废审批单,编制会计分录如下:

     已摊销的累计摊销额=1 270×(4×12+9)=72 390(元)

  借:累计摊销   72 390
    营业外支出——报废损失   80 010
    贷:无形资产——商标权   152 400

项目五 长期待摊费用的核算

一、长期待摊费用的概念

长期待摊费用,是指小企业已经发生,但应由本期和以后各期负担的分摊期限在 1 年以上（不含 1 年）的各项费用。长期待摊费用的特征如下。

① 长期待摊费用本身没有转让价值，不能为企业带来经济利益。因此，既不能转让，也不能用于清偿债务；

② 长期待摊费用在本质上是一种费用，由于支出数额比较大、影响时间较长，按照权责发生制的要求，将其暂列为一项没有实体的过渡性资产，并对其做递延处理，分期计入当期损益。

二、长期待摊费用的核算内容

1. 经营租入固定资产改建支出

经营租入固定资产改建支出，是指能增加以经营租赁方式租入固定资产的效用或延长其使用寿命的改装、翻修、改建等支出。承租人在租赁期限和使用权限内发生的这种改建支出，能改善该项固定资产的使用效能，但不能增加租入固定资产的价值，因而应列为长期待摊费用处理。

2. 已提足折旧的固定资产的改建支出

对于已提足折旧的固定资产而言，由于不能对折旧年限进行调整，因而列为长期待摊费用处理。

3. 符合税法规定的固定资产大修理支出

固定资产大修理支出，是指同时符合下列条件的支出：

① 修理支出达到取得固定资产时计税基础 50％以上；

② 修理后固定资产的使用寿命延长 2 年以上。

4. 其他长期待摊费用

如预付 1 年以上的经营租入固定资产租赁费、摊销期限在 1 年以上的周转材料的摊销等，应通过长期待摊费用核算。

三、长期待摊费用核算的账户设置

小企业根据 1801"长期待摊费用"科目的规定，设置"长期待摊费用"账户核算小企业已经发生但应由本期和以后各期负担的分摊期限在 1 年以上的各项费用。该账户基本结构如下：

长期待摊费用	资产类
（1）发生的长期待摊费用的金额	（1）摊销的长期待摊费用的金额
余额：小企业尚未摊销完毕的长期待摊费用	
明细：按支出项目进行明细核算	

四、长期待摊费用的账务处理

1. 长期待摊费用发生的账务处理

借：长期待摊费用（发生额）

　　贷：银行存款/原材料/应付职工薪酬/银行存款等

2. 长期待摊费用摊销的账务处理

长期待摊费用应当在其摊销期限内采用年限平均法进行摊销，根据其受益对象计入相关资产的成本或者管理费用，并冲减长期待摊费用。

① 已提足折旧的固定资产的改建支出，按照固定资产预计尚可使用年限分期摊销；

② 经营租入固定资产的改建支出，按照合同约定的剩余租赁期限分期摊销；

③ 固定资产的大修理支出，按照固定资产尚可使用年限分期摊销；

④ 其他长期待摊费用，自支出发生月份的下月起分期摊销，摊销期不得低于3年。

账务处理如下：

借：制造费用/管理费用/销售费用等（本期摊销额）

　　贷：长期待摊费用

如果长期待摊费用项目不能使以后会计期间受益的，应当将尚未摊销的该项目的摊余价值全部转入当期损益。

【例7-7】20×1年4月1日起，正泰公司对其以经营租赁方式新租入的办公楼进行装修，发生以下有关支出。

① 领用工程物资585 000元。根据工程物资出库单（记账联），编制会计分录如下：

借：在建工程——装修工程　　　　　　　　　　　　585 000

　　贷：工程物资　　　　　　　　　　　　　　　　　585 000

② 辅助生产车间为该装修工程提供的劳务支出为180 000元。根据辅助生产成本分配表，编制会计分录如下：

借：在建工程——装修工程　　　　　　　　　　　　180 000

　　贷：生产成本——辅助生产成本　　　　　　　　　180 000

③ 发生有关人员工资支出435 000元。根据工资计算表，编制会计分录如下：

借：在建工程——装修工程　　　　　　　　　　　　435 000

　　贷：应付职工薪酬　　　　　　　　　　　　　　　435 000

④ 20×1年12月31日，该办公楼装修完工，办理竣工结算并按租赁期10年进行摊销。

每月摊销额=[(585 000+180 000+435 000)÷10]÷12=10 000(元)

根据竣工决算单、长期待摊费用摊销计算表，编制会计分录如下：

借：长期待摊费用——经营租入固定资产改建支出	1 200 000
贷：在建工程——装修工程	1 200 000
借：管理费用	10 000
贷：长期待摊费用——经营租入固定资产改建支出	10 000

《企业会计准则》与《小企业会计准则》差异比较

一、无形资产会计处理不同

1. 外购无形资产初始确认与计量不同

《企业会计准则》规定分期付款购买无形资产按购买价款的现值记入"无形资产"科目，按应支付的金额记入"长期应付款"科目，差额作为"未确认融资费用"科目，在信用期内采用实际利率法摊销。

《小企业会计准则》规定分期付款购买无形资产按购买价款记入"无形资产"和"长期应付款"科目。

2. 无形资产摊销处理不同

《企业会计准则》规定，使用寿命有限的无形资产应当摊销，使用寿命不确定的无形资产不应摊销，于每期末进行减值测试。根据预期消耗该项无形资产所产生的未来经济利益的方式，无形资产的摊销方法包括直线法、产量法、加速摊销法。无形资产的应摊销金额为无形资产成本扣除残值、提取的减值准备金额后的金额。使用寿命有限的无形资产的摊销期自其可供使用时开始至终止确认时止。

《小企业会计准则》规定，小企业对于所有的无形资产都要摊销。无形资产应当在其使用寿命内采用年限平均法进行摊销。无形资产的应摊销金额为无形资产成本扣除残值后的金额。无形资产的摊销期自其可供使用时开始至停止使用或出售时止。有关法律规定或合同约定了使用年限的，可以按照规定或约定的使用年限分期摊销，对于不能可靠估计无形资产使用寿命的，摊销期不得低于10年。

3. 无形资产减值处理不同

《企业会计准则》规定无形资产可能发生的减值，需要计提减值准备。

《小企业会计准则》规定无形资产不得计提减值准备。

4. 无形资产处置核算不同

《企业会计准则》规定处置无形资产时，结转无形资产账面价值是指无形资产的成本扣减累计摊销、计提的无形资产减值准备后的金额。

《小企业会计准则》规定处置无形资产时，结转无形资产账面价值是指无形资产的成本扣减累计摊销后的金额。

二、长期待摊费用会计处理不同

《企业会计准则》规定,长期待摊费用的内容包括经营租入固定资产改良支出,向职工提供了补贴的住房的补贴金额,及其他企业已经发生、分摊期限在 1 年以上的长期待摊费用。长期待摊费用在费用项目的受益期内分期平均摊销。经营租入固定资产的改良支出,在租赁期限与租赁资产尚可使用年限两者孰短的期限内平均摊销。

《小企业会计准则》规定,长期待摊费用的内容包括已提足折旧的固定资产的改建支出、经营租入固定资产的改建支出、固定资产的大修理支出(修理支出达到取得固定资产时的计税基础 50% 以上、修理后固定资产的使用寿命延长 2 年以上)和其他长期待摊费用等。长期待摊费用应当在其摊销期限内采用年限平均法进行摊销。经营租入固定资产的改建支出,按照合同约定的剩余租赁期限分期摊销。其他长期待摊费用,自支出发生月份的下月起分期摊销,摊销期不得低于 3 年。

会计与税收差异比较

1. 关于无形资产的范围

《小企业会计准则》规定无形资产不包括商誉;而税法所说的无形资产包括商誉。

2. 关于无形资产的摊销

《小企业会计准则》规定无形资产应在预计使用寿命内进行摊销。税法规定,下列无形资产不得计算摊销费用扣除:(1)自行开发的支出已在计算应纳税所得额时扣除的无形资产;(2)自创商誉;(3)与经营活动无关的无形资产;(4)其他不得计算摊销费用扣除的无形资产。由此,由于各自划分摊销的标准不同,因而,会计上允许摊销的无形资产,税法可能会认为和企业经营不相关,而不允许扣除。

3. 关于无形资产加计扣除

《小企业会计准则》规定无形资产应当按照成本进行计量。而税法规定了加计扣除的政策,既研究开发支出未形成无形资产计入当期损益的,按照研究开发费用的 75% 加计扣除;形成无形资产的,按照无形资产成本的 175% 摊销。

第八章 流动负债的核算

项目一 短期借款的核算

负债，是指小企业过去的交易或者事项形成的，预期会导致经济利益流出企业的现时义务。小企业的负债按照其流动性，可分为流动负债和非流动负债。

小企业的流动负债，是指预计在1年内或者超过1年的一个正常营业周期内清偿的债务。小企业的流动负债包括：短期借款、应付及预收款项、应付职工薪酬、应交税费、应付利息等。小企业的非流动负债，是指流动负债以外的负债。小企业的非流动负债包括：长期借款、长期应付款等。

一、短期借款的概念和内容

短期借款是小企业向银行或其他金融机构等借入的期限在1年内（含1年）的各种借款。

短期借款一般是小企业为维持正常的生产经营所需的资金或者为抵偿某项债务而借入的。短期借款主要包括临时借款、生产经营周转借款、票据贴现借款、结算借款。

二、短期借款核算的账户设置

1. "短期借款"账户

小企业根据2001"短期借款"科目的规定，设置"短期借款"账户核算小企业向银行或其他金融机构等借入的期限在1年内（含1年）的各种借款。该账户基本结构如下：

短期借款	负债类
（1）归还借短期款本金	（1）借入的各种短期借款本金
	余额：小企业尚未偿还的短期借款的本金

明细：按借款种类、贷款人和币种进行明细核算

2. "应付利息"账户

小企业根据2231"应付利息"科目的规定，设置"应付利息"账户核算小企业按照合同约定应支付的利息费用。该账户基本结构如下：

应付利息	负债类
（1）实际支付的利息	（1）合同利率计算确定的应付未付利息
	余额：小企业应付未付的利息费用

明细：按贷款人等进行明细核算

三、短期借款的账务处理

1. 短期借款初始确认的账务处理

小企业向银行或者其他金融机构取得短期借款时，账务处理如下：

借：银行存款
　贷：短期借款（取得借款的本金）

需要注意的是，借入期限在1年以上的各种借款，在"长期借款"科目核算；"短期借款"科目只核算本金，不核算利息。

2. 短期借款利息的账务处理

短期借款应当按照借款本金和借款合同利率在应付利息日计提利息费用，计入财务费用。

短期借款利息的会计处理的方式有以下两种。

（1）按期计提法

小企业借入的短期借款，如果其利息是按季支付的，或者利息是在借款到期时连同本金一起归还，并且数额较大的，为了正确计算各期的盈亏，可以采用计提的办法，按期计提计入财务费用，账务处理如下：

借：财务费用（计提的利息金额）
　贷：应付利息（本金×合同利率）

实际支付时，账务处理如下：

借：应付利息（已经计提的利息金额）
　　财务费用（实际支付的利息金额与已计提数的差额：尚未计提的利息）
　贷：银行存款（实际支付的利息金额）

（2）直接摊销法

如果小企业的短期借款利息是按月支付的，或者利息是在借款到期时连同本金一起归还，但是数额不大的，可以不采用计提的方法，而在实际支付或收到银行的计息通知时，直接计入财务费用，账务处理如下：

借：财务费用
　　贷：银行存款（实际支付的利息金额）

3. 归还短期借款的账务处理

小企业到期偿还短期借款本金时，账务处理如下：

借：短期借款（归还借款的本金）
　　贷：银行存款

【例 8-1】20×1 年 1 月 1 日，正泰公司从工商银行取得期限为 6 个月、年利率为 6% 的贷款 100 000 元，到期一次还本付息，该公司每月计提短期借款利息。

20×1 年 1 月 1 日，取得借款时，根据借款合同、借款凭证（收账通知联），编制会计分录如下：

借：银行存款　　　　　　　　　　　　　　　　　100 000
　　贷：短期借款　　　　　　　　　　　　　　　　100 000

每月预提利息时，根据借款利息计算表，编制会计分录如下：

借：财务费用——利息支出　　　　　　　　　　　　500
　　贷：应付利息　　　　　　　　　　　　　　　　　500

20×1 年 7 月 1 日，偿还本息时，根据计收利息清单（付款通知联）、转账支票（存根联），编制会计分录如下：

借：短期借款　　　　　　　　　　　　　　　　　100 000
　　应付利息　　　　　　　　　　　　　　　　　　3 000
　　贷：银行存款　　　　　　　　　　　　　　　　103 000

项目二　应付账款的核算

一、应付账款的概念

应付账款指小企业在生产经营过程中因购买材料、商品或接受劳务供应等而应付给供应单位的款项。这是买卖双方在购销活动中由于取得物资与支付货款在时间上不一致而产生的负债。

二、应付账款的确认和计量

（一）应付账款的确认时间

从理论上讲，应付账款入账时间的确认，应以所购买物资的所有权有关的风险和报酬已经转移或劳务已经接受为标志。但在实际工作中,应区别情况处理:在物资和发票账单同时到达的情况下,应付账款一般待物资验收入库后,才按发票账单登记入账。这主要是为了确认所购入的物资是否在质量、数量和品种上与合同上订明的条件相符,以免因先入账而在验收入库时发现购入物资错、漏、破损等问题再进行调账;在物资和发票账单未同时到达的情况下,由于应付账款要根据发票账单登记入账,有时候货物已到而发票账单要间隔较长时间才能到达,但由于这笔负债已经成立,应作为一项负债反映。为在资产负债表上客观反映企业所拥有的资产和承担的负债,在实际中一般于月份终了将所购物资和应付的债务估计入账,予以确认,待下月初再用红字予以冲回。

(二)应付账款的计量

应付账款一般按实际发生额入账。如果购入的资产在形成一笔应付账款时是带有现金折扣的,应付账款入账金额的确定按发票上记载的应付金额的总价(即不扣除现金折扣)记账,获得的现金折扣,冲减财务费用。

三、应付账款核算的账户设置

小企业根据2202"应付账款"科目的规定,设置"应付账款"账户核算小企业因购买材料、商品和接受劳务等日常生产经营活动应支付的款项。该账户基本结构如下:

应付账款	负债类
(1) 偿付应付账款金额 (2) 开出、承兑商业汇票而抵付的应付账款 (3) 转销的无法偿付的应付账款	(1) 购入材料、商品等发生的应付未付账款
	余额:小企业尚未支付的应付账款

明细:按对方单位(或个人)进行明细核算

四、应付账款的账务处理

(一)小企业因购入物资而形成的应付账款的账务处理

在实际工作中,小企业购入的物资和发票账单到达企业的时间往往不一致,有些情况下会形成应付账款,而有些情况下则不会形成应付账款,其账务处理,如表8-1所示。

表 8-1 购入物资形成的应付账款的账务处理

项　　目	账　务　处　理
购入的物资已验收入库，发票账单也同时到达，但货款尚未支付	借：在途物资/原材料/库存商品等（购入物资的价值） 　　应交税费——应交增值税（进项税额）（记账时增值税专用发票已认证的可抵扣增值税额） 　　应交税费——待认证进项税额（记账时增值税专用发票未认证的可抵扣增值税额） 　贷：应付账款
购入的物资已验收入库，但发票账单尚未到达，未到月末时	暂不入账
购入的物资已验收入库，到月末时发票账单尚未到达	借：原材料 　贷：应付账款——暂估应付账款（原材料的暂估价）

（二）小企业接受劳务而形成的应付账款的账务处理

小企业接受劳务而发生的应付未付款项，账务处理如下：

借：生产成本/管理费用等（接受劳务的成本）
　　应交税费——应交增值税（进项税额）（记账时增值税专用发票已认证的可抵扣增值税额）
　　应交税费——待认证进项税额（记账时增值税专用发票未认证的可抵扣增值税额）
　贷：应付账款（应付金额）

（三）应付账款减少的账务处理

一般情况下，应付账款的减少是因为偿还所欠款项而发生的，偿付应付账款时，账务处理如下：

借：应付账款
　贷：银行存款（偿还金额）
　　　财务费用——现金折扣（享受的现金折扣）

但在实际工作中也会出现其他情况下的应付账款的减少，比如小企业以开出、承兑商业汇票以抵付应付账款，保证债权人的利益，账务处理如下：

借：应付账款
　贷：应付票据

（四）无法支付的应付账款的账务处理

在实际工作中，可能出现由于债权单位撤销或其他原因确实无法偿付的应付账款，直接转入营业外收入，账务处理如下：

借：应付账款
　贷：营业外收入——确实无法偿付的应付款项（转销无法支付的应付账款）

【例 8-2】承例 2-2。假设科盛公司购入正泰公司的该批商品作为原材料核算，原材料已入库，发票账单等结算单据已达，款项尚未支付。记账时，增值税专用发票已认证。

20×1年4月1日科盛公司购入材料，根据增值税专用发票（发票联）、收料单，编制会计分录如下：

  借：原材料   2 000
    应交税费——应交增值税（进项税额）   260
    贷：应付账款——正泰公司   2 260

如果科盛公司20×1年4月10日支付购买材料款，根据电汇业务委托书（回执联）、折扣发票，编制会计分录如下：

  借：应付账款——正泰公司   2 260
    贷：银行存款   2 220
      财务费用——现金折扣   40

如果科盛公司20×1年4月20日支付购买材料款，根据电汇业务委托书（回执联）、折扣发票，编制会计分录如下：

  借：应付账款——正泰公司   2 260
    贷：银行存款   2 240
      财务费用——现金折扣   20

如果科盛公司20×1年4月30日支付购买材料款，根据电汇业务委托书（回执联），编制会计分录如下：

  借：应付账款——正泰公司   2 260
    贷：银行存款   2 260

如果科盛公司确认欠正泰公司的材料款为一笔无法支付的应付款项，予以转销。根据应付账款转销报批单，编制会计分录如下：

  借：应付账款——正泰公司   2 260
    贷：营业外收入——确实无法偿付的应付款项 2 260

【例8-3】 20×1年6月8日，科盛公司向某水厂购水，取得增值税专用发票已认证，水费4 200元，增值税378元。根据增值税专用发票（发票联）、委托收款凭证（付款通知联），编制会计分录如下：

  借：应付账款——某水厂   4 200
    应交税费——应交增值税（进项税额）   378
    贷：银行存款   4 578

6月30日，月末分配水费4 500元，其中基本生产车间3 000元，厂部1 500元。根据水费分配表，编制会计分录如下：

  借：生产成本——基本生产成本   3 000
    管理费用   1 500
    贷：应付账款——某水厂   4 500

项目三 应付票据的核算

一、应付票据的概念与分类

应付票据是由出票人出票,委托付款人在指定日期无条件支付确定的金额给收款人或者持票人的票据。应付票据区别于应付账款在于后者是尚未结清的债务,而前者是延期付款的证明,有承诺的票据作为凭据。

应付票据按是否带息可分为两种:一种是带息票据,另一种是不带息票据。带息票据在票面上标明票面利率,它的到期值等于票据面值加上利息。票据到期时,除支付票面金额外,还支付利息。

二、应付票据核算的账户设置

小企业根据2201"应付票据"科目的规定,设置"应付票据"账户核算小企业因购买材料、商品和接受劳务等日常生产经营活动开出、承兑的商业汇票(银行承兑汇票和商业承兑汇票)。该账户基本结构如下:

应付票据	负债类
(1) 票据到期而支付的票面金额 (2) 票据到期无力支付而转为应付账款、短期借款的票面金额	(1) 开出、承兑商业汇票 (2) 以承兑商业汇票抵付货款、应付账款等
	余额:小企业开出、承兑的尚未到期的商业汇票的票面金额

明细:按债权人进行明细核算

小企业应当设置"应付票据备查簿",详细登记每一商业汇票的种类、号数和出票日期、到期日、票面金额、交易合同号和收款人姓名或单位名称以及付款日期和金额等资料。应付票据到期结清票款后,应当在备查簿内逐笔注销。

三、应付票据的账务处理

(一)小企业开出、承兑商业汇票时的账务处理

当小企业开出、承兑商业汇票或以承兑商业汇票抵付货款、应付账款时,账务处理如下:

借：在途物资/原材料/库存商品/应付账款等（财产物资的入账价值）
　　　应交税费——应交增值税（进项税额）（记账时增值税专用发票已认证的可抵扣增值税额）
　　　应交税费——待认证进项税额（记账时增值税专用发票未认证的可抵扣增值税额）
　　贷：应付票据（票据面值）

若开出的是银行承兑汇票，则企业还需另外支付银行承兑汇票的手续费，账务处理如下：

借：财务费用——手续费
　　贷：银行存款

（二）持有期间计提利息的账务处理

1. 带息应付票据的账务处理

带息应付票据有效期内主要涉及对票据本身利息的处理。对带息票据利息的处理，应于期末计提应付利息，账务处理如下：

借：财务费用
　　贷：应付利息（票据面值×票面利率）

2. 不带息应付票据的账务处理

由于不带息应付票据在其有效期内不会产生利息问题，故无须进行账务处理。

（三）应付票据到期的账务处理

1. 应付票据到期偿付的账务处理

不带息应付票据到期时，需偿付的仅是票据的面值，账务处理如下：

借：应付票据（票据面值）
　　贷：银行存款

带息票据到期时，需偿付的是票据的本金和利息，账务处理如下：

借：应付票据（票据面值）
　　　应付利息（已计提的利息）
　　　财务费用（尚未计提的利息）
　　贷：银行存款（实际支付的金额）

2. 应付票据到期无力偿还的账务处理

对于到期的应付票据，如果小企业不能如期支付，将"应付票据"科目的票面金额转入"应付账款"科目或"短期借款"科目（银行承兑汇票），账务处理如下：

借：应付票据（票据面值）
　　　应付利息（已计提的利息）
　　　财务费用（尚未计提的利息）
　　贷：应付账款（商业承兑汇票：将来应支付的金额）
　　　　短期借款（银行承兑汇票：将来应支付的金额）

【例8-4】承例2-5。假设科盛公司购入商品后作为原材料核算，原材料已入库，原材料按照实际成本核算。票据按月计提利息。记账时，增值税专用发票已认证。

20×1年9月30日，购买材料，根据已认证增值税专用发票（发票联）、商业承兑汇票（第1联：卡片）、收料单，编制会计分录如下：

借：原材料　　　　　　　　　　　　　　　　　　　　　　　80 000
　　应交税费——应交增值税（进项税额）　　　　　　　　　10 400
　　贷：应付票据——正泰公司　　　　　　　　　　　　　　　　　90 400

科盛公司于20×1年10月31日、11月30日、12月31日计息时，根据应付票据利息计算单，分别编制会计分录如下：

借：财务费用　　　　　　　　　　　　　　　　　　　　　　　　452
　　贷：应付利息——正泰公司　　　　　　　　　　　　　　　　　　452

如果20×2年1月31日，票据到期，科盛公司支付票款时，根据应付票据利息计算单、委托收款凭证（付款通知联），编制会计分录如下：

借：应付票据——正泰公司　　　　　　　　　　　　　　　　90 400
　　应付利息——正泰公司　　　　　　　　　　　　　　　　1 356
　　财务费用　　　　　　　　　　　　　　　　　　　　　　　452
　　贷：银行存款　　　　　　　　　　　　　　　　　　　　　　92 208

如果20×2年1月31日，票据到期，科盛公司无力支付票款时，根据未付款通知书，编制会计分录如下：

借：应付票据——正泰公司　　　　　　　　　　　　　　　　90 400
　　应付利息——正泰公司　　　　　　　　　　　　　　　　1 356
　　财务费用　　　　　　　　　　　　　　　　　　　　　　　452
　　贷：应付账款——正泰公司　　　　　　　　　　　　　　　　92 208

如果20×2年3月1日，科盛公司又支付票据本息，根据委托收款凭证（付款通知联），编制会计分录如下：

借：应付账款——正泰公司　　　　　　　　　　　　　　　　92 208
　　贷：银行存款　　　　　　　　　　　　　　　　　　　　　　92 208

项目四　预收账款的核算

一、预收账款的概念

预收账款是买卖双方协议商定，由购货方预先支付一部分货款给供货方而发生的一项负债。该负债以后以货物或劳务偿还。

二、预收账款核算的账户设置

小企业根据2203"预收账款"科目的规定,设置"预收账款"账户核算小企业按照合同规定预收的款项。包括:预收的购货款、工程款等。该账户基本结构如下:

预收账款	负债类
(1)销售实现时,应收款项结算金额 (2)退回多收的款项	(1)向购货单位预收的款项 (2)对方补付的款项
余额:应由购货单位补付的款项	余额:小企业向购货单位预收的款项及应退回的多收的款项
明细:按对方单位(或个人)进行明细核算	

三、预收账款的账务处理

(一)专设"预收账款"账户,预收账款的账务处理

1. 预收账款的账务处理

小企业因购货而按照购货合同规定预收购货单位款项时,账务处理如下:

借:银行存款

　　贷:预收账款(实际预收的金额)

2. 销售货物的账务处理

小企业销售实现时,账务处理如下:

借:预收账款(所售货物的价款与增值税之和)

　　贷:主营业务收入(实现的营业收入金额)

　　　　应交税费——应交增值税(销项税额)(增值税专用发票上注明的应收取的增值税额)

3. 结清货款的账务处理

如果所售货物的价款与增值税之和小于预收的款项,应退回多余款项,账务处理如下:

借:预收账款

　　贷:银行存款

如果所售货物的价款与增值税之和大于预收的款项,应补收款项,账务处理如下:

借:银行存款

　　贷:预收账款

【例8-5】承例2-10。科盛公司单设"预收账款"科目核算。20×1年10月12日,科盛公司预收货款时,根据收据、资金划拨补充凭证(回单联),编制会计分录如下:

借:银行存款　　　　　　　　　　　　　　　　　　　　　　6 600
　　贷:预收账款——正泰公司　　　　　　　　　　　　　　　　6 600

20×1年10月18日,科盛公司发出货物,根据增值税专用发票(记账联),编制会计分录如下:

借:预收账款——正泰公司　　　　　　　　　　　　　　　　　6 780
　　贷:主营业务收入　　　　　　　　　　　　　　　　　　　　6 000
　　　　应交税费——应交增值税(销项税额)　　　　　　　　　　780

20×1年10月20日,科盛公司收到剩余的货物款时,根据资金划拨补充凭证(回单联),编制会计分录如下:

借:银行存款　　　　　　　　　　　　　　　　　　　　　　　180
　　贷:预收账款——正泰公司　　　　　　　　　　　　　　　　　180

(二)不专设"预收账款"账户,预收账款的核算

预收账款情况不多的企业,也可以不设置"预收账款"账户,将预收的款项直接记入"应收账款"账户的贷方进行核算。

项目五　应付职工薪酬的核算

一、职工薪酬的概念与构成

应付职工薪酬,是指小企业为获得职工提供的服务而应付给职工的各种形式的报酬及其他相关支出。

小企业的职工薪酬包括:

① 职工工资、奖金、津贴和补贴;
② 职工福利费;
③ 医疗保险费、养老保险费、失业保险费、工伤保险费和生育保险费等社会保险费;
④ 住房公积金;
⑤ 工会经费和职工教育经费;
⑥ 非货币性福利;
⑦ 因解除与职工的劳动关系给予的补偿;
⑧ 其他与获得职工提供的服务相关的支出等。

二、职工薪酬核算的账户设置

小企业根据2211"应付职工薪酬"科目的规定,设置"应付职工薪酬"账户核算小企业按照规定应付给职工的各种薪酬。外商投资企业按规定从净利润中提取的职工奖励及福利基金,也在本账户核算。该账户基本结构如下:

应付职工薪酬	负债类
(1) 实际发放职工薪酬的数额 (2) 从应付职工薪酬中扣还的各种款项	(1) 月末,分配计入有关成本费用项目的职工薪酬的数额
余额:小企业多支付的职工薪酬	余额:小企业应付未付的职工薪酬
明细:按"职工工资""奖金、津贴和补贴""职工福利费""社会保险费""住房公积金""工会经费""职工教育经费""非货币性福利""辞退福利"等进行明细核算		

三、货币性职工薪酬的核算

(一) 货币性职工薪酬的计量

1. 职工工资

小企业应当根据职工提供服务情况和工资标准计算。

2. 职工福利费

小企业应当根据历史经验数据和当期福利计划进行预计、调整。

3. "五险一金"

小企业应当按照国务院、所在地政府或企业年金计划规定的标准计量。

4. 工会经费和职工教育经费

小企业应当分别按照职工工资总额的2%和1.5%的计提标准,计量工会经费、职工教育经费;从业人员技术要求高、培训任务重、经济效益好的企业,可根据国家相关规定,按照职工工资总额的2.5%计量职工教育经费。

(二) 货币性职工薪酬的账务处理

1. 货币性职工薪酬分配的账务处理

小企业应当在职工为其提供服务的会计期间,将应付的职工薪酬确认为负债,并根据职工提供服务的受益对象,分别下列情况进行会计处理:

(1) 应由生产产品、提供劳务负担的职工薪酬,计入产品成本或劳务成本。

(2) 应由在建工程、无形资产开发项目负担的职工薪酬,计入固定资产成本或无形资产成本。

(3) 其他职工薪酬(含因解除与职工的劳动关系给予的补偿),计入当期损益。

小企业总部管理人员的职工薪酬，因难以确定直接对应的受益对象，均应当在发生时计入当期损益。

月度终了，应将本月应发的工资按发生地点、部门及与产品的关系进行分配，账务处理如下：

借：生产成本（生产部门直接生产人员职工薪酬）
　　制造费用（生产部门管理人员职工薪酬）
　　劳务成本（提供劳务人员职工薪酬）
　　在建工程（在建工程人员职工薪酬）
　　研发支出（无形资产研发人员职工薪酬）
　　管理费用（管理部门人员职工薪酬，因解除与职工的劳动关系给予的补偿）
　　销售费用（销售人员职工薪酬）
　　其他业务成本（其他业务人员职工薪酬）
　　固定资产清理（固定资产清理人员职工薪酬）
　　贷：应付职工薪酬——职工工资
　　　　　　　　　　——奖金、津贴和补贴
　　　　　　　　　　——职工福利费
　　　　　　　　　　——社会保险费
　　　　　　　　　　——住房公积金
　　　　　　　　　　——职工教育经费
　　　　　　　　　　——工会经费

【例 8-6】 20×1 年 12 月，正泰公司应发工资 10 000 000 元，其中：生产部门直接生产人员工资 5 000 000 元；生产部门管理人员工资 1 000 000 元；公司管理部门人员工资 1 800 000 元；公司专设产品销售机构人员工资 500 000 元；建造厂房人员工资 1 100 000 元；内部开发存货管理系统人员工资 600 000 元。

根据所在地政府规定，公司分别按照职工工资总额的 10%、12%、2% 和 10.5% 计提医疗保险费、养老保险费、失业保险费和住房公积金，缴纳给当地社会保险经办机构和住房公积金管理机构。根据 20×0 年实际发生的职工福利费情况，公司预计 20×1 年应承担的职工福利费义务金额为职工工资总额的 2%，职工福利的受益对象为上述所有人员。公司分别按照职工工资总额的 2% 和 1.5% 计提工会经费和职工教育经费。假定公司存货管理系统已处于开发阶段、并符合无形资产资本化的条件。不考虑所得税影响。

应计入生产成本的职工薪酬金额 = 500+500×(10%+12%+2%+10.5%+2%+2%+1.5%) = 700(万元)

应计入制造费用的职工薪酬金额 = 100+100×(10%+12%+2%+10.5%+2%+2%+1.5%) = 140(万元)

应计入管理费用的职工薪酬金额 = 180+180×(10%+12%+2%+10.5%+2%+2%+

1.5%)＝252(万元)

应计入销售费用的职工薪酬金额＝50＋50×(10%＋12%＋2%＋10.5%＋2%＋2%＋1.5%)＝70(万元)

应计入在建工程成本的职工薪酬金额＝110＋110×(10%＋12%＋2%＋10.5%＋2%＋2%＋1.5%)＝154(万元)

应计入研发支出的职工薪酬金额＝60＋60×(10%＋12%＋2%＋10.5%＋2%＋2%＋1.5%)＝84(万元)

公司在分配工资、职工福利费、各种社会保险费、住房公积金、工会经费和职工教育经费等职工薪酬时，根据职工薪酬分配汇总表，编制会计分录如下：

借：生产成本　　　　　　　　　　　　　　　　7 000 000
　　制造费用　　　　　　　　　　　　　　　　1 400 000
　　管理费用　　　　　　　　　　　　　　　　2 520 000
　　销售费用　　　　　　　　　　　　　　　　 700 000
　　在建工程　　　　　　　　　　　　　　　　1 540 000
　　研发支出　　　　　　　　　　　　　　　　 840 000
　　贷：应付职工薪酬——职工工资　　　　　 10 000 000
　　　　　　　　　　——职工福利费　　　　　 200 000
　　　　　　　　　　——社会保险费　　　　　2 400 000
　　　　　　　　　　——住房公积金　　　　　1 050 000
　　　　　　　　　　——工会经费　　　　　　 200 000
　　　　　　　　　　——职工教育经费　　　　 150 000

2. 货币性职工薪酬支付的账务处理

(1) 支付工资、奖金、津贴和补贴等的账务处理

小企业按照有关规定向职工支付工资、奖金、津贴等，账务处理如下：

借：应付职工薪酬——职工工资
　　　　　　　　——奖金、津贴和补贴
　　贷：银行存款/库存现金

小企业从应付职工薪酬中扣还的各种款项（垫付的家属药费、职工个人负担的社会保险费、住房公积金个人所得税等），账务处理如下：

借：应付职工薪酬——职工工资
　　贷：其他应收款——代垫款项
　　　　其他应付款——代扣社会保险费、住房公积金
　　　　应交税费——应交个人所得税

【例 8-7】承例 8-6。20×1 年 12 月 31 日，正泰公司根据"职工薪酬结算汇总表"，结算本月应付职工工资总额 10 000 000 元，代扣社会保险费 1 100 000 元，住房公积金

1 000 000元，代扣个人所得税532 000元，公司代垫职工医药费120 000元，实发工资7 248 000元。

20×1年12月31日，向银行提取现金，根据现金支票（存根联），编制会计分录如下：

借：库存现金　　　　　　　　　　　　　　　　　　　　9 348 000
　　贷：银行存款　　　　　　　　　　　　　　　　　　　　9 348 000

20×1年12月31日，发放工资，根据职工领取工资的凭条、工资结算汇总表、借款单、个人所得税扣缴税款报告表，编制会计分录如下：

借：应付职工薪酬——职工工资　　　　　　　　　　　　7 248 000
　　贷：库存现金　　　　　　　　　　　　　　　　　　　　7 248 000
借：应付职工薪酬——职工工资　　　　　　　　　　　　2 752 000
　　贷：其他应收款——代垫医药费　　　　　　　　　　　　120 000
　　　　应交税费——应交个人所得税　　　　　　　　　　　532 000
　　　　其他应付款——代扣社会保险费　　　　　　　　　1 100 000
　　　　　　　　　——代扣住房公积金　　　　　　　　　1 000 000

如果小企业将应发给职工的工资通过银行转账方式直接转入职工的银行账户，则不必提取现金，应按实际发放的工资数额，账务处理如下：

借：应付职工薪酬——职工工资
　　　　　　　　　——奖金、津贴和补贴
　　贷：银行存款

（2）支付职工福利费的账务处理

小企业向职工食堂、职工医院、生活困难职工支付职工福利费时，账务处理如下：

借：应付职工薪酬——职工福利费
　　贷：银行存款/库存现金

【例8-8】20×1年12月2日，正泰公司以现金支付职工王某生活困难补助1 000元。

正泰公司支付王某生活补助时，根据工会决议、现金收据，编制会计分录如下：

借：应付职工薪酬——职工福利费　　　　　　　　　　　　　1 000
　　贷：库存现金　　　　　　　　　　　　　　　　　　　　　1 000

（3）支付工会经费、职工教育经费和缴纳社会保险费、住房公积金的账务处理

小企业支付工会经费和职工教育经费用于工会使用和职工培训，或按照国家有关规定交纳社会保险费或住房公积金时，账务处理如下：

借：应付职工薪酬——工会经费
　　应付职工薪酬——职工教育经费
　　应付职工薪酬——社会保险费
　　应付职工薪酬——住房公积金
　　贷：银行存款

【例8-9】20×1年12月2日,正泰公司以银行存款向社会保险经办机构缴纳社会保险费共计3 600 000元,缴纳住房公积金2 050 000元。根据社会保险费申报表、住房公积金汇(补)缴书、转账支票(存根联),编制会计分录如下:

借:应付职工薪酬——社会保险费　　　　　　　　　　　　3 600 000
　　　　　　　——住房公积金　　　　　　　　　　　　　2 050 000
　贷:银行存款　　　　　　　　　　　　　　　　　　　　　　5 650 000

正泰公司交纳个人所得税532 000元,根据税款缴书、转账支票(存根联),编制会计分录如下:

借:应交税费——应交个人所得税　　　　　　　　　　　　　532 000
　贷:银行存款　　　　　　　　　　　　　　　　　　　　　　　532 000

四、非货币性职工薪酬的核算

小企业向职工提供的非货币性职工薪酬,应当分情况处理。

1. 以自产产品发放给职工作为福利

小企业以其生产的产品作为非货币性福利提供给职工的,应当按照该产品的销售价格和相关税费,计量应计入成本费用的职工薪酬金额,相关收入的确认,销售成本的结转和相关税费的处理,与正常商品销售相同。

决定发放自产产品的账务处理如下:
借:生产成本/制造费用/管理费用等
　贷:应付职工薪酬——非货币性福利(销售价格)

实际发放非货币性福利(自产产品)时,账务处理如下:
借:应付职工薪酬——非货币性福利
　贷:主营业务收入(销售价格)
　　　应交税费——应交增值税(销项税额)(计税价格×增值税税率)
借:主营业务成本(成本价)
　贷:库存商品(成本价)

【例8-10】20×1年12月,正泰公司以其生产的成本为8 000元的丙商品作为春节福利发放给公司200名直接参加生产的职工。丙商品的售价为每台10 000元,正泰公司适用的增值税率为13%。

正泰公司决定发放丙商品时,根据发放决议、员工领取丙商品的签收证明,编制会计分录如下:

丙商品的售价总额=10 000×200=2 000 000(元)
丙商品的增值税销项税额=2 000 000×13%=260 000(元)

借:生产成本　　　　　　　　　　　　　　　　　　　　　　2 260 000
　贷:应付职工薪酬——非货币性福利　　　　　　　　　　　　2 260 000

借：应付职工薪酬——非货币性福利　　　　　　　　2 260 000
　　贷：主营业务收入　　　　　　　　　　　　　　　2 000 000
　　　　应交税费——应交增值税（销项税额）　　　　　260 000
实际发放丙商品时，根据产品出库单，编制会计分录如下：
借：主营业务成本　　　　　　　　　　　　　　　　1 600 000
　　贷：库存商品——丙商品　　　　　　　　　　　　1 600 000

2. 将拥有的房屋等资产无偿提供给职工使用或租赁住房等资产供职工无偿使用

小企业将拥有的房屋等资产无偿提供给职工使用的，应当根据受益对象，将住房每期应计提的折旧计入相关资产成本或当期损益，同时确认应付职工薪酬。难以认定受益对象的，直接计入当期损益，并确认应付职工薪酬。

此外，小企业按照辞退计划条款的规定，预计并确认辞退福利时，借记"管理费用"科目，贷记"应付职工薪酬"科目。小企业支付的因解除与职工的劳动关系而给予职工的补偿，借记"应付职工薪酬——辞退福利"科目，贷记"银行存款"等科目。

项目六　应交税费的核算

一、应交税费的内容

小企业必须按照国家规定履行纳税义务，对其经营所得依法缴纳各种税费。这些应缴税费应按照权责发生制核算基础进行确认、计提，在尚未缴纳之前暂时留在企业，形成一项负债（应该上缴国家的税费）。

应交税费是指小企业按照国家税法的规定，应当交纳的各种税费，主要包括增值税、消费税、资源税、关税、城市维护建设税、教育费附加、企业所得税、土地增值税、房产税、土地使用税、车船税、印花税、耕地占用税、契税、矿产资源补偿费、个人所得税等。

二、应交税费核算的账户设置

小企业根据2221"应交税费"科目的规定，设置"应交税费"账户核算小企业按照税法等规定计算应交纳的各种税费，包括增值税、消费税、所得税、资源税、土地增值税、城市维护建设税、房产税、土地使用税、车船税、教育费附加、矿产资源补偿费等。该账户基本结构如下：

应交税费	负债类
（1）实际交纳的税款	（1）应交的税款
余额：小企业多交或尚未抵扣的税费	余额：小企业尚未交纳的税费
明细：按应交的税费项目进行明细核算	

小企业交纳的印花税、耕地占用税、契税、车辆购置税及其他不需要预计应交数的税金，不通过"应交税费"账户核算。

三、应交增值税的核算

（一）增值税的概述

增值税是对销售货物、提供应税劳务、服务、销售无形资产或不动产，以及进口货物的单位和个人，就其货物或劳务的增值部分征收的一种税。增值税是一种价外税，属于流转税。

在中华人民共和国境内销售服务、无形资产或者不动产的单位和个人，为增值税纳税人。增值税纳税人按照经营规模和会计核算健全程度，可以分为一般纳税人和小规模纳税人。现行增值税税率为17%、11%、6%以及零税率；增值税征收率一般为3%；购买农产品扣除率为13%。增值税的计税方法，包括一般计税方法和简易计税方法。

增值税的纳税期限分别为1日、3日、5日、10日、15日、1个月或者1个季度。纳税人的具体纳税期限，由主管税务机关根据纳税人应纳税额的大小分别核定。小规模纳税人以1个季度为纳税期限。不能按照固定期限纳税的，可以按次纳税。

纳税人以1个月或者1个季度为1个纳税期的，自期满之日起15日内申报纳税；以1日、3日、5日、10日或者15日为1个纳税期的，自期满之日起5日内预缴税款，于次月1日起15日内申报纳税并结清上月应纳税款。

（二）增值税一般纳税人核算的账户设置

增值税一般纳税人应当在"应交税费"科目下设置"应交增值税""未交增值税""预交增值税""待抵扣进项税额""待认证进项税额""待转销项税额""增值税留抵税额""简易计税""转让金融商品应交增值税""代扣代交增值税"等明细科目进行增值税的核算，如表8-2所示。

表8-2 增值税一般纳税人应交增值税明细账户设置

应交增值税明细账户	账户说明	借方核算内容	贷方核算内容
"应交增值税"	核算一般纳税人应交的增值税。期末借方余额，反映留抵税额	(1) 准予抵扣的进项税额 (2) 当月已交纳的应交增值税额 (3) 准予减免税款 (4) 允许扣减销售额而减少的销项税额 (5) 出口抵减内销产品应纳税额 (6) 月末转出未交增值税额	(1) 应收取的销项税额 (2) 出口货物退回税额 (3) 按规定转出的进项税额 (4) 月末转出多交的增值税额

续表

应交增值税明细账户	账户说明	借方核算内容	贷方核算内容
"未交增值税"	核算一般纳税人月度终了从"应交增值税"或"预交增值税"明细科目转入当月应交未交、多交或预缴的增值税额,以及当月交纳以前期间未交的增值税额。 期末借方余额,反映多交的增值税额;期末贷方余额,反映期末应交的增值税额	(1) 月末,转入当月多交增值税额 (2) 月末,转入预交的增值税额 (3) 当月交纳以前期间未交的增值税额	(1) 月末,转入当月应交未交增值税额
"预交增值税"	核算一般纳税人转让不动产、提供不动产经营租赁服务、提供建筑服务、采用预收款方式销售自行开发的房地产项目等,以及其他按现行增值税制度规定应预交的增值税额。 期末一般无余额,房地产开发等企业可能会出现借方余额,反映预交的增值税	(1) 实际预交的增值税额	(1) 月末,转入"未交增值税"的金额(房地产开发企业需要在纳税义务发生后结转)
"待抵扣进项税额"	实行纳税辅导期管理的一般纳税人取得的尚未交叉稽核比对的增值税扣税凭证上注明或计算的进项税额。 期末借方余额,反映待抵扣的进项税额	(1) 已取得增值税扣税凭证、但尚未经税务机关交叉稽核比对的待抵扣进项税额	(1) 经交叉稽核比对的待抵扣进项税额
"待认证进项税额"	核算一般纳税人由于未经税务机关认证而不得从当期销项税额中抵扣的进项税额。 期末借方余额,反映待认证的进项税额	(1) 已取得增值税扣税凭证、准予抵扣,但尚未经税务机关认证的进项税额 (2) 已申请稽核但尚未取得稽核相符结果的海关缴款书进项税额 (3) 发生进项税额不得抵扣的待认证进项税额	(1) 经认证的待认证进项税额 (2) 抵扣情况发生改变,转出的待认证进项税额
"待转销项税额"	核算一般纳税人销售货物、加工修理修配劳务、服务、无形资产或不动产,已确认相关收入(或利得)但尚未发生增值税纳税义务而需于以后期间确认为销项税额的增值税额。 期末贷方余额,反映待转销项税额	(1) 实际纳税义务发生,转入"销项税额"的金额	(1) 待以后期间确认为销项税额的增值税额
"增值税留抵税额"	核算兼有销售服务、无形资产或者不动产的原增值税一般纳税人,截止到纳入营改增试点之日前的增值税期末留抵税额按照现行增值税制度规定不得从销售服务、无形资产或不动产的销项税额中抵扣的增值税留抵税额。 期末借方余额,反映留抵的增值税额。2016 年 12 月后不存在	(1) 营改增试点当月月初,原增值税一般纳税人按不得从销售服务、无形资产或不动产的销项税额中抵扣的增值税留抵税额	(1) 以后期间允许抵扣的增值税留抵税额

续表

应交增值税明细账户	账户说明	借方核算内容	贷方核算内容
"简易计税"	核算一般纳税人采用简易计税方法发生的增值税计提、扣减、预缴、缴纳等业务。 期末贷方余额，反映简易计税应纳增值税额	(1) 简易计税方法扣减、预交、申报交纳的应纳税金额	(1) 简易计税方法计税业务发生纳税义务，计提的应纳税额
"转让金融商品应交增值税"	核算增值税纳税人转让金融商品发生的增值税额。 期末贷方余额，反映转让金融商品应纳增值税额	(1) 金融商品实际转让月末，产生转让损失的应纳税额 (2) 交纳转让金融商品应交增值税额	(1) 金融商品实际转让月末，产生转让收益的应纳税额 (2) 年末，转出的借方余额
"代扣代交增值税"	核算纳税人购进在境内未设经营机构的境外单位或个人在境内的应税行为代扣代缴的增值税。 期末贷方余额，反映尚未交纳的代扣代交增值税额	(1) 实际缴纳代扣代交的增值税额	(1) 应代扣代交的增值税额

（三）一般纳税人一般计税方法应交增值税的账务处理

一般纳税人适用一般计税方法计税项目，其涉税业务不是直接通过"应交税费——应交增值税"明细科目核算的，而是通过该明细科目下属的若干专栏进行核算的。增值税一般纳税人一般计税方法应在"应交增值税"明细科目设置"进项税额""销项税额抵减""已交税金""转出未交增值税""减免税款""出口抵减内销产品应纳税额""销项税额""出口退税""进项税额转出""转出多交增值税"等专栏。

一般纳税人一般计税方法应交增值税若干专栏的账务处理，如表8-3所示。

表8-3　一般纳税人一般计税方法应交增值税若干专栏的账务处理

专栏项目	专栏说明	一般账务处理举例
进项税额	一般纳税人购进货物、加工修理修配劳务、服务、无形资产或不动产而支付或负担的、准予从当期销项税额中抵扣的增值税额	借：原材料、固定资产、无形资产、管理费用、委托加工物资等 　　应交税费——应交增值税增（进项税额）（专用发票已认证） 　　应交税费——待认证进项税额（专用发票未认证） 贷：银行存款等 借：应交税费——应交增值税增（进项税额） 贷：应交税费——待认证进项税额（认证通过后）
进项税额转出	一般纳税人购进货物、加工修理修配劳务、服务、无形资产或不动产等发生非正常损失以及其他原因而不应从销项税额中抵扣、按规定转出的进项税额	借：待处理财产损溢\应付职工薪酬\固定资产等（抵扣情况发生改变的进项税额） 贷：应交税费——应交增值税（进项税额转出） 借：主营业务成本（出口退税不得免抵退税的金额） 贷：应交税费——应交增值税（进项税额转出）

续表

专栏项目	专栏说明	一般账务处理举例
销项税额	一般纳税人销售货物、加工修理修配劳务、服务、无形资产或不动产应收取的增值税额 一般纳税人采取预收款方式提供租赁服务，按规定计算的销项税额 视同销售业务计算的销项税额	借：应收账款等 　贷：主营业务收入等 　　　应交税费——应交增值税（销项税额） 　　　应交税费——待转销项税额（会计制度确认收入早于增值税口径） 借：应交税费——待转销项税额（增值税纳税义务发生时） 　贷：应交税费——应交增值税（销项税额） 借：银行存款 　贷：合同负债 　　　应交税费——应交增值税（销项税额） 借：银行存款 　　累计摊销 　贷：无形资产 　　　应交税费——应交增值税（销项税额） 　　　资产处置收益 借：银行存款 　贷：固定资产清理 　　　应交税费——应交增值税（销项税额）
销项税额抵减	一般纳税人按照现行增值税制度规定因扣减销售额而减少的销项税额	借：应交税费——应交增值税（销项税额抵减）（取得合规增值税扣税凭证且纳税义务发生时） 　贷：主营业务成本、存货等科目
减免税额	一般纳税人按现行增值税制度规定准予减免的增值税额	借：应交税费——应交增值税（减免税额） 　贷：其他收益
出口抵减内销产品应纳税额	实行"免、抵、退"办法的一般纳税人按规定计算的出口货物的进项税抵减内销产品的应纳税额	借：应交税费——应交增值税（出口抵减内销产品应纳税额） 　贷：应交税费——应交增值税（出口退税）
出口退税	一般纳税人出口货物、加工修理修配劳务、服务、无形资产按规定退回的增值税额	借：应收出口退税款\银行存款 　贷：应交税费——应交增值税（出口退税）
已交税金	一般纳税人当月已交纳的应交增值税额（一般纳税人以1日、3日、5日、10日、15日为1个纳税期的，自期满之日起预缴税款时）	借：应交税费——应交增值税（已交税金） 　贷：银行存款
转出未交增值税	一般纳税人月度终了转出当月应交未交的增值税额	借：应交税费——应交增值税（转出未交增值税） 　贷：应交税费——未交增值税
转出多交增值税	一般纳税人月度终了转出当月多交的增值税额	借：应交税费——未交增值税 　贷：应交税费——应交增值税（转出多交增值税）

（四）一般纳税人一般计税方法增值税交纳的账务处理

一般纳税人增值税的交纳，需要填制中华人民共和国税收缴款书，作为上交税费的依据。

1. 缴纳当月应交增值税的账务处理

借：应交税费——应交增值税（已交税金）

贷：银行存款

2. 缴纳以前期间未交增值税的账务处理

借：应交税费——未交增值税
　　贷：银行存款

3. 预交增值税的账务处理

小企业预交增值税时,账务处理如下：

借：应交税费——预交增值税
　　贷：银行存款

月末,小企业应将"预交增值税"明细科目余额转入"未交增值税"明细科目,账务处理如下：

借：应交税费——未交增值税
　　贷：应交税费——预交增值税

需要说明的是,房地产开发企业等在预缴增值税后,应直至纳税义务发生时方可从"应交税费——预交增值税"科目结转至"应交税费——未交增值税"科目。

4. 月末转出多交增值税和未交增值税的账务处理

月末转出当月应交未交的增值税,账务处理如下：

借：应交税费——应交增值税（转出未交增值税）
　　贷：应交税费——未交增值税

月末转出当月多交的增值税,账务处理如下：

借：应交税费——未交增值税
　　贷：应交税费——应交增值税（转出多交增值税）

5. 减免增值税的账务处理

借：应交税金——应交增值税（减免税款）
　　贷：损益类相关账户

【例8-11】正泰公司纳税期限为1个月,20×1年10月份交纳9月份未交增值税44 200元,月末转出当月未交增值税89 760元；11月10日缴纳10月份未交增值税额。

① 缴纳9月份增值税,根据增值税税收缴款书、转账支票（存根联）,编制会计分录如下：

借：应交税费——未交增值税　　　　　　　　　　　　　　　　44 200
　　贷：银行存款　　　　　　　　　　　　　　　　　　　　　　　　44 200

② 月末转出未交增值税,根据内部转账单,编制会计分录如下：

借：应交税费——应交增值税（转出未交增值税）　　　　　　　89 760
　　贷：应交税费——未交增值税　　　　　　　　　　　　　　　　89 760

③ 11月10日,填制增值税缴款书,缴纳10月份未交增值税额,编制会计分录如下：

借：应交税费——未交增值税　　　　　　　　　　　　　　　　89 760

贷：银行存款　　　　　　　　　　　　　　　　　　　　89 760

（五）小规模纳税人增值税的账务处理

小规模纳税人发生的业务相对一般纳税人而言比较简单，只需在"应交税费"科目下设置"应交增值税""转让金融商品应交增值税""代扣代交增值税"三个二级明细科目。小规模纳税人的增值税业务（含计提、扣减、预缴、缴纳）均通过"应交税费——应交增值税"明细科目核算，不设置专栏，该明细账户的期末余额一般为贷方，反映的是本期应纳税额。因此小规模纳税人不存在期末结转的问题，申报缴纳时，直接借记"应交税费——应交增值税"明细科目即可。

小规模纳税人购买物资、服务、无形资产或不动产，取得增值税专用发票上注明的增值税应计入相关成本费用或资产，不通过"应交税费——应交增值税"科目核算。小规模纳税人销售货物、加工修理修配劳务、服务、无形资产或不动产，应当按应收或已收的金额，借记"应收账款"等科目，按取得的收入金额，贷记"主营业务收入"等科目，贷记"应交税费——应交增值税"科目。小规模纳税人缴纳当月应交的增值税，借记"应交税费——应交增值税"科目，贷记"银行存款"科目。

四、应交消费税的核算

（一）消费税的概念

消费税是国家对某些需要限制和调节的消费品或消费行为征收的一种税，消费税是一种价内税。消费税的纳税人是指在中华人民共和国境内生产、委托加工和进口应税消费品的单位和个人。应税的消费品主要包括：烟、酒及酒精、化妆品、贵重首饰及珠宝玉石、鞭炮和焰火、成品油、汽车轮胎、摩托车、小汽车、高尔夫球及球具、高档手表、游艇、木制一次性筷子、实木地板等。

消费税的征收方法有从价定率、从量定额和复合计税三种方式。

计算公式分别为：

从价定率：

$$应纳消费税额 = 销售额 \times 税率$$

从量定额：

$$应纳消费税额 = 销售数量 \times 单位税额$$

复合计税：

$$应纳消费税额 = 销售额 \times 税率 + 销售数量 \times 单位税额$$

（二）消费税核算的账户设置

小企业设置"应交税费——应交消费税"明细账户核算按规定应交的消费税。该账户基本结构如下：

应交税费——应交消费税	负债类
（1）实际交纳的消费税和待扣的消费税数额	（1）按规定应交纳的消费税数额
余额：小企业多交或待扣的消费税数额	余额：小企业尚未缴纳的消费税数额

（三）应交消费税的账务处理

1. 直接销售应税消费品的账务处理

小企业将生产的产品直接对外销售的，对外销售产品应交纳的消费税，通过"税金及附加"科目核算。小企业按规定计算出应交的消费税，账务处理如下：

借：税金及附加
　　贷：应交税费——应交消费税

【例8-12】20×1年12月11日，正泰公司销售小汽车轮胎一批，不含增值税的价款为500 000元，成本400 000元，适用的增值税率为13%，消费税税率为10%，货税款全部收到，已存入银行。

20×1年12月11日销售小汽车轮胎，根据增值税专用发票（记账联）、银行进账单（收账通知联）、产品出库单、应交消费税计算表，编制会计分录如下：

借：银行存款　　　　　　　　　　　　　　　　565 000
　　贷：主营业务收入　　　　　　　　　　　　500 000
　　　　应交税费——应交增值税（销项税额）　　65 000
借：税金及附加　　　　　　　　　　　　　　　 50 000
　　贷：应交税费——应交消费税　　　　　　　 50 000
借：主营业务成本　　　　　　　　　　　　　　400 000
　　贷：库存商品　　　　　　　　　　　　　　400 000

2. 视同销售应税消费品的账务处理

小企业用应税消费品对外投资，或用于在建工程、非生产机构等其他方面，按规定应交纳的消费税，应计入有关的成本，账务处理如下：

借：长期股权投资/固定资产/在建工程/营业外支出等
　　贷：应交税费——应交消费税

【例8-13】20×1年12月16日，正泰公司将自己生产的一批汽车轮胎用于在建工程，该批轮胎的公允价值为250 000元，成本200 000元，适用的增值税率为13%，消费税税率为10%。

正泰公司20×1年12月16日将汽车轮胎用于在建工程后，根据产品出库单、应交消费税计算表，编制会计分录如下：

借：在建工程　　　　　　　　　　　　　　　　257 500
　　贷：库存商品　　　　　　　　　　　　　　200 000

应交税费——应交增值税(销项税额)		32 500
应交税费——应交消费税		25 000

3. 委托加工应税消费品的账务处理

按照税法规定，小企业委托加工的应税消费品，由受托方在向委托方交货时代收代交税款（除受托加工或翻新改制金银首饰按规定由受托方交纳消费税外）。

$$应交消费税＝(材料成本＋加工费)÷(1－消费税率)$$

具体分以下两种情况。

① 委托加工应税消费品收回后，直接用于销售的，委托方应将代扣代交的消费税计入委托加工的应税消费品成本，账务处理如下：

借：委托加工物资
　　贷：应付账款/银行存款

② 委托加工的应税消费品收回后用于连续生产应税消费品，按规定准予抵扣的，委托方应按代扣代交的消费税款，账务处理如下：

借：应交税费——应交消费税
　　贷：应付账款/银行存款

4. 进口应税消费品的账务处理

$$进口消费品应纳消费税额＝组成计税价格×消费税税率$$

组成计税价格＝关税完税价格＋关税＋消费税＝(关税完税价格＋关税)÷(1－消费税税率)

需要缴纳消费税的进口的消费品，其交纳的消费税应计入该进口消费品的成本，账务处理如下：

借：固定资产/商品采购等
　　贷：应交税费——应交消费税

5. 交纳消费税的账务处理

小企业缴纳消费税时，账务处理如下：

借：应交税费——应交消费税
　　贷：银行存款

【例 8-14】20×1年11月10日，正泰公司缴纳上月应缴纳的消费税17 000元。

20×1年11月10日缴纳消费税，根据税收缴款书、转账支票（存根联），编制会计分录如下：

借：应交税费——应交消费税　　　　　　　　　　　　　17 000
　　贷：银行存款　　　　　　　　　　　　　　　　　　　　　17 000

五、应交城市维护建设税和教育费附加的核算

（一）城市维护建设税和教育费附加的概念

城市维护建设税是我国为了加强城市的维护建设，扩大和稳定城市维护建设资金的来

源，对有经营收入的单位和个人征收的一个税种。

教育费附加是国家为了发展地方性教育事业，扩大地方教育经费的资金来源而征收的一种附加费。

城市维护建设税和教育费附加的纳税人是在征税范围内从事工商经营，缴纳"二税"（即增值税、消费税，下同）的单位和个人。任何单位或个人，只要缴纳"二税"中的一种，就必须同时缴纳城市维护建设税和教育费附加。

城市维护建设税和教育费附加都是以纳税人实际缴纳的增值税、消费税税额为计税依据。

城市维护建设税的税率按纳税人所在地分别规定为：市区7%，县城和镇5%，乡村1%。大中型工矿企业所在地不在城市市区、县城、建制镇的，税率为5%；教育费附加的征收率为3%。计算公式为：

应纳城市维护建设税额＝（应交增值税＋应交消费税）×税率

应交教育费附加额＝（应交增值税＋应交消费税）×税率

（二）城市维护建设税和教育费附加核算的账户设置

小企业设置"应交税费——应交城市维护建设税"账户核算按规定计算出的城市维护建设税。该明细账户基本结构如下：

应交税费——应交城市维护建设税	负债类
（1）已交的城市维护建设税数额	（1）应交的城市维护建设税数额
余额：小企业多交的城市维护建设税	余额：小企业尚未缴纳的城市维护建设税

小企业设置"应交税费——应交教育费附加"账户核算按规定计算出的教育费附加。该账户基本结构如下：

应交税费——应交教育费附加	负债类
（1）已交的教育费附加数额	（1）应交的教育费附加数额
余额：小企业多交的教育费附加	余额：小企业尚未缴纳的教育费附加

（三）城市维护建设税和教育费附加的账务处理

1. 发生城市维护建设税和教育费附加的账务处理

小企业按照规定计算出的城市维护建设税和教育费附加，账务处理如下：

借：税金及附加
　　贷：应交税费——应交城市维护建设税
　　　　应交税费——应交教育费附加

2. 交纳城市维护建设税和教育费附加的账务处理

小企业缴纳城市维护建设税和教育费附加时，账务处理如下：

借：应交税费——应交城市维护建设税
　　　应交税费——应交教育费附加
　　贷：银行存款

【例 8 - 15】承例 8 - 11、例 8 - 14。正泰公司 20×1 年 11 月 10 日缴纳 10 月应交的城市维护建设税和教育费附加，正泰公司的城市维护建设税的税率为 7％，教育费附加费率为 3％。

$$应缴纳的城市维护建设税 = (89\ 760 + 17\ 000) \times 7\% = 7\ 473.2(元)$$
$$应缴纳的教育费附加 = (89\ 760 + 17\ 000) \times 3\% = 3\ 202.8(元)$$

正泰公司根据税收缴款书、转账支票（存根联），编制会计分录如下：

借：应交税费——应交城市维护建设税　　　　　　　7 473.2
　　　应交税费——应交教育费附加　　　　　　　　3 202.8
　　贷：银行存款　　　　　　　　　　　　　　　　　　10 676

项目七　其他应付款的核算

一、其他应付款的概念

其他应付款是指小企业除了应付票据、应付账款、预收账款、应付职工薪酬、应付利息、应付利润、应交税费、长期应付款等以外的其他各项应付、暂收的款项。具体包括以下内容：

① 应付经营租入固定资产和包装物租金；
② 存入保证金（如收入包装物押金等）；
③ 应付、暂收所属单位、个人的款项；
④ 其他应付、暂收款项。

二、其他应付款核算的账户设置

小企业根据 2241 "其他应付款" 科目的规定，设置 "其他应付款" 账户核算小企业除应付票据、应付账款、预收账款、应付职工薪酬、应付股利、应付利息、应交税费、长期应付款等经营活动以外的其他各项应付、暂收的款项。该账户基本结构如下：

其他应付款	负债类
(1) 其他应付款的支付数	(1) 其他应付款的发生数
	余额：小企业应付未付的其他应付款项

明细：按其他应付款的项目和对方单位（或个人）进行明细核算

三、其他应付款的账务处理

小企业发生其他各种应付、暂收款项时,账务处理如下:
借:管理费用等
　　贷:其他应付款
小企业支付的其他各种应付、暂收款项时,账务处理如下:
借:其他应付款
　　贷:银行存款等

【例8-16】20×1年8月5日,正泰公司向科盛公司出租包装物一批,收取押金5 000元。

20×1年8月5日正泰公司收到押金,根据收据、银行进账单(收账通知联),编制会计分录如下:

借:银行存款　　　　　　　　　　　　　　　　　　　　5 000
　　贷:其他应付款——存入保证金(科盛公司)　　　　　　　5 000

如果租入包装物按期如数收回,正泰公司应退还押金5 000元,根据收据、转账支票(存根联),编制会计分录如下:

借:其他应付款——存入保证金(科盛公司)　　　　　　　5 000
　　贷:银行存款　　　　　　　　　　　　　　　　　　　　5 000

《企业会计准则》与《小企业会计准则》差异比较

1. 负债筹资分类不同

《企业会计准则》特别强调了金融负债的分类,包括以公允价值计量且其变动计入当期损益的金融负债和其他金融负债。除商业信用负债外,主要包括短期借款、交易性金融负债、长期借款、应付债券、租赁负债、长期应付款、专项应付款等。

《小企业会计准则》不强调金融负债的概念,采用历史成本计量。小企业的流动负债不包括交易性金融负债、预计负债、递延所得税负债;非流动负债不包括应付债券、租赁负债、专项应付款等。

2. 流动负债的定义不同

《企业会计准则》规定,负债满足下列条件之一的,应当归类为流动负债:
(1) 预计在一个正常营业周期中清偿;
(2) 主要为交易目的而持有;
(3) 自资产负债表日起1年内到期应予以清偿;

(4) 企业无权自主地将清偿推迟至资产负债表日后 1 年以上。

《小企业会计准则》规定，流动负债是指预计在 1 年内或者超过 1 年的一个正常营业周期内清偿的债务。

3. 负债的初始计量不同

《企业会计准则》规定，企业应将承担的金融负债在初始确认时分为两类：以公允价值计量且其变动计入当期损益的金融负债（如交易性金融负债），没有划分为以公允价值计量且其变动计入当期损益的金融负债（如应付账款）。

《小企业会计准则》规定，企业负债均按照其实际发生额入账。

4. 预收账款的核算不同

《企业会计准则》规定，企业在向客户转让商品之前，如果客户已经支付了合同对价或企业已经取得了无条件收取合同对价的权利，则企业应当在客户实际支付款项与到期应支付款项孰早时点，将该已收或应收的款项列示为合同负债。企业设置"合同负债"科目核算企业已收或应收客户对价而应向客户转让商品的义务。如果在一项预收款不构成履约义务时，原则上仍需在"预收账款"科目进行核算。同时，预收账款在通常情况下也不能核算未实际收取的款项，但合同负债可以就有权利收取但尚未收取的预收款提前进行账务处理。

《小企业会计准则》规定，预收账款是买卖双方协议商定，由购货方预先支付一部分货款给供货方而发生的一项负债。该负债以后以货物或劳务偿还。小企业设置"预收账款"科目核算企业按照合同规定预收的款项。预收账款情况不多的，也可以不设置"预收账款"科目，将预收的款项直接计入"应收账款"科目的贷方。

5. 应付职工薪酬核算不同

《企业会计准则》规定，应付职工薪酬按照"短期薪酬""离职后福利""辞退福利""其他长期职工福利"设置明细账户，并按"工资""职工福利费""医疗保险费""生育保险费""工伤保险费""住房公积金""工会经费""职工教育经费""累积带薪缺勤""利润分享计划""非货币性福利""养老保险费""失业保险费"等进行明细核算。其中，设定受益计划下，企业应根据预期累计福利单位法，采用无偏且相互一致的精算假设对有关人口统计变量和财务变量等做出估计，计量设定受益计划所产生的义务，并确定相关义务的归属期间。企业应当按照规定的折现率将设定收益计划所产生的义务予以折现，以确定设定受益计划义务的现值和当期服务成本。

《小企业会计准则》规定，应付职工薪酬按"职工工资""奖金、津贴和补贴""职工福利费""社会保险费""住房公积金""工会经费""职工教育经费""非货币性福利""辞退福利"等进行明细核算。

会计与税收差异比较

1. 关于应付职工薪酬

《小企业会计准则》规定,小企业为获得职工提供的服务或解除劳动关系而给予的各种形式的报酬或补偿属于应付职工薪酬,计入成本费用的部分从利润中扣减。而税法强调实际支付的、合理的工资薪金部分准予从应纳税所得额中扣除,对于税法认定的不合理的职工薪酬,需要进行纳税调整。

《小企业会计准则》规定,企业发生的职工福利费应当在实际发生时根据实际发生额计入当期损益或相关资产成本。税法规定,企业发生的职工福利费支出,不超过工资薪金总额14%的部分,准予扣除。企业实际发生的职工福利费支出,如果超过工资薪金总额的14%,超过部分应当调增应纳税所得额。

《小企业会计准则》规定,企业按规定提取的工会经费和职工教育经费,应当在职工为其提供服务的会计期间,根据规定的计提基础和计提比例计算确定相应的职工薪酬,计入当期损益或相关资产成本。税法规定,企业拨缴的工会经费,凭工会组织开具的《工会经费拨缴款专用收据》,不超过工资薪金总额2%的部分,准予扣除。除另有规定外,企业发生的职工教育经费支出,从2018年起不超过工资薪金总额8%的部分,准予扣除;超过部分,准予在以后纳税年度结转扣除。

2. 增值税税收优惠政策

税法规定,2019年1月1日至2021年12月31日,增值税小规模纳税人合计月销售额未超过10万元(按季纳税,季度销售额未超过30万元)的,免征增值税;合计月销售额超过10万元,但扣除本期发生的销售不动产的销售额后未超过10万元的,其销售货物、劳务、服务、无形资产取得的销售额免征增值税。

3. 增值税加计抵减政策

提供邮政服务、电信服务、现代服务、生活服务取得的销售额占全部销售额的比重超过50%的纳税人,2019年4月1日至2021年12月31日,实行一般计税方法的,按照当期可抵扣进项税额加计10%,用于抵减应纳税额。已计提加计抵减额的进项税额,如果发生了进项税额转出,则纳税人应在进项税额转出当期,相应调减加计抵减额。增值税一般纳税人出口货物劳务、发生跨境应税行为不适用加计抵减政策,其对应的进项税额不能计提加计抵减额。

计算公式如下:

当期计提加计抵减额=当期可抵扣进项税额×10%

当期可抵减加计抵减额=上期末加计抵减额余额+当期计提加计抵减额

—当期调减加计抵减额

加计抵减政策执行到期后，纳税人不再计提加计抵减额，结余的加计抵减额停止抵减。

账务处理如下：

实际缴纳增值税时，按应纳税额借记"应交税费——未交增值税"等科目，按实际纳税金额贷记"银行存款"科目，按加计抵减的金额贷记"其他收益"科目。

4. 增值税期末留抵税额退税制度

自2019年4月1日起，试行增值税期末留抵税额退税制度，与2019年3月底相比新增加的期末留抵税额。对增量部分给予退税。

同时符合以下条件的纳税人，可以向主管税务机关申请退还增量留抵税额：

（1）自2019年4月税款所属期起，连续六个月（按季纳税的，连续两个季度）增量留抵税额均大于零，且第六个月增量留抵税额不低于50万元；

（2）纳税信用等级为A级或者B级；

（3）申请退税前36个月未发生骗取留抵退税、出口退税或虚开增值税专用发票情形的；

（4）申请退税前36个月未因偷税被税务机关处罚两次及以上的；

（5）自2019年4月1日起未享受即征即退、先征后返（退）政策的。

纳税人当期允许退还的增量留抵税额，按照以下公式计算：

$$允许退还的增量留抵税额＝增量留抵税额×进项构成比例×60\%$$

进项构成比例，为2019年4月至申请退税前一税款所属期内已抵扣的增值税专用发票（含税控机动车销售统一发票）、海关进口增值税专用缴款书、解缴税款完税凭证注明的增值税额占同期全部已抵扣进项税额的比重。

纳税人出口货物劳务、发生跨境应税行为，适用免抵退税办法的，办理免抵退税后，仍符合本公告规定条件的，可以申请退还留抵税额；适用免退税办法的，相关进项税额不得用于退还留抵税额。

对实行增值税期末留抵退税的纳税人，允许其从城市维护建设税、教育费附加和地方教育附加的计税（征）依据中扣除退还的增值税税额。

5. 其他税收优惠

税法规定，2019年1月1日至2021年12月31日，对增值税小规模纳税人，按照税额的50%减征资源税、城市维护建设税、房产税、城镇土地使用税、印花税、耕地占用税和教育费附加、地方教育费附加。

按月纳税的月销售额不超过10万元（按季纳税的季度销售额不超过30万元）的缴纳义务人，免征教育费附加、地方教育费附加、水利建设基金。

2020年12月31日前，金融机构与小型、微型企业签订借款合同免征印花税。

第九章 长期负债的核算

项目一 长期借款的核算

一、长期借款的概念与种类

长期借款，是指小企业向银行或其他金融机构借入期限在1年以上（不含1年）的各种借款。

长期借款按不同的标准可分为不同的种类：
① 按取得的途径，可分为从银行取得的长期借款和非银行金融机构取得的长期借款；
② 按归还期限，可分为定期偿还的长期借款和分期偿还的长期借款；
③ 按借款用途，可分为基本建设借款、技术改造借款和生产经营借款；
④ 按借款条件，可分为抵押借款、担保借款和信用借款；
⑤ 按借入的币种，可分为人民币借款和外汇借款。

二、长期借款核算的账户设置

小企业根据2501"长期借款"科目的规定，设置"长期借款"账户核算小企业向银行或其他金融机构借入的期限在1年以上（不含1年）的各项借款本金。该账户基本结构如下：

长期借款	负债类
（1）偿还的长期借款的本金	（1）借入的长期借款的本金
	余额：小企业尚未偿还的长期借款本金

明细：按借款种类、贷款人和币种，分别"本金""应计利息"进行明细核算

三、长期借款的账务处理

小企业借入长期借款的账务处理如下:
借:银行存款
　　贷:长期借款(长期借款本金)

应付利息日,长期借款应当按照借款本金和借款合同利率计提利息费用,计入相关资产成本或财务费用。

小企业计提、支付长期借款利息费用的账务处理如下:
借:在建工程/财务费用/制造费用/研发支出(计提利息费用:借款本金×合同利率)
　　贷:应付利息(分期付息、期末计提:借款本金×合同利率)
　　　/长期借款——应计利息(到期一次还本付息:借款本金×合同利率)
　　　/银行存款(分期付息、期末支付:借款本金×合同利率)

分期付息方式下,付息日支付利息的账务处理如下:
借:应付利息(分期付息:借款本金×合同利率)
　　贷:银行存款

小企业到期偿还长期借款本金和利息的账务处理如下:
借:长期借款——本金
　　　　　　——应计利息
　　贷:银行存款

【例9-1】20×1年1月1日,正泰公司向银行借入2年期长期借款2 000 000元,用于建造厂房,合同约定年利率为6%,每年末付息一次,单利计算,到时一次还清本金。假定该款项于年初全部投入厂房建设。该项厂房于20×1年12月31日达到预定使用状态。

20×1年1月1日取得长期借款时,根据借款合同、借款凭证(收账通知联),编制会计分录如下:

借:银行存款　　　　　　　　　　　　　　　　　2 000 000
　　贷:长期借款——本金　　　　　　　　　　　　　　2 000 000

20×1年1月1日发生工程支出时,根据转账支票(存根联),编制会计分录如下:

借:在建工程——建筑工程　　　　　　　　　　　2 000 000
　　贷:银行存款　　　　　　　　　　　　　　　　　2 000 000

20×1年12月31日计提应付利息时,根据借款利息计算表,编制会计分录如下:

借:在建工程——建筑工程　　　　　　　　　　　120 000
　　贷:应付利息　　　　　　　　　　　　　　　　　120 000

20×1年12月31日支付利息时,根据计收利息清单(付款通知联),编制会计分录如下:

借：应付利息　　　　　　　　　　　　　　　　　　　120 000
　　贷：银行存款　　　　　　　　　　　　　　　　　　　120 000

20×1年12月31日该厂房交付使用时，根据固定资产交接单，编制会计分录如下：

借：固定资产　　　　　　　　　　　　　　　　　　　2 120 000
　　贷：在建工程——建筑工程　　　　　　　　　　　　2 120 000

20×2年12月31日计算应计利息时，根据借款利息计算表，编制会计分录如下：

借：财务费用——利息支出　　　　　　　　　　　　　120 000
　　贷：应付利息　　　　　　　　　　　　　　　　　　　120 000

20×2年12月31日偿还本金和利息时，根据计收利息清单（付款通知联）、转账支票（存根联），编制会计分录如下：

借：长期借款——本金　　　　　　　　　　　　　　　2 000 000
　　应付利息　　　　　　　　　　　　　　　　　　　　120 000
　　贷：银行存款　　　　　　　　　　　　　　　　　　　2 120 000

项目二　长期应付款的核算

一、长期应付款的概念及内容

长期应付款是指小企业除长期借款以外的其他各种长期应付款项，包括：应付融资租入固定资产租赁费、以分期付款方式购入固定资产等发生的应付款项等。

二、长期应付款核算的账户设置

小企业根据2701"长期应付款"科目的规定，设置"长期应付款"账户核算小企业除长期借款以外的其他各种长期应付款项。该账户基本结构如下：

长期应付款	负债类
（1）按期支付的长期应付款的金额	（1）应付长期应付款的金额
	余额：小企业应付未付的长期应付款项

明细：按长期应付款的种类和债权人进行明细核算

三、长期应付款的核算

（一）融资租赁产生的长期应付款的账务处理

租赁，是指在约定的期间内，出租人将资产使用权让与承租人，以获取租金的协议。租赁的主要特征是，在租赁期内转移资产的使用权，而不是转移资产的所有权，这种转移是有偿的，取得使用权以支付租金为代价。租赁分为融资租赁和经营租赁。

(1) 租赁期开始日，融资租入固定资产的账务处理

小企业融资租入固定资产，在租赁期开始日，按照租赁合同约定的付款总额和在签订租赁合同过程中发生的相关税费等，借记"固定资产"或"在建工程"科目，"应交税费——应交增值税（进项税额）"科目，贷记"长期应付款"等科目。

承租人发生的相关税费，是在租赁谈判和签订租赁合同的过程中发生的可直接归属于租赁项目的费用。通常有印花税、佣金、律师费、差旅费、谈判费等。承租人发生的相关税费，应当计入租入资产价值。

租赁期开始日，小企业融资租入固定资产的账务处理如下：

借：在建工程/固定资产——融资租入固定资产（租赁开始日，租赁合同约定的付款总额和在签订租赁合同过程中发生的相关税费等）

　　　应交税费——应交增值税（进项税额）

　贷：长期应付款——应付融资租赁款

　　　银行存款

【例9-2】20×1年12月1日，正泰公司与A公司签订了一份融资租赁合同。合同主要条款如下：

(1) 租赁标的物：盾构机。

(2) 起租日：20×2年1月1日。

(3) 租赁期：20×2年1月1日～20×4年12月31日，共36个月。

(4) 租金支付：自20×2年1月1日每隔6个月于月末支付含税租金150 000元。

(5) 正泰公司在租赁谈判和签订租赁合同过程中发生可归属于租赁项目的手续费、差旅费1 000元。

(6) 期满，向A公司支付购买价款100元，留购资产。

20×2年1月1日，正泰公司根据融资租赁协议、增值税专用发票、固定资产交接单、转账支票（存根联），编制会计分录如下：

借：固定资产——融资租入固定资产　　　　　　　　　　　770 330
　　应交税费——应交增值税（进项税额）　　　　　　　　130 770
　贷：长期应付款——应付融资租赁款　　　　　　　　　　900 100
　　　银行存款　　　　　　　　　　　　　　　　　　　　　1 000

(2) 支付租金、计提折旧的账务处理

小企业每期支付租金，账务处理如下：

借：长期应付款——应付融资租赁款（每期合同约定应支付的金额）
　贷：银行存款

期末支付租金，正泰公司根据转账支票（存根联），编制会计分录如下：

借：长期应付款——应付融资租赁款　　　　　　　　　　　150 000
　　　　贷：银行存款　　　　　　　　　　　　　　　　　　　　　150 000

对于融资租入资产，计提租赁资产折旧时，承租人应采用与自有应折旧资产相一致的折旧政策。

正泰公司融资租入固定资产折旧的处理如下：

固定资产原值＝770 330元，折旧年份3年。

20×2年12月31日，计提本年折旧，根据融资租入固定资产折旧计算表，编制会计分录如下：

　　借：制造费用——折旧费　　　　　　　　　　　　　　　　256 777
　　　　贷：累计折旧　　　　　　　　　　　　　　　　　　　　　256 777

以后各年折旧分录同上。

（3）租赁期届满时的账务处理

租赁期届满时，承租人对租赁资产的处理通常有三种情况：返还租赁资产、优惠续租租赁资产、留购租赁资产。

在承租人享有优惠购买选择权的情况下，支付购买价款时，账务处理如下：

　　借：长期应付款——应付融资租赁款（留购价款）
　　　　贷：银行存款

同时，

　　借：固定资产——生产经营用固定资产
　　　　贷：固定资产——融资租入固定资产

假设20×4年12月31日，正泰公司向A公司支付购买价款100元。

正泰公司支付款项时，根据转账支票（存根联）、固定资产内部调拨单，编制会计分录如下：

　　借：长期应付款——应付融资租赁款　　　　　　　　　　　　100
　　　　贷：银行存款　　　　　　　　　　　　　　　　　　　　　　100
　　借：固定资产——盾构机　　　　　　　　　　　　　　　　770 330
　　　　贷：固定资产——融资租入固定资产　　　　　　　　　　770 330

（二）分期付款购买固定资产的账务处理

小企业分期付款购入固定资产的账务处理：

　　借：固定资产/在建工程（实际支付的购买价款和相关税费）
　　　　应交税费——应交增值税（进项税额）
　　　　贷：长期应付款——应付购入资产分期应付款（应支付的金额）

小企业分期付款的账务处理：

　　借：长期应付款——应付购入资产分期应付款（分期付款额）
　　　　贷：银行存款

【例 9 - 3】 20×1 年 1 月 1 日，正泰公司从乙公司购入一台需要安装的大型机器设备作为固定资产使用。购货合同约定，正泰公司采用分期付款方式支付价款。该大型设备的价税款为 100 万元，分 4 年支付。设备如期运抵正泰公司并投入使用。

20×1 年 1 月 1 日，正泰公司购入固定资产，根据延期付款购买固定资产协议、延期付款购买固定资产确认单、验收单，编制会计分录如下：

借：固定资产　　　　　　　　　　　　　　　　　　　　　854 700
　　应交税费——应交增值税（进项税额）　　　　　　　　145 300
　　贷：长期应付款——应付购入资产分期应付款　　　　1 000 000

20×1 年 12 月 31 日，电汇本期款项，根据电汇业务委托书（回执联），编制会计分录如下：

借：长期应付款——应付购入资产分期应付款　　　　　　250 000
　　贷：银行存款　　　　　　　　　　　　　　　　　　　250 000

20×2 年 12 月 31 日、20×3 年 12 月 31 日、20×4 年 12 月 31 日还款会计分录类同上。企业分期付款购买无形资产的核算类同上。

《企业会计准则》与《小企业会计准则》差异比较

1. 长期借款核算不同

《企业会计准则》规定，长期借款持有期间按实际利率计息并按摊余成本进行后续计量。"长期借款"科目下设"本金""利息调整""应计利息"明细科目。

《小企业会计准则》规定，长期借款持有期间按本金和合同利率计算确定长期借款的利息。"长期借款"科目下设"本金""应计利息"明细科目。

2. 租赁负债核算不同

《企业会计准则》规定，在租赁期开始日，承租人应当对租赁确认使用权资产和租赁负债，进行简化处理的短期租赁和低价值资产租赁除外。租赁负债应当按照租赁期开始日尚未支付的租赁付款额的现值进行初始计量。承租人应当按照固定的周期性利率（折现率）计算租赁负债在租赁期内各期间的利息费用，并计入当期损益。

《小企业会计准则》规定，租赁合同约定的付款总额在"长期应付款"科目核算。

3. 购入资产分期应付款的核算不同

《企业会计准则》规定，按应支付的分期付款购买资产的金额记入"长期应付款"科目，应支付的分期付款额与其现值的差额作为"未确认融资费用"科目，在信用期内采用实际利率法摊销。

《小企业会计准则》规定，应付购入资产分期应付款的付款额在"长期应付款"科目核算。

第十章 所有者权益的核算

项目一 实收资本的核算

所有者权益,是指小企业资产扣除负债后由所有者享有的剩余权益。它是企业资产中扣除债权人权益后应由所有者享有的部分,既可反映所有者投入资本的保值增值情况,又体现了保护债权人权益的理念。小企业的所有者权益包括:实收资本(或股本,下同)、资本公积、盈余公积和未分配利润。

所有者权益和负债在性质上的区别如下:

① 负债是债权人对企业全部资产的索偿权,而所有者权益则是企业所有者对企业净资产的索偿权;

② 债权人与企业只有债权债务关系,无参与企业管理的权利,而企业所有者则有法定的管理企业和委托他人管理企业的权利;

③ 负债必须按期偿还,而所有者权益则随企业共存,在经营期间无须偿还。

所有者权益的确认、计量主要取决于资产、负债、收入、费用等其他会计要素的确认和计量。小企业在会计确认、计量和报告中应当严格区分负债和所有者权益,以如实反映企业的财务状况。

一、实收资本的概念

实收资本,是指投资者按照合同协议约定或相关规定投入到小企业、构成小企业注册资本的部分。所有者向小企业投入的资本,是企业进行经营活动的初始资金来源,在一般情况下无须偿还,可以长期周转使用。

投入资本按所有者性质的不同,分为国家投入资本、法人投入资本、个人投入资本、外方投入资本。按照投入资产的形式不同,分为货币投资、实物投资、无形资产投资等。

由于企业组织形式不同,对所有者投入资金的会计核算方法也有所不同。除股份有限公司对股东投入资金应设置"股本"科目外,其他小企业均设置"实收资本"科目,核算企业实际收到投资人投入的资本。

二、实收资本（股本）核算的账户设置

小企业根据3001"实收资本"科目的规定，设置"实收资本"账户核算小企业收到投资者按照合同协议约定或相关规定投入的、构成注册资本的部分。

小企业（股份有限公司）应当将本账户的名称改为"3001 股本"账户。

小企业收到投资者出资超过其在注册资本中所占份额的部分，作为资本溢价，在"资本公积"账户核算，不在本账户核算。该账户基本结构如下：

实收资本	所有者权益类
（1）按法定程序报经批准减少注册资本	（1）接受投资者投入的资本，按其在注册资本中所占的份额增加资本 （2）用资本公积和盈余公积转增资本
	余额：小企业实收资本总额

明细：按投资者进行明细核算。小企业（中外合作经营）在合作期间归还投资者的投资，应在本账户下设置"已归还投资"明细账户进行核算。

三、实收资本的账务处理

（一）投入资本的计价

投资人可以用现金投资，也可以用现金以外的其他有形资产投资；符合国家规定比例的，可以用无形资产投资。

1. 以现金出资方式的计价

现金出资方式包括投入的人民币和各种外币。投入的人民币不存在计价问题。投入的外币就需采用交易日的即期汇率折算为记账本位币。

全体股东的货币出资额不得低于有限责任公司注册资本的30%。

2. 以非现金资产出资方式的计价

实物出资方式是指以建筑物、厂房、机器设备、材料及其他物资等，折算成金额后作为出资额的出资方式。

小企业接受非现金资产投资时，应按投资合同或协议约定价值确定非现金资产价值。按规定，对无形资产（不包括土地使用权）进行投资，其价值一般不得超过企业注册资本的20%。

（二）取得实收资本的账务处理

小企业收到投资者以现金或非货币性资产投入的资本，应当按照其在本企业注册资本中

所占的份额计入实收资本,超出的部分,应当计入资本公积。投资者根据有关规定对小企业进行增资或减资,小企业应当增加或减少实收资本。

小企业收到投资者出资,账务处理如下:

借:银行存款/原材料/固定资产/无形资产/长期股权投资等(实际收到投资者投入的现金或按投资合同或协议约定的价值)

　　应交税费——应交增值税(进项税额)(已认证的可抵扣的增值税额)

　贷:实收资本(在注册资本中所占的份额)/股本(股票面值)

　　　资本公积(差额)

【例10-1】假设20×1年1月1日,正泰公司由A公司、B公司、C公司三位股东各投资100万元人民币设立,设立时的实收资本为300万元。

20×1年1月1日,接受投资时,根据投资协议书、银行进账单(收账通知联),编制会计分录如下:

借:银行存款　　　　　　　　　　　　　　　　　3 000 000
　贷:实收资本——A公司　　　　　　　　　　　　1 000 000
　　　实收资本——B公司　　　　　　　　　　　　1 000 000
　　　实收资本——C公司　　　　　　　　　　　　1 000 000

【例10-2】承例10-1。经过三年的经营,正泰公司留存收益为150万元,这时又有D投资者愿意加入该公司,并表示愿出资150万元,享有25%的股份,增资后,正泰公司的注册资本为400万元。

20×4年1月1日正泰公司收到D公司的投资时,根据投资协议书、银行进账单(收账通知联),编制会计分录如下:

借:银行存款　　　　　　　　　　　　　　　　　1 500 000
　贷:实收资本——D公司　　　　　　　　　　　　1 000 000
　　　资本公积　　　　　　　　　　　　　　　　　 500 000

实收资本(或:股本)增加途径下的账务处理,如表10-1所示。

表10-1　实收资本增加的账务处理

实收资本增加的途径	账务处理
资本公积转增资本	借:资本公积 　贷:实收资本(或:股本)
盈余公积转增资本	借:盈余公积 　贷:实收资本(或:股本)
接受投资者追加投资	借:银行存款/原材料/固定资产/无形资产/长期股权投资等 　　应交税费——应交增值税(进项税额) 　贷:实收资本(或:股本)(在注册资本中所占份额或股票面值) 　　　资本公积(差额)

(三) 减少实收资本的账务处理

小企业实收资本减少的情况主要有资本过剩，发生重大亏损无力弥补而需要减少实收资本等。

一般小企业按法定程序报经批准减少注册资本的账务处理如下：

借：实收资本（减资的数额）
　　贷：库存现金/银行存款

【例 10-3】承例 10-1、例 10-2。又经过三年的经营，正泰公司转变发展方向，为了缩小生产经营规模，决议按规定减资 100 000 元。

正泰公司根据减资协议书、银行付款凭证，编制会计分录如下：

借：实收资本——A 公司　　　　　　　　　　　　　　　25 000
　　　　　　　——B 公司　　　　　　　　　　　　　　　25 000
　　　　　　　——C 公司　　　　　　　　　　　　　　　25 000
　　　　　　　——D 公司　　　　　　　　　　　　　　　25 000
　　贷：银行存款　　　　　　　　　　　　　　　　　　100 000

项目二　资本公积的核算

一、资本公积的概念

资本公积，是指小企业收到的投资者出资超出其在注册资本中所占份额的部分。资本公积由全体股东享有，资本公积在转增资本时，按各个股东在实收资本中所占的投资比例计算的金额，分别转增各个股东的投资金额。资本公积与盈余公积不同，盈余公积是从净利润中取得的，而资本公积的形成与企业的净利润无关。

二、资本公积核算的账户设置

小企业根据 3002 "资本公积"科目的规定，设置"资本公积"账户核算小企业收到投资者出资超出其在注册资本中所占份额的部分。该账户基本结构如下：

资本公积	所有者权益类
(1) 资本公积转增资本 (2) 其他情况下减少的资本公积	(1) 形成的资本公积
	余额：小企业资本公积总额

三、资本公积的账务处理

1. 资本公积来源的账务处理

资本公积主要来源于资本溢价,即指投资者缴付企业的出资额大于该所有者在企业注册资本中所占有份额的数额。在小企业创立时,投资者认缴的出资额往往与注册资本一致,不会产生资本公积。但在有新的投资者加入时,为了维护原投资者的权益,会出现出资额超出其在注册资本中所占的份额的现象。

小企业收到投资者投入的资金等财产物资,账务处理如下:

借:银行存款/固定资产等(收到的金额或合同、协议约定的价值)
　　应交税费——应交增值税(进项税额)(已认证的可抵扣的增值税额)
　贷:实收资本(注册资本中所占的份额)
　　　资本公积(出资额超出其在注册资本中所占的份额的差额)

2. 资本公积转增资本的账务处理

小企业用资本公积转增资本,应当冲减资本公积。小企业按法定程序并按规定将资本公积中的有关内容转增资本属于所有者权益内部结构的变化,并未改变所有者权益总额,一般也不会改变每位投资者在所有者权益总额中所占的份额。应该注意的是,资本公积只能用于转增资本,不得用于弥补亏损。

小企业用资本公积转增资本,账务处理如下:

借:资本公积
　贷:实收资本

【例10-4】20×4年1月1日,正泰公司将资本公积400 000元转增资本。

正泰公司按法定程序办完增资手续后,根据资本公积转增资本的决议、验资报告,编制会计分录如下:

借:资本公积　　　　　　　　　　　　　　　　　　400 000
　贷:实收资本——A公司　　　　　　　　　　　　　100 000
　　　实收资本——B公司　　　　　　　　　　　　　100 000
　　　实收资本——C公司　　　　　　　　　　　　　100 000
　　　实收资本——D公司　　　　　　　　　　　　　100 000

项目三　留存收益的核算

留存收益是指从历年实现的净利润中提取或形成的留存于企业的内部积累。留存收益是企业积累税后利润形成的,目的是保证企业实现的净利润有一部分留存在企业,不全部分配给投资者。留存收益包括盈余公积和未分配利润。

一、盈余公积的核算

（一）盈余公积的概念和内容

盈余公积，是指小企业（公司制）按照公司法规定在税后利润中提取的法定盈余公积金和任意盈余公积金。提取盈余公积的目的，是为了增强小企业自我发展和承受风险的能力，同时，是向投资者分配利润或分派股利的一种限制。

盈余公积按其用途不同，又可分为法定盈余公积和任意盈余公积两类。

（1）法定盈余公积

小企业（公司制）可按照税后利润的10%提取，非公司制企业可按照超过10%比例提取。法定盈余公积累计额已达到注册资本的50%可不再提取。法定，意味着提取时由国家法规强制规定，即它提取具有强制性。硬性规定小企业必须提取法定盈余公积，目的是确保企业不断积累资本，固本培元，自我壮大实力。

（2）任意盈余公积

任意盈余公积主要是小企业（公司制）按照股东大会的决议提取。非公司制企业也可以提取。提取比例由企业自定。

我国公司法规定，任意盈余公积的用途与法定盈余公积的用途相同。法定盈余公积和任意盈余公积的区别就在于其各自计提的依据不同。法定盈余公积是以法律或行政规章为依据提取，任意盈余公积由企业自行决定提取。

（二）盈余公积核算的账户设置

小企业根据3101"盈余公积"科目的规定，设置"盈余公积"账户核算小企业（公司制）按照公司法规定在税后利润中提取的法定盈余公积金和任意盈余公积金。

小企业（外商投资）按照法律规定在税后利润中提取储备基金和企业发展基金也在本账户核算。该账户基本结构如下：

盈余公积	所有者权益类
（1）用盈余公积弥补亏损 （2）用盈余公积转增资本	（1）按规定提取的盈余公积 （2）外商投资企业按规定提取的储备基金、企业发展基金 （3）中外合作经营根据合同规定在合作期间实际归还投资者的投资金额
	余额：小企业的盈余公积总额

明细：分别"法定盈余公积""任意盈余公积"进行明细核算。小企业（外商投资）还应当分别"储备基金""企业发展基金"进行明细核算。小企业（中外合作经营）根据合同规定在合作期间归还投资者的投资，应设置"利润归还投资"明细科目进行核算。

（三）盈余公积的账务处理

1. 盈余公积提取的账务处理

小企业（公司制）按规定提取盈余公积时，账务处理如下：

借：利润分配——提取法定盈余公积
　　　利润分配——提取任意盈余公积
　　贷：盈余公积——法定盈余公积（本年净利润×提取比例）
　　　　盈余公积——任意盈余公积（本年净利润×提取比例）

小企业（外商投资）按规定提取储备基金、企业发展基金、职工奖励及福利基金时，账务处理如下：

借：利润分配——提取储备基金
　　　利润分配——提取企业发展基金
　　　利润分配——提取职工奖励及福利基金
　　贷：盈余公积——储备基金（本年净利润×提取比例）
　　　　盈余公积——企业发展基金（本年净利润×提取比例）
　　　　应付职工薪酬（本年净利润×提取比例）

【例10-5】20×1年，正泰公司实现的净利润为820 000元。该公司按10%的比例计提法定盈余公积，按5%的比例计提任意盈余公积。

根据上述资料计算如下：

$$应提取的法定盈余公积 = 820\ 000 \times 10\% = 82\ 000(元)$$

$$应提取的任意盈余公积 = 820\ 000 \times 5\% = 41\ 000(元)$$

进行利润分配时，根据提取盈余公积决议、盈余公积计提计算表，编制会计分录如下：

借：利润分配——提取法定盈余公积　　　　　　　　　　　82 000
　　　　　　——提取任意盈余公积　　　　　　　　　　　41 000
　　贷：盈余公积——法定盈余公积　　　　　　　　　　　82 000
　　　　　　　　——任意盈余公积　　　　　　　　　　　41 000

2. 盈余公积使用的账务处理

小企业用盈余公积弥补亏损或者转增资本。小企业的盈余公积还可以用于扩大生产经营。

小企业提取的盈余公积，无论是用于弥补亏损，还是用于转增资本，只不过是在企业所有者权益内部结构的转换，并不引起所有者权益总额的变动。

（1）盈余公积弥补亏损的账务处理

小企业发生亏损时，应由企业自行弥补。小企业可用以后年度税前利润弥补，但弥补期限不得超过5年，超过了税收规定的税前弥补期限而未弥补的，应以以后年度税后利润弥补或用盈余公积弥补。

小企业用盈余公积弥补亏损时，账务处理如下：

借：盈余公积（弥补亏损的数额）
　　　　贷：利润分配——盈余公积补亏

【例 10-6】20×3 年 12 月 31 日，正泰公司用任意盈余公积 600 000 元弥补以前年度亏损。

20×3 年 12 月 31 日，决定用盈余公积弥补亏损后，根据关于用盈余公积弥补亏损的决议，编制会计分录如下：

　　借：盈余公积——任意盈余公积　　　　　　　　　　　　600 000
　　　　贷：利润分配——盈余公积补亏　　　　　　　　　　　　　600 000

（2）盈余公积转增资本的账务处理

小企业可以将法定盈余公积和任意盈余公积转为资本，在转为资本时，应办理增减手续，应按原股东原有比例结转。法定和任意盈余公积转增资本后留存的法定和任意盈余公积不得少于注册资本的 25%。

小企业用盈余公积转增资本时，账务处理如下：

　　借：盈余公积（转增资本的数额）
　　　　贷：实收资本/股本

【例 10-7】20×4 年 12 月 31 日，正泰公司经股东大会同意，将盈余公积 1 000 000 元转增资本。

20×4 年 12 月 31 日决定用盈余公积转增资本时，根据关于用盈余公积转增资本的决议、验资报告，编制会计分录如下：

　　借：盈余公积——法定盈余公积　　　　　　　　　　　　1 000 000
　　　　贷：股本　　　　　　　　　　　　　　　　　　　　　　1 000 000

（3）归还投资者的投资的账务处理

小企业（中外合作经营）根据合同规定在合作期间归还投资者的投资的账务处理如下：

　　借：实收资本——已归还投资（实际归还投资的金额）
　　　　贷：银行存款等科目

同时，

　　借：利润分配——利润归还投资
　　　　贷：盈余公积——利润归还投资

二、未分配利润的核算

未分配利润，是指小企业实现的净利润，经过弥补亏损、提取法定公积金和任意公积金、向投资者分配利润后，留存在本企业的、历年结存的利润。

未分配利润是企业留待以后年度进行分配的结存利润，它是所有者权益的组成部分，它来源于企业的生产经营活动所实现的利润。

小企业对于未分配利润的使用分配有较大的自主权。未分配利润是期初未分配利润，加上本期实现的净利润，减去提取的各种盈余公积和分给投资者利润后的余额。未分配利润有两层含义：一是留待以后年度处理的利润，二是未指定特定用途的利润。相对于所有者权益的其他部分来说，企业对未分配利润的使用有较大的自主权。

为了反映小企业历年积累的未分配利润情况，在"利润分配"科目下，专设"未分配利润"明细科目进行核算。具体内容见"利润分配核算"的有关规定。

《企业会计准则》与《小企业会计准则》差异比较

1. 所有者权益包括的内容不同

《企业会计准则》规定，所有者权益的来源包括所有者投入的资本、直接计入所有者权益的利得和损失、留存收益、专项储备等，通常由实收资本（或股本）、其他权益工具、资本公积（含资本溢价或股本溢价、其他资本公积）、其他综合收益、专项储备、盈余公积和未分配利润构成。

《小企业会计准则》规定，小企业的所有者权益包括实收资本（或股本，下同）、资本公积、盈余公积和未分配利润。

2. 接受非货币性资产投资时的计量不同

《企业会计准则》规定，企业接受投资者投入的非货币性资产的入账价值，应当按照投合同或协议约定的价值确定，但合同或协议约定价值不公允的除外。

《小企业会计准则》规定，企业接受投资者投入的非货币性资产的入账价值，应当按照投合同或协议约定的价值确定。

3. 资本公积会计处理不同

《企业会计准则》规定资本公积的核算范围包括资本溢价、直接计入所有者权益但不计入其他综合收益的利得和损失等。在"资本公积"科目下设"资本（或股本）溢价""其他资本公积"明细科目。

《小企业会计准则》规定资本公积的核算范围仅为资本溢价，可以在"资本公积"科目下只设"资本溢价（或股本溢价）"明细科目。

第十一章 收入的核算

项目一 商品销售收入的核算

收入,是指小企业在日常生产经营活动中形成的、会导致所有者权益增加、与所有者投入资本无关的经济利益的总流入。

其中,日常生产经营活动,是指小企业为完成其经营目标而从事的所有活动及与之相关的其他活动。例如,制造业的供、产、销活动,服务行业提供的劳务活动等。

收入主要包括小企业为完成其经营目标所从事的经常性活动,以及与经常性活动相关的其他活动所形成的经济利益的总流入。小企业非日常活动所形成的经济利益的流入不能确认为收入,而应当计入利得。收入可能表现为企业资产的增加,也可能表现为企业负债的减少,或者二者兼而有之,最终会导致所有者权益的增加,也正是因为如此,收入区别于负债。此外,所有者投入资本的增加不应当确认为收入,应当将其直接确认为所有者权益。

收入一般按企业日常活动的性质可分为销售商品收入、提供劳务收入;收入按企业经营业务的主次划分为主营业务收入、其他业务收入。

一、销售商品收入的范围

商品包括小企业为销售而生产的产品和为转售而购进的商品,如工业企业生产的产品、商业企业购进的商品等。小企业销售的其他存货,如原材料、包装物等,也视同企业的商品。

销售商品收入,是指小企业销售商品(或产成品、材料,下同)取得的收入。商品销售仅包括以取得货币资产方式进行的销售商品,以及正常情况下的以商品抵偿债务的商品销售,不包括非货币性资产交换、期货、债务重组中的销售商品交易。

二、商品销售收入的确认时点

通常,小企业应当在发出商品且收到货款或取得收款权利时,确认销售商品收入。

① 销售商品采用托收承付方式的，在办妥托收手续时确认收入。
② 销售商品采取预收款方式的，在发出商品时确认收入。
③ 销售商品采用分期收款方式的，在合同约定的收款日期确认收入。
④ 销售商品需要安装和检验的，在购买方接受商品以及安装和检验完毕时确认收入。安装程序比较简单的，可在发出商品时确认收入。
⑤ 销售商品采用支付手续费方式委托代销的，在收到代销清单时确认收入。
⑥ 销售商品以旧换新的，销售的商品作为商品销售处理，回收的商品作为购进商品处理。
⑦ 采取产品分成方式取得的收入，在分得产品之日按照产品的市场价格或评估价值确定销售商品收入金额。

三、商品销售收入的计量

小企业应当按照从购买方已收或应收的合同或协议价款，确定销售商品收入金额。

销售商品涉及商业折扣的，应当按照扣除商业折扣后的金额确定销售商品收入金额。

销售商品涉及现金折扣的，应当按照扣除现金折扣前的金额确定销售商品收入金额。现金折扣应当在实际发生时，计入当期损益。

四、主营业务销售核算的账户设置

主营业务是指小企业日常经营活动的主要活动，可以根据小企业营业执照上注明的主要业务范围来定。例如，工业性企业的主营业务收入主要包括销售商品、自制半成品、代制品、代修品、提供工业性作业等所取得的收入。

1. "主营业务收入"账户

小企业根据5001"主营业务收入"科目的规定，设置"主营业务收入"账户核算小企业确认的销售商品、提供劳务等主营业务的收入。该账户基本结构如下：

主营业务收入	损益类
（1）发生的销售退回或销售折让，应冲减的主营业务收入	（1）销售商品或提供劳务确认的主营业务收入

月末，应将本科目的余额转入"本年利润"科目，结转后本科目应无余额
明细：按主营业务的种类进行明细核算

2. "主营业务成本"账户

小企业根据5401"主营业务成本"科目的规定，设置"主营业务成本"账户核算小企业确认销售商品或提供劳务等主营业务收入应结转的成本。该账户基本结构如下：

主营业务成本	损益类
（1）根据本月销售各种商品、提供各种劳务等实际成本，计算应结转的主营业务成本	（1）发生的已结转销售成本的销售退回冲减的主营业务成本

月末，应将本科目的余额转入"本年利润"科目，结转后本科目应无余额
明细：按主营业务的种类进行明细核算

3. "税金及附加"账户

小企业根据5403"税金及附加"科目的规定，设置"税金及附加"账户核算小企业开展生产经营活动应负担的消费税、城市维护建设税、资源税、土地增值税、城镇土地使用税、房产税、车船税、印花税和教育费附加、矿产资源补偿费、排污费等相关税费。与最终确认营业外收入或营业外支出相关的税费，在"固定资产清理""无形资产"等账户核算，不在本账户核算。该账户基本结构如下：

税金及附加	损益类
（1）按规定计算确定的与日常生产经营活动相关的税费	

月末，应将本科目的余额转入"本年利润"科目，结转后本科目应无余额
明细：按照税费种类进行明细核算

五、主营业务下一般销售商品的核算

（一）无折扣、折让等销售商品的账务处理

1. 一般纳税人确认销售商品收入的账务处理

借：银行存款/应收账款/应收票据/预收账款等
  贷：主营业务收入（确认的销售商品收入）
    应交税费——应交增值税（销项税额）（增值税专用发票注明的应收取的增值税额）
    应交税费——待转销项税额（会计确认收入或利得的时点早于增值税纳税义务而需于以后期间确认为销项税额的增值税额）
    银行存款（代购货单位垫付的运杂费等）

待实际发生增值税纳税义务时，结转待转销项税额的账务处理如下：

借：应交税费——待转销项税额
  贷：应交税费——应交增值税（销项税额）

2. 计算确定税金及附加的账务处理

借：税金及附加

贷：应交税费——应交消费税/资源税/城市维护建设税/教育费附加/房产税/车船使用税/土地使用税/印花税等（计算确定的税费金额）

3. 同时或在资产负债表日结转销售成本的账务处理

小企业销售商品收入已予确认的，应当将已销售商品的成本作为营业成本结转至当期损益。

　　借：主营业务成本（结转的已确认销售的主营业务成本）
　　　　贷：库存商品

小企业应在确认收入的同时或同一会计期间结转相关的成本。通常，小企业应在月份终了汇总结转已销商品实际成本。结转成本时应注意两个问题：第一，在收入确认的同一会计期同，相关的成本必须结转；第二，如一项交易的收入尚未确认，即使商品已经发出，相关的成本也不能结转。产品出库时，应填制"产品出库单（记账联）"。

商品采用实际成本计价的，应采用先进先出法、加权平均法、个别计价法等方法计算确定应结转的已销商品实际成本。

【例 11-1】 20×1 年 3 月 12 日，正泰公司销售一批商品给科盛公司，开出的增值税专用发票上注明的销售金额为 100 000 元，增值税额为 13 000 元，商品品种和质量按照合同约定的标准提供，商品已经发出，并办妥托收手续。该批商品的实际成本为 60 000 元。

① 20×1 年 3 月 12 日，正泰公司确认商品销售收入时，根据增值税专用发票（记账联）、托收承付凭证（回单联），编制会计分录如下：

　　借：应收账款——科盛公司　　　　　　　　　　　　113 000
　　　　贷：主营业务收入　　　　　　　　　　　　　　　　100 000
　　　　　　应交税费——应交增值税（销项税额）　　　　13 000

② 正泰公司结转商品销售成本时，根据库存商品出库单（记账联）、主营业务成本计算表，编制会计分录如下：

　　借：主营业务成本　　　　　　　　　　　　　　　　60 000
　　　　贷：库存商品　　　　　　　　　　　　　　　　　　60 000

③ 20×1 年 3 月 26 日，正泰公司收到电汇款项时，根据资金划拨补充凭证（回单联），编制会计分录如下：

　　借：银行存款　　　　　　　　　　　　　　　　　　113 000
　　　　贷：应收账款——科盛公司　　　　　　　　　　　113 000

（二）销售商品涉及商业折扣、现金折扣、销售折让的账务处理

小企业销售商品有时也会遇到现金折扣、商业折扣、销售折让等问题，应当分别不同情况进行处理。

1. 商业折扣的账务处理

商业折扣，是指小企业为促进商品销售而在商品标价上给予的价格扣除。小企业销售商品涉及商业折扣的，应当按照扣除商业折扣后的金额确定销售商品收入金额。

2. 现金折扣的账务处理

现金折扣，是指债权人为鼓励债务人在规定的期限内付款而向债务人提供的债务扣除。小企业销售商品涉及现金折扣的，应当按照扣除现金折扣前的金额确定销售商品收入金额。现金折扣在实际发生时借记"财务费用"科目。

【例 11 - 2】承例 11 - 1。假设正泰公司为及早收回货款，采用现金折扣方式。正泰公司与科盛公司约定的现金折扣条件为：2/10，1/20，n/30。假定双方采用电汇结算方式，计算现金折扣时不考虑增值税额。

① 20×1 年 3 月 12 日，正泰公司按销售总价确认商品销售收入时，根据增值税专用发票（记账联）、商业信用凭证，编制会计分录如下：

借：应收账款——科盛公司　　　　　　　　　　　　　113 000
　　贷：主营业务收入　　　　　　　　　　　　　　　　100 000
　　　　应交税费——应交增值税（销项税额）　　　　　 13 000

正泰公司结转商品销售成本时，根据库存商品出库单（记账联）、主营业务成本计算表，编制会计分录如下：

借：主营业务成本　　　　　　　　　　　　　　　　　 60 000
　　贷：库存商品　　　　　　　　　　　　　　　　　　 60 000

② 如果科盛公司在 3 月 20 日付清货款，则按销售总价 100 000 元的 2% 享受现金折扣 2 000 元（100 000×2%），实际付款 111 000 元（113 000－2 000）。正泰公司收到款项时，根据资金划拨补充凭证（回单联）、折扣发票，编制会计分录如下：

借：银行存款　　　　　　　　　　　　　　　　　　　111 000
　　财务费用——现金折扣　　　　　　　　　　　　　　2 000
　　贷：应收账款——科盛公司　　　　　　　　　　　 113 000

③ 如果科盛公司在 3 月 29 日付清货款，则按销售总价 100 000 元的 1% 享受现金折扣 1 000 元（100 000×1%），实际付款 112 000 元（113 000－1 000）。正泰公司收到电汇款项时，根据资金划拨补充凭证（回单联）、折扣发票，编制会计分录如下：

借：银行存款　　　　　　　　　　　　　　　　　　　112 000
　　财务费用——现金折扣　　　　　　　　　　　　　　1 000
　　贷：应收账款——科盛公司　　　　　　　　　　　 113 000

④ 如果科盛公司在 4 月 11 日才付清货款，则按全额付款。正泰公司收到电汇款项时，根据资金划拨补充凭证（回单联），编制会计分录如下：

借：银行存款　　　　　　　　　　　　　　　　　　　113 000
　　贷：应收账款——科盛公司　　　　　　　　　　　 113 000

3. 销售折让的账务处理

销售折让，是指小企业因售出商品的质量不合格等原因而在售价上给予的减让。

对于销售折让，小企业应分别不同情况进行处理：

① 发生在收入确认之前的销售折让,应按扣除折让后的实际价款确认当期销售商品收入;

② 已确认收入的售出商品发生销售折让的,应当在发生时冲减当期销售商品收入;

③ 发生销售折让时,如按规定允许扣减当期销项税额的,应同时扣减当期销项税额。

已确认收入的售出商品发生销售折让时,账务处理如下:

借:主营业务收入(冲减的当期销售商品收入)
　　应交税费——应交增值税(销项税额)(允许冲减的当期销项税额)
　　贷:应收账款

【例11-3】承例11-1。假设科盛公司在验收过程中发现商品外观上存在瑕疵,基本上不影响使用,要求正泰公司在价格上(不含增值税额)给予5%的减让。假定正泰公司已确认销售收入,与销售折让有关的增值税额税务机关允许冲减。

① 3月24日,发生销售折让时,正泰公司根据红字增值税专用发票,编制会计分录如下:

借:主营业务收入　　　　　　　　　　　　　　　　5 000
　　应交税费——应交增值税(销项税额)　　　　　　 650
　　贷:应收账款——科盛公司　　　　　　　　　　　　　5 650

② 实际收到电汇的款项时,正泰公司根据资金划拨补充凭证(回单联),编制会计分录如下:

借:银行存款　　　　　　　　　　　　　　　　　107 350
　　贷:应收账款——科盛公司　　　　　　　　　　　　107 350

(三)销售退回的账务处理

销售退回,是指小企业售出的商品由于质量、品种不符合要求等原因发生的退货。对于销售退回,小企业应分别不同情况进行处理。

小企业已经确认销售商品收入的售出商品发生的销售退回(不论属于本年度还是属于以前年度的销售),应当在发生时冲减当期销售商品收入,同时冲减当期销售商品成本。如该项销售退回已发生现金折扣的,应同时调整"财务费用"科目的相应金额;如该项销售退回允许扣减增值税额的,应同时调整"应交税费——应交增值税(销项税额)"科目的相应金额。账务处理如下:

借:主营业务收入(销售退回冲减的主营业务收入的金额)
　　应交税费——应交增值税(销项税额)(销售退回允许冲减的当期销项税额)
　　贷:银行存款/应收账款(已付或应付的金额)
　　　　财务费用——现金折扣(原提供的现金折扣金额)
借:库存商品(退回商品的成本)
　　贷:主营业务成本

【例11-4】承例11-1、例11-3。假设科盛公司已于3月20日支付货款。20×1年3月29日，该批商品因质量问题被科盛公司退回，正泰公司当日以电汇方式支付有关款项。假定计算现金折扣时不考虑增值税。

① 20×2年4月5日发生销售退回时，正泰公司根据红字增值税专用发票、电汇业务委托书（回执联），编制会计分录如下：

借：主营业务收入　　　　　　　　　　　　　　　　　　　　100 000
　　应交税费——应交增值税（销项税额）　　　　　　　　　　13 000
　　贷：银行存款　　　　　　　　　　　　　　　　　　　　　111 000
　　　　财务费用——现金折扣　　　　　　　　　　　　　　　　2 000

② 销货退回，正泰公司根据销货退回收货单（记账联），编制会计分录如下：

借：库存商品　　　　　　　　　　　　　　　　　　　　　　60 000
　　贷：主营业务成本　　　　　　　　　　　　　　　　　　　60 000

分期收款销售商品的销售方式下，小企业按应收的价款，借记"长期应收款"科目，贷记"主营业务收入"等科目。

六、以旧换新销售商品的核算

以旧换新销售是指销售方在销售商品的同时回收与所售商品相同的旧商品。

销售商品采用以旧换新方式的，销售的商品应当按照销售商品收入确认条件确认收入，回收的商品作为购进商品处理。

【例11-5】正泰公司采用以旧换新方式销售给科盛公司家电商品200台，单位售价为5 000元，单位成本为3 000元；同时收回200台同类家电商品，每台回收价为500元（不考虑增值税），已收到对方电汇的款项。

正泰公司根据增值税专用发票（记账联）、银行资金划拨补充凭证（回单联）、产品入库单，编制会计分录如下：

借：银行存款　　　　　　　　　　　　　　　　　　　　　1 030 000
　　库存商品——旧家电　　　　　　　　　　　　　　　　　100 000
　　贷：主营业务收入　　　　　　　　　　　　　　　　　　1 000 000
　　　　应交税费——应交增值税（销项税额）　　　　　　　　130 000

根据产品出库单（记账联）、主营业务成本计算表，编制会计分录如下：

借：主营业务成本　　　　　　　　　　　　　　　　　　　　600 000
　　贷：库存商品——新家电　　　　　　　　　　　　　　　　600 000

七、其他业务收入的核算

其他业务是指小企业主营业务活动以外的其他日常生产经营活动,可以通过企业营业执照上注明的兼营业务范围来确定。例如,工业企业的材料销售、提供非工业性劳务等。在实际工作中,如果营业执照上注明的兼营业务量较大,且为经常性发生的收入,也可归为主营业务收入。

其他业务形成的收入,通常设置"其他业务收入""其他业务成本"科目核算。

小企业根据5051"其他业务收入"科目的规定,设置"其他业务收入"账户核算小企业确认的除主营业务活动以外的其他经营活动实现的收入。包括:出租固定资产、出租无形资产、销售材料等实现的收入。该账户基本结构如下:

其他业务收入	损益类
	(1) 确认的其他业务收入

月末,应将本科目的余额转入"本年利润"科目,结转后本科目应无余额
明细:按其他业务收入的种类进行明细核算

小企业根据5402"其他业务成本"科目的规定,设置"其他业务成本"账户核算小企业确认的除主营业务活动以外的其他经营活动所发生的支出。包括:销售材料的成本、出租固定资产的折旧额、出租无形资产的摊销额等。该账户基本结构如下:

其他业务成本	损益类
(1) 发生的其他业务成本	

月末,应将本科目的余额转入"本年利润"科目,结转后科目应无余额
明细:按其他业务成本的种类进行明细核算

其他经营活动发生的相关税费,也在"税金及附加"科目核算。
其他业务销售核算的账务处理如下。
① 一般纳税人确认其他业务收入时的账务处理。
借:银行存款/应收账款/应收票据/预收账款等
　　贷:其他业务收入(已收或应收的合同或协议价款)
　　　　应交税费——应交增值税(销项税额)(增值税专用发票注明的应收取的增值税额)
　　　　应交税费——待转销项税额(会计确认收入或利得的时点早于增值税纳税义务而需于以后期间确认为销项税额的增值税额)

银行存款（代购货单位垫付的运杂费等）

待实际发生增值税纳税义务时，结转待转销项税额的账务处理如下：

借：应交税费——待转销项税额
　　贷：应交税费——应交增值税（销项税额）

② 计算确定税金及附加时的账务处理。

借：税金及附加
　　贷：应交税费——应交消费税等（应交纳的税费金额）

③ 同时或在资产负债表日结转其他业务成本时的账务处理。

借：其他业务成本（发生的其他业务成本）
　　贷：原材料等

【例 11-6】20×1 年 6 月 28 日，正泰公司出售给科盛公司一批原材料，开出的增值税专用发票上注明的售价为 10 000 元，增值税额 1 300 元，已收到对方电汇的款项。该批原材料实际成本 8 000 元。

正泰公司取得原材料销售收入，根据增值税专用发票（记账联）、资金划拨补充凭证（回单联）编制会计分录如下：

借：银行存款　　　　　　　　　　　　　　　　　　　　　　　　　11 300
　　贷：其他业务收入　　　　　　　　　　　　　　　　　　　　　　10 000
　　　　应交税费——应交增值税（销项税额）　　　　　　　　　　　 1 300

结转已销原材料的实际成本，根据边角余料出库单（记账联）、销售材料成本计算表，编制会计分录如下：

借：其他业务成本　　　　　　　　　　　　　　　　　　　　　　　　8 000
　　贷：原材料　　　　　　　　　　　　　　　　　　　　　　　　　8 000

项目二　提供劳务收入的核算

小企业提供劳务的收入，是指小企业从事建筑安装、修理修配、交通运输、仓储租赁、邮电通信、咨询经纪、文化体育、科学研究、技术服务、教育培训、餐饮住宿、中介代理、卫生保健、社区服务、旅游、娱乐、加工及其他劳务服务活动取得的收入。

一、在同一会计年度内开始并完成的劳务收入的核算

同一会计年度内开始并完成的劳务，小企业应当在提供劳务交易完成且收到款项或取得收款权利时，确认提供劳务收入。提供劳务收入的金额为从接受劳务方已收或应收的合同或协议价款。

在同一会计期间内开始并完成的劳务收入的账务处理如下。
（1）预收劳务款时账务处理
借：银行存款
　　贷：预收账款（预收的劳务款）
（2）实际发生劳务成本时账务处理
借：劳务成本（实际发生的劳务成本）
　　贷：应付职工薪酬等
（3）提供劳务交易完成确认劳务收入并结转劳务成本时账务处理
借：预收账款
　　贷：主营业务收入
　　　　应交税费——应交增值税（销项税额）
借：主营业务成本
　　贷：劳务成本

二、劳务的开始和完成分属不同会计年度的跨期劳务收入的核算

劳务的开始和完成分属不同会计年度的，应当按照完工进度确认提供劳务收入。

（一）完工百分比法

完工百分比法，是指按照提供劳务交易的完工进度确认收入和费用的方法。在这种方法下，确认的提供劳务收入金额能够提供各个会计期间关于提供劳务交易及其业绩的有用信息。

小企业应当在资产负债表日按照提供劳务收入总额乘以完工进度扣除以前会计期间累计已确认提供劳务收入后的金额，确认当期提供劳务收入；同时，按照提供劳务估计总成本乘以完工进度扣除以前会计期间累计已确认劳务成本后的金额，结转本年度营业成本。用公式表示如下：

本年度确认的收入＝劳务总收入×本期末止劳务的完工进度－以前年度已确认的收入
本年度确认的费用＝劳务总成本×本期末止劳务的完工进度－以前年度已确认的费用

（二）确认劳务收入的账务处理

小企业根据4002"劳务成本"科目的规定，设置"劳务成本"账户核算小企业对外提供劳务发生的成本。该账户基本结构如下：

劳务成本	成本类
（1）发生的各项劳务成本	（1）计算确认、结转提供劳务的成本

余额：小企业尚未完成或尚未结转的劳务成本
明细：按提供劳务种类进行明细核算

小企业跨年度劳务收入的账务处理如下。

(1) 预收劳务款时账务处理

借：银行存款

　贷：预收账款（预收的劳务款）

(2) 实际发生劳务成本时账务处理

借：劳务成本（实际发生的劳务成本）

　贷：应付职工薪酬等

(3) 年度资产负债表日，采用完工百分比法确认劳务收入并结转营业成本时账务处理

借：预收账款

　贷：主营业务收入（采用完工百分比法计算确认的劳务收入）

　　　应交税费——应交增值税（销项税额）

借：主营业务成本（采用完工百分比法计算确认的营业成本）

　贷：劳务成本

【例 11-7】20×1 年 12 月 1 日，正泰公司接受科盛公司的一项设备安装任务，安装期为 3 个月，合同总收入 600 000 元，并预收对方电汇的第一次安装费 300 000 元。至 20×1 年 12 月 31 日实际发生安装费用为 280 000 元（假定均为安装人员薪酬），估计还会发生安装费用 120 000 元。假定正泰公司按实际发生的成本占估计总成本的比例确定劳务的完工进度。正泰公司的会计处理如下：

　　实际发生的成本占估计总成本的比例＝280 000÷(280 000＋120 000)＝70％

　　20×1 年 12 月 31 日确认的劳务收入＝600 000×70％－0＝420 000(元)

　20×1 年 12 月 31 日结转的劳务成本＝(280 000＋120 000)×70％－0＝280 000(元)

① 预收劳务款时，根据劳务合同书、收款收据、资金划拨补充凭证（回单联），编制会计分录如下：

借：银行存款　　　　　　　　　　　　　　　　　　　　　　　　300 000

　贷：预收账款　　　　　　　　　　　　　　　　　　　　　　　300 000

② 实际发生劳务成本时，根据设备安装合同书、工资计算表，编制会计分录如下：

借：劳务成本　　　　　　　　　　　　　　　　　　　　　　　　280 000

　贷：应付职工薪酬　　　　　　　　　　　　　　　　　　　　　280 000

③ 20×1 年 12 月 31 日确认劳务收入并结转劳务成本时，根据劳务完工进度表、劳务成本计算单，编制会计分录如下：

借：预收账款　　　　　　　　　　　　　　　　　　　　　　　　474 600

　贷：主营业务收入　　　　　　　　　　　　　　　　　　　　　420 000

　　　应交税费——应交增值税（销项税额）　　　　　　　　　　 54 600

借：主营业务成本　　　　　　　　　　　　　　　　　　　　　　280 000

　贷：劳务成本　　　　　　　　　　　　　　　　　　　　　　　280 000

三、同时销售商品和提供劳务交易的核算

小企业与其他企业签订的合同或协议包含销售商品和提供劳务时，销售商品部分和提供劳务部分能够区分且能够单独计量的，应当将销售商品的部分作为销售商品处理，将提供劳务的部分作为提供劳务处理。

销售商品部分和提供劳务部分不能够区分，或虽能区分但不能够单独计量的，应当作为销售商品处理。

《企业会计准则》与《小企业会计准则》差异比较

1. 收入分类不同

《企业会计准则》规定收入包括在某一时点履行的履约义务、某一时段履行的履约义务。

《小企业会计准则》规定收入包括商品销售收入、提供劳务收入，不涉及让渡资产使用权收入。

2. 收入确认原则不同

1. 收入确认时点不同

《企业会计准则》规定，对于在某一时点履行的履约义务，企业应当在客户取得相关商品控制权的时点确认收入。企业在发出商品不符合收入确认条件时，对已发出商品的成本，应从"库存商品"转入"发出商品"科目。对于在某一时段履行的履约义务，企业应当在该履约义务履行的期间内确认相关的收入。

《小企业会计准则》减少了关于收入确认的职业判断，规定小企业应于发出商品且收到货款或取得收款权时确认收入，列举了每种销售商品收入确认的条件。同一会计年度内开始并完成的劳务，小企业应当在提供劳务交易完成且收到款项或取得收款权利时，确认提供劳务收入；劳务的开始和完成分属不同会计年度的，应当按照完工进度于资产负债表日确认提供的劳务收入。

3. 收入计量不同

《企业会计准则》规定，企业应当首先确定合同的交易价格，再按照分摊至各单项履约义务的交易价格计量收入。收入的金额应当反映企业因转让这些商品或提供这些服务而预期有权收取的对价金额。合同中存在重大融资成分的，企业应当按照假定客户在取得商品控制权时即以现金支付的应付金额确定交易价格，该交易价格与合同对价之间的差额，应在合同期间内采用实际利率法摊销。对于在某一时段内履行的履约义务，企业应当选取恰当的方法来确定履约进度。企业按照履约进度确认收入时，通常应当在资产负债表日按照合同的交易价格总额乘以履约进度扣除以前会计期间累计已确认的收入后的金额，确认为当期收入。

《小企业会计准则》要求按照从购买方已收或应收的合同或协议价款确定收入的金额。对于分期收款的商品销售不按照现值确认收入,在合同约定的收款日确认为收入。小企业应当在资产负债表日按照提供劳务收入总额乘以完工进度扣除以前会计期间累计已确认提供劳务收入后的金额,确认当期提供劳务收入。

4. 销售退回、销售折让处理不同

《企业会计准则》要求区分销售退回、销售折让是属于本年度的销售还是以前年度的销售,属于以前年度销售退回、销售折让的还要区分是否属于资产负债表日后调整事项。《企业会计准则》规定属于资产负债表日后期间发生的销售退回、销售折让通过"以前年度损益调整"科目核算,冲减报告年度的收入和成本。此外,对于附有销售退回条款的销售,企业应当在客户取得相关商品控制权时,按照预期有权收取的对价金额确认收入,按照预期因销售退回将退还的金额确认负债,在"预计负债——应付退货款"科目核算;同时,按照预期将退回商品转让时的账面价值(扣除收回商品预计发生的成本),确认为一项资产,在"应收退货成本"科目核算。

《小企业会计准则》则规定已经确认销售商品收入的售出商品发生的销售退回、销售折让(不论属于本年度还是属于以前年度的销售),应当在发生时冲减当期销售商品收入。

5. 履约进度不能合理确定时处理不同

《企业会计准则》规定对于在某一时段内履行的履约义务,只有当其履约进度能够合理确定时,才应当按照履约进度确认收入。企业如果无法获得确定履约进度所需的可靠信息,则无法合理地确定其履行履约义务的进度。当履约进度不能合理确定时,企业已经发生的成本预计能够得到补偿的,应当按照已经发生的成本金额确认收入,直到履约进度能够合理确定为止。

《小企业会计准则》未对劳务交易结果不能可靠估计的情形做出相关处理。

6. 其他业务成本的范围不同

《企业会计准则》规定,"其他业务成本"科目核算企业确认的除主营业务活动以外的其他经营活动所发生的支出,包括销售材料的成本、出租固定资产的折旧额、出租无形资产的摊销额、出租包装物的成本或摊销额等。采用成本模式计量投资性房地产的,其投资性房地产计提的折旧额或摊销额,也通过该科目核算。

《小企业会计准则》规定,"其他业务成本"科目核算企业确认的除主营业务活动以外的其他经营活动所发生的支出,包括销售材料的成本、出租固定资产的折旧额、出租无形资产的摊销额等。也就是说,出租包装物收入属于营业外收入核算。此外,《小企业会计准则》不涉及投资性房地产计提的折旧额或摊销的核算。

会计与税收差异比较

《小企业会计准则》规定,债券利息收入和权益性投资收入计入投资收益;转让固定资

产、无形资产取得的收入、租金收入、接受捐赠收入、其他收入计入营业外收入。而所得税法规定的收入包括了销售货物收入、提供劳务收入、转让财产收入，股息、红利等权益性投资收益，利息收入，租金收入，特许权使用费收入，接受捐赠收入，其他收入。所以二者分类不同。

  小企业在建工程等内部部门领用本企业所生产的产成品，在会计上视同销售。而税法规定小企业内部不同资产之间的相互转换，不应确认为收入，应按照成本进行结转。

  综合利用资源生产产品取得的收入在计算应纳税所得额时减按90％计入收入金额。

第十二章 费用的核算

项目一 生产费用的核算

费用,是指小企业在日常生产经营活动中发生的、会导致所有者权益减少的、与向所有者分配利润无关的经济利益的总流出。

费用区别于损失。损失是指由小企业非日常活动所发生的、会导致所有者权益减少的、与向所有者分配利润无关的经济利益的流出。例如,工业企业发生的固定资产盘亏损失不属于费用,应确认为损失(营业外支出)。费用会导致所有者权益的减少,不减少小企业所有者权益的支出,不构成费用。向所有者分配利润属于小企业利润分配的内容,不构成小企业的费用。

费用的确认除了应当符合定义外,至少应当符合以下条件:
① 与费用相关的经济利益应当很可能流出企业;
② 经济利益流出企业的结果会导致资产的减少或者负债的增加;
③ 经济利益的流出额能够可靠计量。

小企业的费用包括:营业成本、税金及附加、销售费用、管理费用、财务费用等。

一、生产费用核算的账户设置

(一)"生产成本"账户

小企业根据4001"生产成本"科目的规定,设置"生产成本"账户核算小企业进行工业性生产发生的各项生产成本,包括生产各种产品(产成品、自制半成品等)、自制材料、自制工具、自制设备等。该账户基本结构如下:

生产成本	成本类
(1) 发生的各项直接生产成本 (2) 月末,分配的辅助生产成本 (3) 月末,分配的制造费用	(1) 月末,结转的小企业已经生产完成并已验收入库的产成品以及入库的自制半成品成本

余额:小企业尚未加工完成的在产品成本
明细:按基本生产成本和辅助生产成本进行明细核算

（二）"制造费用"账户

小企业根据 4101"制造费用"科目的规定，设置"制造费用"账户核算小企业生产车间（部门）为生产产品和提供劳务而发生的各项间接费用：包括生产车间（部门）管理人员的职工薪酬、折旧费、办公费、水电费、机物料消耗、劳动保护费、日常修理费、季节性和修理期间的停工损失等。小企业经过 1 年期以上的制造才能达到预定可销售状态的产品发生的借款费用，也在本账户核算。该账户基本结构如下：

制造费用	成本类
（1）生产车间发生的各项间接费用	（1）分配计入有关成本核算对象

除季节性的生产性小企业外，本科目期末应无余额
明细：按不同的生产车间、部门和费用项目进行明细核算

季节性生产的小企业制造费用全年实际发生额与分配额的差额，除其中属于为下一年开工生产做准备的可留待下一年分配外，其余部分实际发生额大于分配额的差额，借记"生产成本——基本生产成本"科目，贷记"制造费用"科目；实际发生额小于分配额的差额，做相反的会计分录。

二、生产费用的账务处理

小企业发生的各项生产费用，应当按照成本核算对象和成本项目分别归集。
① 属于材料费、人工费等直接费用，直接计入基本生产成本或辅助生产成本。
② 小企业辅助生产车间为生产产品提供的动力等直接费用，可以先作为辅助生产成本进行归集，然后按照合理的方法分配计入基本生产成本；也可以直接计入所生产产品发生的生产成本。
③ 其他间接费用应当作为制造费用进行归集，月度终了，再按一定的分配标准，分配计入有关产品的成本。

小企业发生各项生产费用时，账务处理如下：
借：生产成本——基本生产成本/生产成本——辅助生产成本/制造费用/管理费用/销售费用/其他业务成本/等
　　贷：原材料/库存现金/银行存款/应付职工薪酬等（发生的各项费用要素支出）
辅助生产成本归集后，进行辅助生产成本分配时的账务处理如下：
借：生产成本——基本生产成本/制造费用——基本生产车间/管理费用/销售费用/其他业务成本/等
　　贷：生产成本——辅助生产成本
基本生产车间应负担的制造费用归集后，进行制造费用分配时的账务处理如下：
借：生产成本——基本生产成本

贷：制造费用——基本生产车间
月末，确定和结转已经生产完成并已验收入库的产成品，账务处理如下：
　　借：库存商品
　　　　贷：生产成本——基本生产成本

项目二　期间费用的核算

一、销售费用的核算

（一）销售费用核算的内容

销售费用，是指小企业在销售商品或提供劳务过程中发生的各种费用。包括：销售人员的职工薪酬、商品维修费、运输费、装卸费、包装费、保险费、广告费、业务宣传费、展览费等费用。

小企业（批发业、零售业）在购买商品过程中发生的费用（包括：运输费、装卸费、包装费、保险费、运输途中的合理损耗和入库前的挑选整理费等）也构成销售费用。

（二）销售费用核算的账户设置

小企业根据5601"销售费用"科目的规定，设置"销售费用"账户核算小企业销售商品或提供劳务的过程中发生的各种费用。小企业发生的与专设销售机构相关的固定资产修理费用等后续支出，也在本账户核算。该账户基本结构如下：

销售费用	损益类
（1）在销售商品、提供劳务过程中发生的各种费用	

月末，应将本科目余额转入"本年利润"科目，结转后本科目无余额
明细：按费用项目进行明细核算

（三）销售费用核算的账务处理

小企业的销售费用应当在发生时按照其发生额计入当期损益。

【例12-1】20×1年5月份，正泰公司部分经济业务如下。

① 20×1年5月1日，正泰公司以银行存款支付广告费5 000元。取得的增值税专用发票已认证相符。根据增值税专用发票（发票联）、转账支票（存根联），编制会计分录如下：

　　借：销售费用——广告费　　　　　　　　　　　　　　5 000
　　　　应交税费——应交增值税（进项税额）　　　　　　　300

贷：银行存款　　　　　　　　　　　　　　　　　　　　　5 300

　　②5月3日，正泰公司销售产品一批，以银行存款支付应由本企业负担的运输费465元。取得的增值税专用发票已认证相符。根据增值税专用发票（发票联）、转账支票（存根联），编制会计分录如下：

　　借：销售费用——运输费　　　　　　　　　　　　　　　465
　　　　应交税费——应交增值税（进项税额）　　　　　　　41.85
　　　　贷：银行存款　　　　　　　　　　　　　　　　　　　506.85

　　③5月20日，正泰公司为出售产品从仓库领用不单独计价的包装箱一批，价值2 500元，根据包装物出库单（记账联），编制会计分录如下：

　　借：销售费用——包装费　　　　　　　　　　　　　　　2 500
　　　　贷：周转材料——包装物　　　　　　　　　　　　　　2 500

　　④5月31日，正泰公司本月销售部门人员工资为2 300元，根据工资结算汇总表，编制会计分录如下：

　　借：销售费用——职工工资　　　　　　　　　　　　　　2 300
　　　　贷：应付职工薪酬——职工工资　　　　　　　　　　　2 300

　　⑤5月31日，正泰公司销售部门提取本月固定资产折旧费1 000元，根据固定资产折旧计算表，编制会计分录如下：

　　借：销售费用——折旧费　　　　　　　　　　　　　　　1 000
　　　　贷：累计折旧　　　　　　　　　　　　　　　　　　　1 000

　　⑥5月31日，正泰公司将本月发生的销售费用计入当期损益，转入"本年利润"科目，根据内部转账单（损益类账户结转表），编制会计分录如下：

　　借：本年利润　　　　　　　　　　　　　　　　　　　　11 265
　　　　贷：销售费用　　　　　　　　　　　　　　　　　　　11 265

二、管理费用的核算

　　（一）管理费用核算的内容

　　管理费用，是指小企业为组织和管理生产经营发生的其他费用。包括：小企业在筹建期间内发生的开办费、行政管理部门发生的费用（包括：固定资产折旧费、修理费、办公费、水电费、差旅费、管理人员的职工薪酬等）、业务招待费、研究费用、技术转让费、相关长期待摊费用摊销、财产保险费、聘请中介机构费、咨询费（含顾问费）、诉讼费等费用。

　　（二）管理费用核算的账户设置

　　小企业根据5602"管理费用"科目的规定，设置"管理费用"账户核算小企业为组织和管理企业生产经营所发生的其他费用。该账户基本结构如下：

管理费用	损益类
（1）在筹建期间内发生的开办费 （2）行政管理部门发生的其他费用	

月末，应将本科目的余额转入"本年利润"科目，结转后本科目无余额

明细：按费用项目进行明细核算

（三）管理费用核算的账务处理

小企业的管理费用应当在发生时按照其发生额计入当期损益。

【例12-2】 20×1年5月份，正泰公司部分经济业务如下。

① 5月1日，正泰公司财务部购买办公用品150元，以现金支付。取得的增值税专用发票已认证相符。根据增值税专用发票（发票联）、现金收据编制会计分录如下：

借：管理费用——办公费　　　　　　　　　　　　　　　150
　　应交税费——应交增值税（进项税额）　　　　　　　19.5
　　贷：库存现金　　　　　　　　　　　　　　　　　　169.5

② 5月3日，正泰公司厂部报销业务招待费1 200元，以现金支付。根据服务业定额发票、现金收据编制会计分录如下：

借：管理费用——业务招待费　　　　　　　　　　　　1 200
　　贷：库存现金　　　　　　　　　　　　　　　　　1 200

③ 5月15日，正泰公司以银行存款支付会计师事务所审计费3 000元。记账时，增值税专用发票未认证。根据增值税专用发票（发票联）、转账支票（存根联），编制会计分录如下：

借：管理费用——社会中介机构服务费　　　　　　　　3 000
　　应交税费——待认证进项税额　　　　　　　　　　　180
　　贷：银行存款　　　　　　　　　　　　　　　　　3 180

④ 5月31日，正泰公司分配行政管理人员工资4 000元，并按其工资总额14%提取的职工福利费560元，根据工资结算汇总表、职工福利费计算表，编制会计分录如下：

借：管理费用——工资及福利费　　　　　　　　　　　4 560
　　贷：应付职工薪酬——职工工资　　　　　　　　　4 000
　　　　应付职工薪酬——职工福利费　　　　　　　　　560

⑤ 5月31日，正泰公司计算本月行政管理部门应负担的电费2 580元。根据电费分配计算表，编制会计分录如下：

借：管理费用——水电费　　　　　　　　　　　　　　2 580
　　贷：应付账款　　　　　　　　　　　　　　　　　2 580

⑥ 5月31日，正泰公司支付车辆保险 2 000 元。取得的增值税专用发票已认证相符。根据增值税专用发票（发票联），转账支票（存根联）编制会计分录如下：

借：管理费用——保险费　　　　　　　　　　　　　　　　2 000
　　应交税费——应交增值税（进项税额）　　　　　　　　　120
　　贷：银行存款　　　　　　　　　　　　　　　　　　　2 120

⑦ 5月31日，正泰公司支付初次购买增值税税控系统专用设备含税价 880 元，税率 13%；缴纳的技术维护费含税价 400 元，税率 6%。正泰公司取得增值税专用发票并认证相符。根据增值税专用发票（发票联）、转账支票（存根联）编制会计分录如下：

借：管理费用——办公费　　　　　　　　　　　　　　　1 156.12
　　应交税费——应交增值税（进项税额）　　　　　　　　123.88
　　贷：银行存款　　　　　　　　　　　　　　　　　　　1 280
借：管理费用——办公费　　　　　　　　　　　　　　　　123.88
　　贷：应交税费——应交增值税（进项税额转出）　　　　123.88
借：应交税费——应交增值税（减免税款）　　　　　　　　1 280
　　贷：管理费用——办公费　　　　　　　　　　　　　　1 280

⑧ 5月31日，正泰公司将本月发生的管理费用计入当期损益，转入"本年利润"科目，根据内部转账单（损益类账户结转表），编制会计分录如下：

借：本年利润　　　　　　　　　　　　　　　　　　　　13 490
　　贷：管理费用　　　　　　　　　　　　　　　　　　13 490

小企业管理费用不多的，可以不设置"管理费用"科目，"管理费用"科目核算的内容并入"销售费用"科目核算。

三、财务费用的核算

（一）财务费用核算的内容

财务费用，是指小企业为筹集生产经营所需资金发生的筹资费用。包括：利息费用（减利息收入）、汇兑损失、银行相关手续费、小企业给予的现金折扣（减享受的现金折扣）等费用。小企业为购建固定资产、无形资产和经过 1 年期以上的制造才能达到预定可销售状态的存货发生的借款费用，在"在建工程""研发支出""制造费用"等科目核算。小企业发生的汇兑收益，在"营业外收入"科目核算。

（二）财务费用核算的账户设置

小企业根据 5603"财务费用"科目的规定，设置"账务费用"账户核算小企业为筹集生产经营所需资金等而发生的筹资费用。该账户基本结构如下：

财务费用	损益类
（1）发生的财务费用	（1）发生的应冲减财务费用的利息收入、享受的现金折扣等

月末，应将本科目余额转入"本年利润"科目，结转后本科目无余额
明细：按费用项目进行明细核算

（三）财务费用核算的账务处理

小企业的财务费用应当在发生时按照其发生额计入当期损益。

【例12-3】20×1年5月份，正泰公司部分经济业务如下。

① 5月2日，正泰公司收到银行存款利息829元，根据银行存款利息收入通知单，编制会计分录如下：

借：银行存款　　　　　　　　　　　　　　　　　　　829
　　贷：财务费用——利息收入　　　　　　　　　　　　　　　829

② 5月2日，正泰公司计提本期短期借款利息1 800元，根据计提利息计算表，编制会计分录如下：

借：财务费用——利息支出　　　　　　　　　　　　　1 800
　　贷：应付利息　　　　　　　　　　　　　　　　　　　　1 800

③ 5月15日，正泰公司委托银行办理银行汇票一份，支付手续费50元，根据银行收费凭证（回单联），编制会计分录如下：

借：财务费用——银行手续费　　　　　　　　　　　　50
　　贷：银行存款　　　　　　　　　　　　　　　　　　　　50

④ 5月31日，正泰公司将本月发生的财务费用计入当期损益，转入"本年利润"科目根据内部转账单（损益类账户结转表），编制会计分录如下：

借：本年利润　　　　　　　　　　　　　　　　　　　1 021
　　贷：财务费用　　　　　　　　　　　　　　　　　　　　1 021

《企业会计准则》与《小企业会计准则》差异比较

1. 管理费用会计处理不同

《企业会计准则》规定车间发生的固定资产日常修理支出记入"管理费用"科目。

《小企业会计准则》规定，车间发生的固定资产日常修理支出记入"制造费用"科目。

2. 财务费用会计处理不同

《企业会计准则》规定对于长期负债对应的"财务费用"通过实际利率和摊余成本计算。

《小企业会计准则》规定对于长期负债对应的"财务费用"，通过票面金额和票面利率

计算。

《企业会计准则》汇兑收益和汇兑损失均在"财务费用"科目核算。

《小企业会计准则》规定汇兑损失在"财务费用"科目核算；汇兑收益在"营业外收入"科目核算。

3. 销售费用会计处理不同

《企业会计准则》规定在购买商品过程中发生的费用（包括：运输费、装卸费、包装费、保险费、运输途中的合理损耗和入库前的挑选整理费等），金额较大的计入存货成中，金额较小的记入"销售费用"科目核算。

《小企业会计准则》规定，小企业（批发业、零售业）在购买商品过程中发生的费用（包括：运输费、装卸费、包装费、保险费、运输途中的合理损耗和入库前的挑选整理费等），记入"销售费用"科目核算。

会计与税收差异比较

《小企业会计准则》规定了费用的确认条件。而税法在费用确认上强调与收入相关以及支出的合理性。如企业发生的合理的工资薪金支出，才准予扣除。在规定的标准和范围内的"五险一金"、补充养老保险、补充医疗保险费，才准予扣除。企业为特殊工种职工支付的法定人身安全保险费以及按规定可以扣除的其他商业保险，才准予税前扣除。满足条件的、合理的劳动保护支出，准予扣除。

《小企业会计准则》规定企业实际发生的费用全部计入当期损益。而税法规定了部分费用项目的税前扣除标准。

1. 关于销售费用

《小企业会计准则》规定企业支付的广告费用，可以据实计入期间费用。税法规定，纳税人每一纳税年度发生的符合规定的广告费和业务宣传费支出，除国务院财政税务主管部门另有规定外，不超过当年销售（营业）收入15%的，可据实扣除；超过部分可向以后纳税年度结转扣除。

《小企业会计准则》规定企业支付的佣金及手续费，可以据实计入期间费用。税法规定，企业发生与生产经营有关的手续费及佣金支出，不超过以下规定计算限额以内的部分，准予扣除；超过部分，不得扣除。

（1）保险企业：财产保险企业按当年全部保费收入扣除退保金等后余额的15%计算限额；人身保险企业按当年全部保费收入扣除退保金等后余额的10%计算限额。

（2）其他企业：按与具有合法经营资格中介服务机构或个人（不含交易双方及其雇员、代理人和代表人等）所签订服务协议或合同确认的收入金额的5%计算限额。

2. 关于管理费用

《小企业会计准则》规定企业的研究开发费，未形成无形资产的，计入当期损益；形成无形资产的，在预计寿命期内摊销。税法规定，未形成无形资产的，计入当期损益的，在据实扣除的基础上，按照研究开发费用的75％加计扣除；形成无形资产的，按照无形资产成本的175％摊销。

《小企业会计准则》规定企业的业务招待费，计入当期损益。税法规定，企业发生的与生产经营活动有关的业务招待费支出，按照发生额的60％扣除，但最高不得超过当年销售（营业）收入的5‰。

《小企业会计准则》规定企业的党组织工作经费，计入当期损益。税法规定，非公有制企业党组织工作经费，不超过职工年度工资薪金总额1％的部分，可以据实在企业所得税前扣除。

3. 关于财务费用

非金融企业向非金融企业借款的利息支出。不超过按照金融企业同期同类贷款利率计算的数额部分，准予扣除。

这样，会计上的费用支出如果属于税法不允许抵扣的内容或超出扣除限额的，应当进行纳税调整。

第十三章 利润及利润分配的核算

项目一 利润结转的核算

一、利润的定义

利润,是指小企业在一定会计期间的经营成果。利润的变化通常影响企业所有者权益的增减变动。利润往往是评价企业管理层业绩的一项重要指标,也是投资者等财务报告使用者进行决策时的重要参考。

二、利润的来源

利润包括收入减去费用后的净额、直接计入当期利润的利得和损失等。其中,收入减去费用后的净额反映的是小企业日常活动的经营业绩;直接计入当期利润的利得和损失是小企业非日常活动取得的。小企业应当严格区分收入和利得、费用和损失,以更加全面地反映企业的经营成果。利润的来源构成如图 13-1 所示。

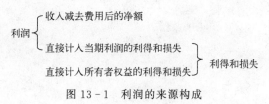

图 13-1 利润的来源构成

三、利润的确认条件

利润反映的是收入减去费用、加上直接计入当期利润的利得、减去直接计入当期利润的损失后的净额的概念，因此，利润的确认主要依赖于收入和费用以及利得和损失的确认，其金额的确定也主要取决于收入、费用、利得、损失金额的计量。

四、利润总额的构成

小企业的利润包括：营业利润、利润总额和净利润。利润是在营业利润的基础上，加上营业外收入，减去营业外支出后的金额。

利润总额的构成关系如图13-2所示。

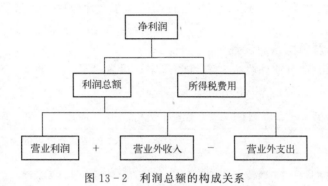

图13-2 利润总额的构成关系

五、利润总额的核算

（一）营业利润的核算

营业利润，是指小企业在一定时期内从事生产经营活动取得的利润，是企业利润的主要来源。营业收入，是指小企业销售商品和提供劳务实现的收入总额。投资收益，由小企业股权投资取得的现金股利（或利润）、债券投资取得的利息收入和处置股权投资和债券投资取得的处置价款扣除成本或账面余额、相关税费后的净额三部分构成。

营业利润计算公式为：

营业利润＝营业收入－营业成本－税金及附加－销售费用－管理费用－财务费用＋投资收益（－投资损失）

营业收入＝主营业务收入＋其他业务收入

营业成本＝主营业务成本＋其他业务成本

主营业务利润设置"主营业务收入""主营业务成本""税金及附加"科目进行核算。其他业务利润设置"其他业务收入""其他业务成本""税金及附加"科目进行核算。

期间费用设置"管理费用""销售费用""财务费用"科目进行核算。

投资收益（损失）设置"投资收益"科目进行核算。

（二）营业外收入的核算

1. 营业外收入核算内容

营业外收入，是指小企业非日常生产经营活动形成的、应当计入当期损益、会导致所有者权益增加、与所有者投入资本无关的经济利益的净流入。

小企业的营业外收入包括：非流动资产处置净收益、政府补助、捐赠收益、盘盈收益、汇兑收益、出租包装物和商品的租金收入、逾期未退包装物押金收益、确实无法偿付的应付款项、已作坏账损失处理后又收回的应收款项、违约金收益等。

营业外收入并不是由小企业经营资金耗费所产生的，不需要小企业付出代价，实际上是一种纯收入，不可能也不需要与有关费用进行配比。在会计核算上，应严格区分营业外收入和营业收入的界限。

2. 营业外收入核算的账户设置

小企业根据5301"营业外收入"科目的规定，设置"营业外收入"账户核算小企业实现的各项营业外收入。该账户基本结构如下：

营业外收入	损益类
	（1）实现的营业外收入的金额

月末，应将本科目的余额转入"本年利润"科目，结转后本科目无余额
明细：按营业外收入项目进行明细核算

3. 营业外收入的账务处理

小企业的营业外收入应当在实现时按照其实现金额计入当期损益。小企业实现各项营业外收入时，一般账务处理如下：

借：固定资产清理/银行存款/库存现金/应付账款/递延收益/待处理财产损溢等
  贷：营业外收入（确认的营业外收入的金额）

4. 与营业外收入有关的政府补助的账务处理

政府补助，是指小企业从政府无偿取得货币性资产或非货币性资产，但不含政府作为小企业所有者投入的资本。

① 小企业收到与资产相关的政府补助，应当确认为递延收益，并在相关资产的使用寿命内平均分配，计入营业外收入。收到的其他政府补助，用于补偿本企业以后期间的相关费用或亏损的，确认为递延收益，并在确认相关费用或发生亏损的期间，计入营业外收入；用于补偿本企业已发生的相关费用或亏损的，直接计入营业外收入。

② 政府补助为货币性资产的，应当按照收到的金额计量。政府补助为非货币性资产的，政府提供了有关凭据的，应当按照凭据上标明的金额计量；政府没有提供有关凭据的，应当按照同类或类似资产的市场价格或评估价值计量。

③ 小企业按照规定实行企业所得税、增值税、消费税等先征后返的，应当在实际收到返还的企业所得税、增值税（不含出口退税）、消费税时，计入营业外收入。

小企业取得的政府补助往往通过"银行存款""其他应收款""营业外收入""递延收益"(专为核算不能一次而应分期计入当期损益的政府补助而设置)科目核算。

1)与收益相关的政府补助的账务处理

小企业按照固定的定额标准取得的政府补助,应当按照应收金额计量,确认为营业外收入,否则应当按照实际收到的金额计量。

① 确认应收、实收的政府补助款的账务处理:

借:其他应收款(确认应收的政府补助款)
　　银行存款(确认实际收到的政府补助款)
　　贷:递延收益

② 确认分期计入当期损益的政府补助的账务处理:

借:递延收益
　　贷:营业外收入(分摊计入本期损益的政府补助款)

2)与资产相关的政府补助的账务处理

用于购买固定资产或无形资产的财政拨款、固定资产专门借款的财政贴息等与资产相关的政府补助,会计处理步骤如下。

第一步,小企业实际收到款项时,按照到账的实际金额计量,确认资产(银行存款)和递延收益;

第二步,小企业将政府补助用于购建长期资产;

第三步,该长期资产交付使用。自长期资产可供使用时起,按照长期资产的预计使用期限,将递延收益平均分摊转入当期损益(营业外收入)。

【例13-1】20×1年3月,丁粮食企业为购买储备粮从国家农业发展银行贷款2 000万元,同期银行贷款利率为6%。自20×1年4月开始,财政部门于每季度初,按照丁企业的实际贷款额和贷款利率拨付丁企业贷款利息,丁企业收到财政部门拨付的利息后再支付给银行。

① 20×1年4月,实际收到财政贴息30万元时,根据银行资金划拨补充凭证(回单联),编制会计分录如下:

借:银行存款　　　　　　　　　　　　　　　　　　　　　300 000
　　贷:递延收益　　　　　　　　　　　　　　　　　　　　　300 000

② 将补偿20×1年4月份利息费用的补贴计入当期收益,根据内部转账单(递延收益摊销表),编制会计分录如下:

借:递延收益　　　　　　　　　　　　　　　　　　　　　100 000
　　贷:营业外收入——政府补助　　　　　　　　　　　　　　100 000

20×1年5月和6月的分录同上。

(三)营业外支出的核算

1. 营业外支出核算的内容

营业外支出,是指小企业非日常生产经营活动发生的、应当计入当期损益、会导致所有者权益减少、与向所有者分配利润无关的经济利益的净流出。

小企业的营业外支出包括：存货的盘亏、毁损、报废损失，非流动资产处置净损失，坏账损失，无法收回的长期债券投资损失，无法收回的长期股权投资损失，自然灾害等不可抗力因素造成的损失，税收滞纳金、罚金、罚款，被没收财物的损失，捐赠支出，赞助支出等。

营业外支出指不属于企业生产经营费用，与企业生产经营活动没有直接关系，但应从利润总额中扣除的支出。

2. 营业外支出核算的账户设置

小企业根据5711"营业外支出"科目的规定，设置"营业外支出"账户核算小企业发生的各项营业外支出。该账户基本结构如下：

营业外支出	损益类
（1）发生的各项营业外支出	

月末，应将本科目的余额转入"本年利润"科目，结转后本科目无余额
明细：按营业外支出项目进行明细核算

3. 营业外支出的账务处理

小企业的营业外支出应当在发生时按照其发生额计入当期损益。

小企业发生各项营业外支出时，账务处理如下：

借：营业外支出（发生的各项营业外支出的金额）
　　贷：固定资产清理/待处理财产损溢/库存现金/银行存款等

【例13-2】20×1年6月份，正泰公司部分经济业务如下：

① 正泰公司以银行存款20 000元捐赠给社会福利部门。根据行政事业单位非经营收入发票（发票联）、业务委托书（回执联），编制会计分录如下：

借：营业外支出——捐赠支出　　　　　　　　　　　　　　20 000
　　贷：银行存款　　　　　　　　　　　　　　　　　　　　　20 000

② 正泰公司因污水造成环境污染，被环保部门罚款5 000元，以银行存款支付。根据征收排污费收款收据、委托收款凭证（付款通知联），编制会计分录如下：

借：营业外支出——罚没支出　　　　　　　　　　　　　　5 000
　　贷：银行存款　　　　　　　　　　　　　　　　　　　　　5 000

营业外收入和营业外支出应当分别核算。由于营业外收入和营业外支出所包括的项目互不相关，一般不得以营业外收入直接冲减营业外支出。

（四）利润总额、净利润的计算及利润结转的账务处理

1. 利润总额、净利润的计算

利润总额＝营业利润＋营业外收入－营业外支出

净利润＝利润总额－所得税费用

小企业应当在利润总额的基础上,按照企业所得税法规定进行纳税调整,计算出当期应纳税所得额,按照应纳税所得额与适用所得税税率为基础计算确定当期应纳税额,确认所得税费用。

小企业根据5801"所得税费用"科目的规定,设置"所得税费用"账户核算小企业根据企业所得税法确定的应从当期利润总额中扣除的所得税费用。小企业根据企业所得税法规定补交的所得税,也通过本账户核算。小企业按照规定实行企业所得税先征后返的,实际收到返还的企业所得税,在"营业外收入"账户核算,不在本账户核算。该账户基本结构如下:

所得税费用	损益类
(1) 年度终了,企业按照税法规定计算确定当期应交所得税额	
年度终了,应将本科目的余额转入"本年利润"科目,结转后本科目无余额	

年度终了,小企业按照企业所得税法规定计算确定的当期应纳税额,账务处理如下:
借:所得税费用
　　贷:应交税费——应交所得税

2. 利润结转的账务处理

小企业一般应按月计算利润,按月计算利润有困难的企业,可以按季或按年计算利润。

小企业每月结账时,将损益类科目的余额全部转入"本年利润"科目,通过"本年利润"科目结出本月份的利润额或亏损额及本年累计损益。

月末,小企业进行利润结转的账务处理程序如下:
① 月末结转损益类科目中各收入类科目的余额;
② 月末结转损益类科目中各费用类科目的余额;
③ 年末结转本年利润。

小企业根据3103"本年利润"科目的规定,设置"本年利润"账户核算小企业当期实现的净利润(或发生的净亏损)。该账户基本结构如下:

本年利润	所有者权益类
(1) 月末,损益类账户中费用类账户的余额转入数	(1) 月末,损益类账户中收入类账户的余额转入数
余额:小企业当期发生的净亏损	余额:小企业当期实现的净利润
年末,本账户余额转入"利润分配——未分配利润"明细小企业,结转后本账户无余额	

月末,利润结转的账务处理如下:
借:主营业务收入
　　其他业务收入

213

　　　　营业外收入
　　　　投资收益（投资净收益）
　　　贷：本年利润
　　借：本年利润
　　　贷：主营业务成本
　　　　税金及附加
　　　　其他业务成本
　　　　销售费用
　　　　管理费用
　　　　财务费用
　　　　投资收益（投资净损失）
　　　　营业外支出
　　　　所得税费用
年末，结转净利润的账务处理如下：
　借：本年利润（实现的净利润）
　　贷：利润分配——未分配利润
如为净亏损，编制相反的会计分录。

【例13-3】 20×1年正泰公司有关损益类科目的年末余额，如表13-1所示（该公司年末一次结转损益类科目）。

表13-1　损益类账户的年末余额表

账 户 名 称	结账前余额	账 户 名 称	结账前余额
主营业务收入	6 000 000元（贷）	税金及附加	80 000元（借）
其他业务收入	700 000元（贷）	销售费用	500 000元（借）
投资收益	750 000元（贷）	管理费用	770 000元（借）
营业外收入	50 000元（贷）	财务费用	200 000元（借）
主营业务成本	4 000 000元（借）	营业外支出	350 000元（借）
其他业务成本	400 000元（借）		

20×1年年末正泰公司结转本年利润的账务处理如下。

① 结转损益类中收入类科目，根据内部转账单（损益类账户结转表），编制会计分录如下：

　借：主营业务收入　　　　　　　　　　　　　　　　6 000 000
　　　其他业务收入　　　　　　　　　　　　　　　　　700 000
　　　投资收益　　　　　　　　　　　　　　　　　　　750 000
　　　营业外收入　　　　　　　　　　　　　　　　　　 50 000

贷：本年利润　　　　　　　　　　　　　　　　　　　　　　　7 500 000

　② 结转损益类中的费用类科目，根据内部转账单（损益类账户结转表），编制会计分录如下：

　　借：本年利润　　　　　　　　　　　　　　　　　　　　　　　6 300 000
　　　　贷：主营业务成本　　　　　　　　　　　　　　　　　　　4 000 000
　　　　　　其他业务成本　　　　　　　　　　　　　　　　　　　　400 000
　　　　　　税金及附加　　　　　　　　　　　　　　　　　　　　　 80 000
　　　　　　销售费用　　　　　　　　　　　　　　　　　　　　　　500 000
　　　　　　管理费用　　　　　　　　　　　　　　　　　　　　　　770 000
　　　　　　财务费用　　　　　　　　　　　　　　　　　　　　　　200 000
　　　　　　营业外支出　　　　　　　　　　　　　　　　　　　　　350 000

　③ 税前会计利润＝7 500 000－6 300 000＝1 200 000 元。假设经纳税调整后计算的应交所得税 380 000 元。根据所得税计算表，编制会计分录如下：

　　借：所得税费用　　　　　　　　　　　　　　　　　　　　　　　380 000
　　　　贷：应交税费——应交所得税　　　　　　　　　　　　　　　 380 000

　④ 将所得税费用转入"本年利润"科目。根据内部转账单（所得税结转表），编制会计分录如下：

　　借：本年利润　　　　　　　　　　　　　　　　　　　　　　　　380 000
　　　　贷：所得税费用　　　　　　　　　　　　　　　　　　　　　380 000

项目二　利润分配的核算

　　小企业以当年净利润弥补以前年度亏损等剩余的税后利润，可用于向投资者进行分配。小企业（公司制）在分配当年税后利润时，应当按照公司法的规定提取法定公积金和任意公积金。

一、利润分配的顺序

　　① 弥补以前年度亏损。利润分配中的弥补以前年度亏损是指超过用税前利润抵补亏损的期限后，仍未补足的部分。
　　② 提取法定盈余公积。
　　③ 提取任意盈余公积。
　　④ 向投资者分配利润。
　　小企业当期实现的净利润，加上年初未分配利润（或减去年初未弥补亏损）和以盈余公积弥补亏损后的余额，为可供分配的利润。但是，小企业提取法定盈余公积和任意盈余公积的基数是当年实现的净利润。

二、利润分配核算的账户设置

小企业根据3104"利润分配"科目的规定，设置"利润分配"账户核算小企业利润的分配（或弥补的亏损）和历年分配（或弥补）后的积存余额。该账户基本结构如下：

利润分配	所有者权益类
(1) 年度终了，结转本年发生的净亏损 (2) 按规定提取的盈余公积 (3) 分配给投资者的利润	(1) 年度终了，结转本年实现的净利润 (2) 用盈余公积弥补亏损
余额：小企业历年积存的未弥补亏损	余额：小企业历年积存的未分配利润
明细：按"盈余公积补亏""提取法定盈余公积""提取任意盈余公积""应付利润""未分配利润"等进行明细核算	

三、利润分配的账务处理

小企业利润分配的账务处理如下。

1. 小企业以税后利润补亏的账务处理

小企业弥补亏损的渠道主要有：①用以后年度税前利润弥补；②用以后年度税后利润弥补；③用盈余公积弥补。

小企业用税前利润、税后利润弥补以前年度亏损，无须进行专门的账务处理。因为小企业在当年发生亏损的情况下，应将本年发生的亏损从"本年利润"科目的贷方，转入"利润分配——未分配利润"科目的借方；在以后年度实现利润的情况下，应将本年实现的利润从"本年利润"科目的借方，转入"利润分配——未分配利润"科目的贷方；"本年利润"科目的借贷发生额抵销，自然就弥补了亏损，无须专门进行账务处理。

2. 小企业按规定提取盈余公积的账务处理

借：利润分配——提取法定盈余公积（本年实现净利润×法定盈余公积的计提比例）

　　贷：盈余公积——法定盈余公积

借：利润分配——提取任意盈余公积（本年实现净利润×任意盈余公积的计提比例）

　　贷：盈余公积——任意盈余公积

3. 按规定分配给投资者利润的账务处理

借：利润分配——应付利润（分配给投资者的利润）

　　贷：应付利润

4. 用盈余公积弥补亏损的账务处理

借：盈余公积——法定盈余公积或任意盈余公积
　　贷：利润分配——盈余公积补亏（以盈余公积弥补亏损）

5. 年度终了，结转本年实现的净利润的账务处理

借：本年利润（企业实现的净利润）
　　贷：利润分配——未分配利润

年度终了，小企业结转发生的净亏损，编制相反的会计分录。

6. 年度终了，结转"利润分配"账户所属其他明细账户余额的账务处理

年度终了，小企业一方面结转本年实现的净利润，同时，应将"利润分配"科目所属其他明细科目的余额转入"利润分配——未分配利润"明细科目。结转后，利润分配账户除"未分配利润"明细科目外，其他明细科目应无余额。"利润分配——未分配利润"科目的年末余额即为历年积存的未分配利润（或未弥补亏损）。

年度终了，结转利润分配科目所属其他明细科目余额时，账务处理如下：

借：利润分配——未分配利润（转入的"利润分配"账户所属其他明细科目的余额）
　　贷：利润分配——提取法定盈余公积
　　　　　　——提取任意盈余公积
　　　　　　——应付利润

借：利润分配——盈余公积补亏
　　贷：利润分配——未分配利润（转入的"利润分配——盈余公积补亏"明细科目的余额）

可供分配的利润减去利润分配各项目后的余额，为未分配利润，可留待以后年度进行分配。小企业如发生亏损，可以按规定由以后年度利润进行弥补。

【例 13-4】 承例 13-3。20×1 年，正泰公司实现的净利润为 820 000 元。该公司按 10% 的比例计提法定盈余公积，按 5% 的比例计提任意盈余公积；该公司宣告发放利润 220 000 元，剩余部分为未分配利润。

根据上述资料计算如下：

应提取的法定盈余公积 = 820 000 × 10% = 82 000（元）
应提取的任意盈余公积 = 820 000 × 5% = 41 000（元）
期末未分配利润 = 820 000 - 82 000 - 41 000 - 220 000 = 477 000（元）

① 结转"本年利润"时，根据内部转账单（全年净利润结转表），编制会计分录如下：

借：本年利润　　　　　　　　　　　　　　　　　　　820 000
　　贷：利润分配——未分配利润　　　　　　　　　　　　820 000

② 进行利润分配时，根据提取盈余公积决议、企业分配利润决议、利润分配计算表，编制会计分录如下：

借：利润分配——提取法定盈余公积　　　　　　　　　　82 000

　　　　——提取任意盈余公积　　　　　　　　　　　　41 000
　　　　——应付利润　　　　　　　　　　　　　　　220 000
　　贷：盈余公积——法定盈余公积　　　　　　　　　82 000
　　　　　　　　——任意盈余公积　　　　　　　　　41 000
　　　　应付利润　　　　　　　　　　　　　　　　220 000
　③ 期末结转未分配利润时，根据内部转账单（已分配利润结转表），编制会计分录如下：
　　借：利润分配——未分配利润　　　　　　　　　343 000
　　贷：利润分配——提取法定盈余公积　　　　　　　82 000
　　　　　　　　——提取任意盈余公积　　　　　　　41 000
　　　　　　　　——应付利润　　　　　　　　　　220 000
　　结转后，"利润分配——未分配利润"明细科目有贷方余额 477 000 元（820 000－343 000）为本年度未分配利润。

《企业会计准则》与《小企业会计准则》差异比较

1. 营业利润构成内容不同

《企业会计准则》规定，营业利润＝营业收入－营业成本－税金及附加－销售费用－管理费用－研发费用－财务费用－资产减值损失－信用减值损失＋公允价值变动收益（－公允价值变动损失）＋投资收益（－投资损失）＋其他收益＋资产处置收益（－资产处置损失）

《小企业会计准则》规定，营业利润＝营业收入－营业成本－税金及附加－销售费用－管理费用－财务费用＋投资收益（－投资损失）

2. 所得税费用核算不同

《企业会计准则》要求企业采用资产负债表债务法核算所得税，先计算当期应缴所得税（即当期所得税费用），再计算递延所得税，利用公式"所得税费用＝当期所得税费用＋递延所得税负债本期净增加额－递延所得税资产本期净增加额"计算确认所得税费用。

《小企业会计准则》简化了所得税的处理，要求企业直接将计算的当期应交缴纳的所得税确认为所得税费用，不考虑递延所得税，即采用应付税款法核算所得税。

3. 资产减值损失核算不同

《企业会计准则》规定，企业应当采用"预期信用损失法"对以摊余成本计量的金融资产、分类为以公允价值计量且其变动计入其他综合收益的金融资产以及包括租赁应收款和合同资产进行减值会计处理并确认损失准备，通过"信用减值损失"科目核算。对于上述资产以外的资产可能发生的减值损失，计提减值准备，通过"资产减值损失"科目核算。

《小企业会计准则》规定，企业资产减值产生的损失，在实际发生时直接转销，记入"营业外支出"科目，不得计提资产减值准备。

4. 营业外收入核算不同

《企业会计准则》规定，汇兑收益在"财务费用"科目核算；出租包装物和商品的租金收入在"其他业务收入"科目核算；已作坏账损失处理后又收回的应收款项，按实际收回金额，借记"银行存款"科目，贷记"应收账款"科目，同时借记"应收账款"科目，贷记"坏账准备"科目。

《小企业会计准则》规定，汇兑收益、出租包装物和商品的租金收入、逾期未退包装物押金收益、已作坏账损失处理后又收回的应收款项等在"营业外收入"科目核算。

《企业会计准则》规定存货盘盈净收益冲减"管理费用"科目。

《小企业会计准则》规定存货盘盈净收益记入"营业外收入"科目。

《企业会计准则》规定固定资产盘盈作为前期差错处理，通过"以前年度损益调整"科目核算。

《小企业会计准则》规定固定资产盘盈净收益记入"营业外收入"科目核算。

5. 政府补助核算不同

《企业会计准则》规定，与企业日常活动相关的政府补助，应当按照经济业务实质，记入"其他收益"科目或冲减相关成本费用；与企业日常活动无关的政府补助，记入"营业外收入"科目或冲减相关损失。

《小企业会计准则》规定，政府补助仅在"营业外收入"科目核算。

6. 营业外支出核算不同

《企业会计准则》规定对于存货、固定资产盘亏分别情况记入"管理费用""营业外支出"科目核算。

《小企业会计准则》将存货、固定资产盘亏全部记入"营业外支出"科目核算。

7. 利润分配核算内容不同

《企业会计准则》"利润分配"科目下设"盈余公积补亏""提取法定盈余公积""提取任意盈余公积""提取储备基金""提取企业发展基金""提取职工奖励及福利基金""利润归还投资""应付现金股利或利润""应付优先股股利""应付永续债利息""转作股本的股利""未分配利润"明细科目核算企业的利润分配。

《小企业会计准则》"利润分配"科目下设"盈余公积补亏""提取法定盈余公积""提取任意盈余公积""应付利润""未分配利润"明细科目核算小企业的利润分配。

会计与税收差异比较

1. 关于营业外支出

《小企业会计准则》规定企业的营业外支出按实际发生额核算。税法规定，向投资者支付的股息、红利，企业所得税税款，税收滞纳金，罚金、罚款和被没收财物的损失，非公益性捐赠支出，赞助支出，未经核定的准备金支出，与取得收入无关的其他支出，在计算应纳税所得额时，不得扣除。

税法规定，企业发生的公益性捐赠支出，不超过年度利润总额12％的部分，准予扣除；自2017年1月1日起，超过年度利润总额12％的部分，准予结转以后3年内在计算应纳税所得额时扣除。

2. 关于所得税减免优惠政策

税法规定，对从事农、林、牧、渔项目的所得，从事国家重点扶持的公共基础设施项目投资经营的所得，从事国家重点扶持的公共基础设施项目所得，从事符合条件的环境保护、节能节水项目的所得，符合条件的技术转让所得等，减免或定期减免企业所得税。

税法规定，自2019年1月1日至2021年12月31日，对小型微利企业年应纳税所得额不超过100万元的部分，减按25％计入应纳税所得额，按20％的税率缴纳企业所得税；对小型微利企业年应纳税所得额超过100万元但不超过300万元的部分，减按50％计入应纳税所得额，按20％的税率缴纳企业所得税。

税法规定，国家需要重点扶持的高新技术企业减按15％的税率征收企业所得税。对经认定的技术先进型服务企业，减按15％的税率征收企业所得税。

税法规定，自2018年起，给予符合条件的集成电路企业或项目定期免征和减半征企业所得税的优惠。

税法规定，我国境内新办的集成电路设计企业和符合条件的软件企业，经认定后，在2017年12月31日前自获利年度起计算优惠期，第一年至第二年免征企业所得税，第三年至第五年按照25％的法定税率减半征收企业所得税，并享受至期满为止。

税法规定，经认定的动漫企业自主开发、生产动漫产品，在2017年12月31日前自获利年度起计算优惠期，第一年至第二年免征企业所得税，第三年至第五年按照25％的法定税率减半征收企业所得税，并享受至期满为止。

税法规定，对设在西部地区的鼓励类产业企业减按15％的税率征收企业所得税。

税法规定，民族自治地方企业应纳税所得额中属于地方分享的部分，可减征或免征企业所得税。

3. 关于所得税额抵免优惠政策

企业购置并实际使用的环境保护、节能节水、安全生产等专用设备的投资额，可按照一定比例（投资额的10％）从当年应纳税额中抵免；当年不足抵免的，可在以后5个纳税年度结转抵免。

4. 关于亏损弥补

企业纳税年度发生的亏损，准予向以后年度结转，用以后年度的所得弥补，但结转年限最长不得超过5年。2018年1月1日1起，当年具备科技型中小企业资格的企业，其具备资格年度之前5个年度发生的尚未弥补完的亏损，准予结转以后年度弥补，最长结转年限由5年延长至10年。

第十四章 财务报表的编制

项目一 资产负债表的编制

财务报表,是指对小企业财务状况、经营成果和现金流量的结构性表述。报表使用者通过全面阅读和综合分析财务报表,可以了解和掌握小企业过去和当前的状况,预测小企业的未来发展趋势,做出相关决策。

小企业的财务报表至少应当包括:资产负债表、利润表、现金流量表、附注。

小企业应当根据实际发生的交易和事项,按照《小企业会计准则》的规定进行确认和计量,在此基础上按月或者按季编制财务报表。

小企业对会计政策变更、会计估计变更和会计差错更正应当采用未来适用法进行会计处理。

会计政策,是指小企业在会计确认、计量和报告中所采用的原则、基础和会计处理方法。会计估计变更,是指由于资产和负债的当前状况及预期经济利益和义务发生了变化,从而对资产或负债的账面价值或者资产的定期消耗金额进行调整。前期差错包括:计算错误、应用会计政策错误、应用会计估计错误等。未来适用法,是指将变更后的会计政策和会计估计应用于变更日及以后发生的交易或者事项,或者在会计差错发生或发现的当期更正差错的方法。

一、资产负债表的定义和作用

资产负债表,是指反映小企业在某一特定日期的财务状况的报表。特定日期例如公历每年12月31日。财务状况,即某一特定日期关于小企业资产、负债、所有者权益及其相互关系。

资产负债表的作用包括:

第一,可以提供某一日期资产的总额及其结构,表明小企业拥有或控制的资源及其分布情况;

第二，可以提供某一日期的负债总额及其结构，表明小企业未来需要用多少资产或劳务清偿债务以及清偿时间；

第三，可以反映所有者所拥有的权益，据以判断资本保值、增值的情况以及对负债的保障程度。

二、资产负债表列报要求

资产负债表应当按照资产、负债和所有者权益三大类别分类列报；资产和负债应当按照流动性分别分为流动资产和非流动资产、流动负债和非流动负债列示，在流动资产和非流动资产类别、流动负债和非流动负债类别下进一步按性质分项列示；所有者权益类一般按照净资产的不同来源和特定用途进行分类并分项列示。

资产负债表中的资产类至少应当列示流动资产和非流动资产的合计项目；负债类至少应当列示流动负债、非流动负债及负债的合计项目；所有者权益类应当列示所有者权益的合计项目。

资产负债表应当分别列示资产总计项目和负债与所有者权益之和的总计项目，并且这二者的金额应当相等。

三、资产负债表的列报格式

1. 账户式的资产负债表列报格式

我国资产负债表采用账户式的格式，即左方列报资产，右方列报负债和所有者权益。账户式资产负债表中的资产各项目的合计等于负债和所有者权益各项目的合计，即资产负债表左方和右方平衡。因此，通过账户式资产负债表，可以反映资产、负债、所有者权益之间的内在关系，即"资产＝负债＋所有者权益"。

2. 列示资产负债表的比较信息

小企业需要提供比较资产负债表，以便报表使用者通过比较不同时点资产负债表的数据，掌握小企业财务状况的变动情况及发展趋势。所以，资产负债表还就各项目再分为"年初余额"和"期末余额"两栏分别填列。

四、资产负债表的编制

（一）小企业资产负债表的填列方法

1. 资产负债表"年初余额"栏的填列方法

资产负债表中的"年初余额"栏通常根据上年末有关项目的期末余额填列，且与上年末资产负债表"期末余额"栏相一致。

2. 资产负债表"期末余额"栏的填列方法

资产负债表"期末余额"栏一般应根据资产、负债和所有者权益类科目的期末余额填列。

(1) 根据总账科目余额填列

"短期投资""应收票据""应收股利""应收利息""其他应收款""长期债券投资""长期股权投资""固定资产原价""累计折旧""在建工程""工程物资""固定资产清理""短期借款""应付票据""应付职工薪酬""应交税费""应付利息""应付利润""其他应付款""递延收益""实收资本（或股本）""资本公积""盈余公积"等项目，应根据有关总账科目的余额填列。

有些项目则应根据几个总账科目的期末余额计算填列。如"货币资金"项目，应根据"库存现金""银行存款""其他货币资金"三个总账科目期末余额的合计数填列；"其他非流动资产""其他流动负债"项目，应根据有关科目的期末余额分析填列。

【例 14-1】正泰公司 20×2 年年末结账后"库存现金"科目余额为 4 000 元，"银行存款"科目余额为 300 000 元，"其他货币资金"科目余额为 45 000 元。该公司 20×2 年 12 月 31 日资产负债表中"货币资金"项目金额为：

$$4\,000 + 300\,000 + 45\,000 = 349\,000（元）$$

(2) 根据明细账科目余额计算填列

"开发支出"项目，应根据"研发支出"科目中所属的"资本化支出"明细科目期末余额填列；"应付账款"项目，应根据"应付账款"和"预付账款"两个科目所属的相关明细科目的期末贷方余额合计数填列；"预收款项"项目，应根据"预收账款"和"应收账款"两个科目所属的各明细科目的期末贷方余额合计数填列；"应收账款"项目，应根据"应收账款"和"预收账款"科目所属各明细科目的期末借方余额合计数填列；"预付款项"项目，应根据"预付账款"和"应付账款"科目所属各明细科目的期末借方余额合计数填列；"存货"项目，应根据"材料采购""在途物资""原材料""库存商品""周转材料""委托加工物资""生产成本"等科目的期末余额合计金额填列，材料采用计划成本核算，以及库存商品采用计划成本核算或售价核算的企业，还应按加或减"材料成本差异""商品进销差价"后的金额填列。"其他流动资产"项目中所含的"1 年内到期的非流动资产"，"其他流动负债"项目中所含的"1 年内到期的非流动负债"，应根据有关非流动资产或负债项目的明细科目期末余额分析填列；"未分配利润"项目，应根据"利润分配"科目中所属的"未分配利润"明细科目期末余额填列。

【例 14-2】正泰公司 20×2 年年末结账后应收应付情况，如表 14-1 所示。

表 14-1 应收应付情况表

科　　目	借方余额	贷方余额
应收账款——A 公司	275 000	
应收账款——B 公司	33 000	
应收账款——C 公司		44 000
应付账款——甲公司		110 000
应付账款——乙公司		82 500
应付账款——丙公司	55 000	
预付账款——D 公司	195 800	
预付账款——E 公司		68 750
应收票据——X 公司	220 000	
预收账款——丁公司		346 500
预收账款——戊公司	99 000	
应付票据——Y 公司		165 000

该公司 20×2 年 12 月 31 日资产负债表中应收应付项目金额如下：

应收账款项目＝275 000＋33 000＋99 000＝407 000(元)

应付账款项目＝110 000＋82 500＋68 750＝261 250(元)

预收账款项目＝44 000＋346 500＝390 500(元)

预付账款项目＝195 800＋55 000＝250 800(元)

应收票据项目＝220 000(元)

应付票据项目＝165 000(元)

【例 14-3】正泰公司原材料采用计划成本核算。20×2 年年末结账后有关科目余额为："材料采购"科目余额 60 000 元（借方），"原材料"科目余额 1 000 000 元（借方），"周转材料"科目余额为 200 000 元（借方），"库存商品"科目余额为 1 500 000 元（借方），"生产成本"科目余额为 500 000 元（借方），"材料成本差异"科目余额为 40 000 元(贷方)。

该公司 20×2 年 12 月 31 日资产负债表中"存货"项目金额如下：

60 000＋1 000 000＋200 000＋1 500 000＋500 000－40 000＝3 220 000(元)

（3）根据总账科目和明细账科目的余额分析计算填列

"长期借款"项目，应根据"长期借款"总账科目余额扣除"长期借款"科目所属的明细科目中将在资产负债表日起 1 年内到期且企业不能自主地将清偿义务展期的长期借款后的金额计算填列；"长期应付款"项目填列分析同"长期借款"项目；"长期待摊费用"项目，应根据"长期待摊费用"科目的期末余额减去将于 1 年内（含 1 年）摊销的数额后的金额填列；"其他非流动负债"项目，应根据有关科目的期末余额减去将于 1 年内（含一年）到期偿还数后的金额填列。

【例 14-4】正泰公司 20×2 年年末结账后长期借款情况，如表 14-2 所示。

表 14-2 长期借款情况表

"长期借款"情况	20×2年年末借款剩余日期/年	金额/万元
长期借款——甲公司	2	500
长期借款——乙公司	3	1 000
长期借款——丙公司	1	2 500

该公司20×2年12月31日资产负债表中"长期借款"项目金额为：

$$500+1\,000=1\,500(万元)$$

将在1年内到期的长期借款（丙公司）2 500万元，应当填列在流动负债下"其他流动负债"项目中。

这样，资产负债表"期末余额"栏填列方法，如表14-3所示。

表 14-3 资产负债表期末余额栏填列方法

	报表项目	数据来源及填列方法
资产	流动资产	
	货币资金	"库存现金"科目的期末余额＋"银行存款"科目的期末余额＋"其他货币资金"科目的期末余额
	短期投资	"短期投资"科目的期末余额
	应收票据	"应收票据"科目的期末余额
	应收账款	(1)"应收账款"明细科目借方余额合计＋"预收账款"明细科目借方余额 (2) 应收账款明细科目贷方余额→预收账款项目
	预付账款	(1)"预付账款"明细科目借方余额合计＋"应付账款"明细科目借方余额 (2)"预付账款"明细科目贷方余额→应付账款项目 (3) 超过1年期以上的预付账款的借方余额→其他非流动资产项目
	应收利息	"应收利息"科目的期末余额（不含到期一次还本付息债券的应计利息）
	应收股利	"应收股利"科目的期末余额
	其他应收款	"其他应收款"科目的期末余额
	存货	"材料采购"科目的期末余额＋"在途物资"科目的期末余额＋"原材料"科目的期末余额＋"周转材料"科目的期末余额＋"库存商品"科目的期末余额＋"自制半成品"科目的期末余额＋"生产成本"科目的期末余额＋"委托加工物资"科目的期末余额＋"消耗性生物资产"科目的期末余额±"材料成本差异"科目的期末余额±"商品进销差价"科目的期末余额
	其他流动资产	其他流动资产有关科目期末余额，含1年内到期的非流动资产
	流动资产合计	流动资产项目金额合计
	非流动资产	
	长期债券投资	"长期债券投资"科目的期末余额
	长期股权投资	"长期股权投资"科目的期末余额
	固定资产原价	"固定资产"科目的期末余额
	累计折旧	"累计折旧"科目的期末余额
	固定资产账面价值	"固定资产"科目的期末余额－"累计折旧"科目的期末余额
	在建工程	"在建工程"科目的期末余额

续表

报表项目			数据来源及填列方法
资产	非流动资产	工程物资	"工程物资"科目的期末余额
		固定资产清理	"固定资产清理"科目借方余额（贷方余额以"一"号填列）
		生产性生物资产	"生产性生物资产"科目的期末余额－"生产性生物资产累计折旧"科目期末余额
		无形资产	"无形资产"科目期末余额－"累计摊销"科目期末余额
		开发支出	"研发支出——资本化支出"明细科目期末余额
		长期待摊费用	"长期待摊费用"科目的期末余额－将于1年内（含1年）摊销的数额。长期待摊费用中在1年内（含1年）摊销的部分，在资产负债表"其他流动资产"项目填列
		其他非流动资产	其他非流动资产有关科目的期末余额
		非流动资产合计	非流动资产项目金额合计
		资产总计	
负债和股东权益	流动负债	短期借款	"短期借款"科目的期末余额
		应付票据	"应付票据"科目的期末余额
		应付账款	（1）"应付账款"明细科目贷方余额合计＋"预付账款"明细科目贷方余额 （2）"应付账款"明细科目借方余额→预付账款项目
		预收账款	（1）"预收账款"明细科目贷方余额合计＋"应收账款"明细科目贷方余额 （2）"预收账款"明细科目借方余额→应收账款项目 （3）超过1年期以上的预收账款的贷方余额→其他非流动负债项目
		应付职工薪酬	"应付职工薪酬"科目的期末贷方余额（如为借方余额以"一"号填列）
		应交税费	"应交税费"科目的期末贷方余额（如为借方余额以"一"号填列）
		应付利息	"应付利息"科目的期末余额
		应付利润	"应付利润"科目的期末余额
		其他应付款	"其他应付款"科目的期末余额
		其他流动负债	其他流动负债有关科目期末余额，含1年内到期的非流动负债
		流动负债合计	流动负债项目金额合计
	非流动负债	长期借款	"长期借款"科目的期末余额－将于1年内偿还的部分
		长期应付款	"长期应付款"科目的期末余额－将于1年内偿还的部分
		递延收益	"递延收益"科目的期末余额
		其他非流动负债	有关科目余额－将于1年内到期偿付的部分
		非流动负债合计	非流动负债项目金额合计
		负债合计	流动负债项目金额合计＋非流动负债项目金额合计
	股东权益	实收资本（或股本）	"实收资本"（或"股本"）科目的期末余额
		资本公积	"资本公积"科目的期末余额
		盈余公积	"盈余公积"科目的期末余额
		未分配利润	"本年利润"科目的余额和"利润分配——未分配利润"科目的余额计算填列（未弥补亏损以"一"号填列）
		股东权益（或所有者权益）合计	股东权益（或所有者权益）项目金额合计
		负债和股东权益（或所有者权益）总计	负债项目金额合计＋股东权益（或所有者权益）项目金额合计

(二) 资产负债表的编制实例

【例 14-5】 相关资料

1. 正泰公司为增值税一般纳税人，增值税税率 17%，企业所得税税率 25%。存货按计划成本核算，产品销售成本期末汇总结转。

20×1 年年初有关科目的余额，如表 14-4 的"年初余额"栏。

2. 该公司 20×1 年发生的经济业务如下：

（1）开给甲公司的商业承兑汇票 150 000 元到期，以银行存款支付。

（2）购入原材料一批，取得的增值税专用发票已认证相符，发票注明价款 225 000 元、增值税额 38 250 元，款项以银行存款支付，材料未到。

（3）收到原材料一批，实际成本 150 000 元，计划成本 142 500 元，材料已验收入库，货款已于上月支付。

（4）用银行汇票采购材料，取得的增值税专用发票已认证相符，发票注明价款 149 700 元、增值税额 25 449 元，原材料已验收入库，该批原材料计划成本 150 000 元。收到开户银行转来银行汇票多余款 351 元。

（5）向乙公司销售产品一批，开出增值税专用发票，注明价款 450 000 元，增值税额 76 500 元，该批产品实际成本 270 000 元，产品已发出，货款未收到。

（6）出售账面余额为 22 500 元的短期投资，出售价款 24 750 元，存入银行。

（7）购入管理部门用的汽车 1 辆，取得的增值税专用发票注明价款 128 205 元、增值税额 21 795 元；运输费 1 500 元、增值税额 165 元。款项均以银行存款支付，车辆已交付使用。取得的增值税专用发票已认证相符。

（8）购入工程物资一批，取得的增值税专用发票已认证相符，发票注明价款 225 000 元、增值税额 38 250 元，款项以银行存款支付。

（9）去年开工建造仓库一幢，本期基建工程人员应付工资 300 000 元、计提福利费 42 000 元；基建工程领用工程物资 150 000 元。

（10）仓库完工，计算应负担的长期借款利息 225 000 元。该项借款到期一次还本付息。

（11）仓库完工，办理竣工结算，结转在建工程支出 2 100 000 元。

（12）基本生产车间 1 台机床报废，原价 300 000 元，已提折旧 270 000 元，发生清理费用 750 元，收到普通发票，款项以银行存款支付。该项固定资产已清理完毕。

（13）从银行借入 3 年期借款 600 000 元，存入银行账户，该项借款用于购建固定资产。

（14）销售产品一批，开出增值税专用发票，注明价款 1 050 000 元，增值税额 178 500 元，销售产品的实际成本 630 000 元，货款已存入银行。

（15）一张面值为 300 000 元的丙公司的无息银行承兑汇票到期，款项已收妥。

（16）收到被投资企业当期宣告发放的现金股利 45 000 元，增加投资收益（属于免税收入），款项已存入银行。

（17）出售 1 台不需用生产设备，开出增值税专用发票，注明价款 450 000 元，增值税额 76 500 元。该设备原价 600 000 元,已提折旧 225 000 元。

(18) 提取应计入本期损益的借款利息共 32 250 元,其中短期借款利息 17 250 元,到期一次还本付息的长期借款利息 15 000 元。

(19) 提取现金 750 000 元,准备发放工资。

(20) 支付职工工资 750 000 元,其中包括支付给在建工程人员的工资 300 000 元。

(21) 分配职工工资 450 000 元(不包括在建工程应负担的工资),其中基本生产车间生产人员工资 412 500 元,车间管理人员工资 15 000 元,行政管理部门人员工资 22 500 元。

(22) 提取职工工会经费 63 000 元(不包括在建工程计提的 42 000 元),其中基本生产车间生产工人计提 57 750 元,基本生产车间管理人员计提 2 100 元,行政管理部门计提 3 150 元。

(23) 归还短期借款本金 375 000 元,利息 18 750 元(已计提)。

(24) 基本生产车间生产领用原材料,计划成本 1 050 000 元;基本生产车间一般性耗用领用低值易耗品,计划成本 75 000 元,采用一次转销法摊销。

(25) 结转领用原材料、低值易耗品应分摊的材料成本差异,材料成本差异率均为 5%。

(26) 摊销企业自用的无形资产 90 000 元;以银行存款支付办公费,其中,厂部办公费 15 000 元,基本生产车间办公费 135 000 元,收到普通发票。

(27) 计提固定资产折旧 150 000 元,其中基本生产车间折旧费 120 000 元,管理部门折旧费 30 000 元。

(28) 收到丁公司应收账款 76 500 元,存入银行,实际发生坏账损失 1 350 元。

(29) 支付产品业务宣传费,取得的增值税专用发票已认证相符,发票注明价款 15 000 元,增值税额 2 550 元,款项以银行存款支付。

(30) 结转基本生产车间的制造费用;结转本期完工产品成本。假定没有期初在产品,本期生产的产品全部完工入库。

(31) 发生广告费,取得的增值税专用发票已认证相符,发票注明价款 15 000 元,增值税额 900 元,款项以银行存款支付。

(32) 采用商业承兑汇票结算方式向戊公司销售产品一批,开出增值税专用发票,注明价款 375 000 元,增值税额为 63 750 元,收到商业承兑汇票一张;产品实际成本 225 000 元。

(33) 将戊公司商业承兑汇票到银行办理无追索权贴现,贴现息为 30 000 元。

(34) 以银行存款戊公司应付账款 13 000 元

(35) 以银行存款支付审计费,取得的增值税专用发票已认证相符,发票注明价款 75 000 元,增值税额 4 500 元,款项以银行存款支付。

(36) 本期产品销售应交纳的教育费附加为 7 902 元。

(37) 用银行存款交纳本期增值税 263 391 元、交纳教育费附加 7 902 元。

(38) 结转本期产品销售成本 1 125 000 元。

(39) 计算并结转本期应交企业所得税。

(40) 将各损益类账户余额结转至"本年利润"账户。

(41) 按净利润的10％提取法定盈余公积；向投资者分配利润210 335.90元。

(42) 将"利润分配"所属其他明细账户的余额转入"利润分配——未分配利润"明细账户，结转"本年利润"账户余额。

(43) 偿还长期借款本金1 500 000元。

(44) 以银行存款交纳企业所得税。

根据上述资料编制会计分录和比较资产负债表。

1. 根据前述业务编制会计分录。

(1) 借：应付票据——甲公司   150 000
   贷：银行存款   150 000

(2) 借：材料采购   225 000
    应交税费——应交增值税（进项税额） 38 250
   贷：银行存款   263 250

(3) 借：原材料   142 500
    材料成本差异   7 500
   贷：材料采购   150 000

(4) 借：材料采购   149 700
    应交税费——应交增值税（进项税额） 25 449
    银行存款   351
   贷：其他货币资金——银行汇票   175 500
   借：原材料   150 000
    贷：材料采购   149 700
     材料成本差异   300

(5) 借：应收账款——乙公司   526 500
   贷：主营业务收入   450 000
    应交税费——应交增值税（销项税额） 76 500

(6) 借：银行存款   24 750
   贷：短期投资   22 500
    投资收益   2 250

(7) 借：固定资产——非生产经营用   129 705
    应交税费——应交增值税（进项税额） 21 960
   贷：银行存款   151 665

(8) 借：工程物资   225 000
    应交税费——应交增值税（进项税额） 38 250
   贷：银行存款   263 250

(9) 借：在建工程　　　　　　　　　　　　　　　　　　　492 000
　　　贷：应付职工薪酬——职工工资　　　　　　　　　300 000
　　　　　　　　　　——职工福利费　　　　　　　　　 42 000
　　　　　工程物资　　　　　　　　　　　　　　　　　150 000
(10) 借：在建工程　　　　　　　　　　　　　　　　　　　225 000
　　　贷：长期借款——应计利息　　　　　　　　　　　225 000
(11) 借：固定资产——生产经营用　　　　　　　　　　 2 100 000
　　　贷：在建工程　　　　　　　　　　　　　　　　2 100 000
(12) 借：固定资产清理　　　　　　　　　　　　　　　　 30 000
　　　　累计折旧　　　　　　　　　　　　　　　　　　270 000
　　　贷：固定资产——生产经营用　　　　　　　　　　300 000
　　　借：固定资产清理　　　　　　　　　　　　　　　　　750
　　　贷：银行存款　　　　　　　　　　　　　　　　　　　750
　　　借：营业外支出——非流动资产处置净损失　　　　 30 750
　　　贷：固定资产清理　　　　　　　　　　　　　　　 30 750
(13) 借：银行存款　　　　　　　　　　　　　　　　　　　600 000
　　　贷：长期借款　　　　　　　　　　　　　　　　　600 000
(14) 借：银行存款　　　　　　　　　　　　　　　　　　1 228 500
　　　贷：主营业务收入　　　　　　　　　　　　　　1 050 000
　　　　　应交税费——应交增值税（销项税额）　　　 178 500
(15) 借：银行存款　　　　　　　　　　　　　　　　　　　300 000
　　　贷：应收票据——丙公司　　　　　　　　　　　　300 000
(16) 借：银行存款　　　　　　　　　　　　　　　　　　　 45 000
　　　贷：投资收益　　　　　　　　　　　　　　　　　 45 000
(17) 借：固定资产清理　　　　　　　　　　　　　　　　 375 000
　　　　累计折旧　　　　　　　　　　　　　　　　　　225 000
　　　贷：固定资产——生产经营用　　　　　　　　　　600 000
　　　借：银行存款　　　　　　　　　　　　　　　　　 526 500
　　　贷：固定资产清理　　　　　　　　　　　　　　　450 000
　　　　　应交税费——应交增值税（销项税额）　　　　76 500
　　　借：固定资产清理　　　　　　　　　　　　　　　 75 000
　　　贷：营业外收入——非流动资产处置净收益　　　　75 000
(18) 借：财务费用　　　　　　　　　　　　　　　　　　 32 250
　　　贷：应付利息　　　　　　　　　　　　　　　　　 17 250
　　　　　长期借款——应计利息　　　　　　　　　　　 15 000

(19) 借：库存现金 750 000
　　　贷：银行存款 750 000
(20) 借：应付职工薪酬——职工工资 750 000
　　　贷：库存现金 750 000
(21) 借：生产成本——基本生产成本 412 500
　　　　制造费用——基本生产车间 15 000
　　　　管理费用——职工工资 22 500
　　　贷：应付职工薪酬——职工工资 450 000
(22) 借：生产成本——基本生产成本 57 750
　　　　制造费用——基本生产车间 2 100
　　　　管理费用——工会经费 3 150
　　　贷：应付职工薪酬——工会经费 63 000
(23) 借：短期借款 375 000
　　　　应付利息 18 750
　　　贷：银行存款 393 750
(24) 借：生产成本——基本生产成本 1 050 000
　　　贷：原材料 1 050 000
　　借：制造费用——基本生产车间 75 000
　　　贷：周转材料——低值易耗品 75 000
(25) 当期领用材料（含低值易耗品）应负担的材料成本差异为：
原材料应负担：1 050 000×5％＝52 500(元)
低值易耗品应负担：75 000×5％＝3 750(元)
借：生产成本——基本生产成本 52 500
　　制造费用——基本生产车间 3 750
　贷：材料成本差异 56 250
(26) 借：管理费用——无形资产摊销 90 000
　　　贷：累计摊销 90 000
　　借：管理费用——办公费 15 000
　　　　制造费用——基本生产车间 135 000
　　　贷：银行存款 150 000
(27) 借：制造费用——基本生产车间 120 000
　　　　管理费用——折旧费 30 000
　　　贷：累计折旧 150 000
(28) 借：银行存款 76 500
　　　贷：应收账款——丁公司 76 500

借：营业外支出——坏账损失　　　　　　　　　　　　　　1 350
　　　　贷：应收账款——丁公司　　　　　　　　　　　　　　　　1 350
(29) 借：销售费用——业务宣传费　　　　　　　　　　　　15 000
　　　　　应交税费——应交增值税（进项税额）　　　　　　2 550
　　　　贷：银行存款　　　　　　　　　　　　　　　　　　　　15 000
(30) 借：生产成本——基本生产成本　　　　　　　　　　350 850
　　　　贷：制造费用——基本生产车间　　　　　　　　　　　350 850
　　　借：库存商品　　　　　　　　　　　　　　　　　　1 923 600
　　　　贷：生产成本——基本生产成本　　　　　　　　　　1 923 600
(31) 借：销售费用——广告费　　　　　　　　　　　　　　15 000
　　　　　应交税费——应交增值税（进项税额）　　　　　　　900
　　　　贷：银行存款　　　　　　　　　　　　　　　　　　　　15 900
(32) 借：应收票据——戊公司　　　　　　　　　　　　　438 750
　　　　贷：主营业务收入　　　　　　　　　　　　　　　　　375 000
　　　　　　应交税费——应交增值税（销项税额）　　　　　　63 750
(33) 借：财务费用——贴现息　　　　　　　　　　　　　　30 000
　　　　　银行存款　　　　　　　　　　　　　　　　　　　408 750
　　　　贷：应收票据——戊公司　　　　　　　　　　　　　　438 750
(34) 借：应付账款——戊公司　　　　　　　　　　　　　　13 000
　　　　贷：银行存款　　　　　　　　　　　　　　　　　　　　13 000
(35) 借：管理费用——审计费　　　　　　　　　　　　　　75 000
　　　　　应交税费——应交增值税（进项税额）　　　　　　4 500
　　　　贷：银行存款　　　　　　　　　　　　　　　　　　　　79 500
(36) 借：税金及附加　　　　　　　　　　　　　　　　　　　7 902
　　　　贷：应交税费——应交教育费附加　　　　　　　　　　　7 902
(37) 借：应交税费——应交增值税（已交税金）　　　　　263 391
　　　　　应交税费——应交教育费附加　　　　　　　　　　　7 902
　　　　贷：银行存款　　　　　　　　　　　　　　　　　　　271 293
(38) 借：主营业务成本　　　　　　　　　　　　　　　　1 125 000
　　　　贷：库存商品　　　　　　　　　　　　　　　　　　1 125 000
(39) 本年应交所得税：(1 997 250—1 492 902—45 000)×25％＝114 837(元)
　　借：所得税费用　　　　　　　　　　　　　　　　　　114 837
　　　　贷：应交税费——应交所得税　　　　　　　　　　　114 837
(40) 借：主营业务收入　　　　　　　　　　　　　　　　1 875 000
　　　　　营业外收入　　　　　　　　　　　　　　　　　　75 000

	投资收益	47 250
	贷：本年利润	1 997 250
	借：本年利润	1 607 739
	贷：主营业务成本	1 125 000
	税金及附加	7 902
	销售费用	30 000
	管理费用	235 650
	财务费用	62 250
	营业外支出	32 100
	所得税费用	114 837

(41) 净利润＝1 997 250－1 607 739＝389 511(元)

本年应提法定盈余公积＝389 511×10％＝38 951.10(元)

借：利润分配——提取法定盈余公积		38 951.10
贷：盈余公积——法定盈余公积		38 951.10

本年分配利润 210 335.90 元：

借：利润分配——应付利润		210 335.90
贷：应付利润		210 335.90
(42) 借：利润分配——未分配利润		249 287
贷：利润分配——提取法定盈余公积		38 951.10
——应付利润		210 335.90
借：本年利润		389 511
贷：利润分配——未分配利润		389 511
(43) 借：长期借款		1 500 000
贷：银行存款		1 500 000
(44) 借：应交税费——应交所得税		114 837
贷：银行存款		114 837

2. 编制 20×1 年 12 月 31 日的正泰公司的科目余额表，如表 14-4 所示；编制正泰公司的比较资产负债表，如表 14-5 所示。

表 14-4 科目余额表

科目名称	借方余额		科目名称	贷方余额	
	年初数	年末数		年初数	年末数
库存现金	3 000	3 000	短期借款	450 000	75 000
银行存款	2 015 100	1 096 706	应付票据	300 000	150 000
其他货币资金	186 450	10 950	应付账款	1 130 700	1 117 700
短期投资	22 500	0	其他应付款	75 000	75 000

续表

科目名称	借方余额		科目名称	贷方余额	
	年初数	年末数		年初数	年末数
应收票据	369 000	69 000	应付职工薪酬	165 000	270 000
应收账款	448 650	897 300	应交税费	0	0
预付账款	150 000	150 000	应付利润	0	210 335.90
其他应收款	7 500	7 500	应付利息	1 500	0
材料采购	337 500	412 500	长期借款	2 400 000	1 740 000
原材料	825 000	67 500	其中:一年内到期的非流动负债	1 500 000	0
周转材料	132 075	57 075	实收资本	7 500 000	7 500 000
库存商品	2 520 000	3 318 600	盈余公积	150 000	188 951.10
材料成本差异	55 425	6 375	利润分配——未分配利润	75 000	215 224
长期股权投资	375 000	375 000			
固定资产	2 250 000	3 579 705			
累计折旧	-600 000	-255 000			
工程物资	0	75 000			
在建工程	2 250 000	867 000			
无形资产	900 000	900 000			
累计摊销	0	-90 000			
合 计	12 247 200	11 542 211	合 计	12 247 200	11 542 211

表 14-5　资产负债表

会小企 01 表

编制单位：正泰公司　　　　　　20×1 年 12 月 31 日　　　　　　单位：元

资产	期末余额	年初余额	负债和所有者权益	期末余额	年初余额
流动资产:			流动负债:		
货币资金	1 104 656	2 204 550	短期借款	75 000	450 000
短期投资	0	22 500	应付票据	150 000	300 000
应收票据	69 000	369 000	应付账款	1 117 700	1 130 700
应收账款	897 300	448 650	预收款项	0	0
预付款项	150 000	150 000	应付职工薪酬	270 000	165 000
应收股利	0	0	应交税费	0	0
应收利息	0	0	应付利息	0	1 500
其他应收款	7 500	7 500	应付利润	210 335.90	0
存货	3 862 050	3 870 000	其他应付款	75 000	75 000
其中:原材料	67 500	825 000	其他流动负债		
在产品	0	0	流动负债合计	1 898 035.90	2 122 200
库存商品	3 318 600	2 520 000	非流动负债:		
周转材料	57 075	132 075	长期借款	1 740 000	2 400 000
其他流动资产	0	0	长期应付款	0	0

续表

资　　产	期末余额	年初余额	负债和所有者权益	期末余额	年初余额
流动资产合计	6 090 506	7 072 200	递延收益	0	0
非流动资产：			其他非流动负债	0	0
长期债券投资	0	0	非流动负债合计	1 740 000	2 400 000
长期股权投资	375 000	375 000	负债合计	3 638 035.90	4 522 200
固定资产	3 579 705	2 250 000			
减：累计折旧	255 000	600 000			
固定资产账面价值	3 324 705	1 650 000			
在建工程	867 000	2 250 000			
工程物资	75 000				
固定资产清理	0	0			
生产性生物资产	0	0	所有者权益（或股东权益）：		
无形资产	810 000	900 000	实收资本（或股本）	7 500 000	7 500 000
开发支出	0	0	资本公积	0	0
长期待摊费用	0	0	盈余公积	188 951.10	150 000
其他非流动资产	0	0	未分配利润	215 224	75 000
非流动资产合计	5 451 705	5 175 000	所有者权益（或股东权益）合计	7 904 175.10	7 725 000
资产总计	11 542 211	12 247 200	负债和所有者权益总计	11 542 211	12 247 200

项目二　利润表的编制

一、利润表的定义和作用

利润表是反映小企业在一定会计期间的经营成果的会计报表。例如，反映某年1月1日至12月31日经营成果的利润表，它反映的就是该期间的经营成果情况。

利润表的列报必须充分反映小企业经营业绩的主要来源和构成，有助于使用者判断净利润的质量及其风险，有助于使用者预测净利润的持续性，从而做出正确的决策。通过利润表，可以反映企业一定会计期间收入的实现情况；可以反映一定会计期间的费用耗费情况；可以反映小企业生产经营活动的成果，即净利润的实现情况，据以判断资本保值、增值等情况。

二、费用采用"功能法"列报

小企业通常采用"功能法"列报利润表费用。费用应当按照功能分类，分为营业成本、税金及附加、销售费用、管理费用和财务费用等。

三、利润表的列报格式

我国小企业采用多步式列报利润表，将不同性质的收入和费用类别进行对比，按利润形成的主要环节计算得出一些中间性的利润指标，分步计算出营业利润、利润总额、净利润总额等数据，便于报表使用者理解企业经营成果的不同来源。

四、利润表的编制

（一）小企业利润表的列报方法

1. 利润表中"本年累计金额"栏的填列方法

利润表中的"本年累计金额"栏反映各项目自年初起至报告期末止的累计实际发生额。

2. 利润表中"本月金额"栏的填列方法

利润表"本月金额"栏反映各项目的本月实际发生额。在编制年度财务报表时，应将"本月金额"栏改为"上年金额"栏，填列上年全年实际发生额。

利润表"本月金额"栏内各项数字一般应根据损益类科目的本期发生额分析填列。"营业利润""利润总额""净利润"项目根据本表中相关项目计算填列。

利润表中"本月金额"栏的填列方法，如表14-6所示。

表14-6 利润表"本月金额"栏的填列方法

报表项目	数据来源及填列方法
一、营业收入	根据"主营业务收入"和"其他业务收入"科目的发生额分析填列
减：营业成本	根据"主营业务成本"和"其他业务成本"科目的发生额分析填列
税金及附加	根据"税金及附加"科目的发生额分析填列
销售费用	根据"销售费用"科目的发生额分析填列
管理费用	根据"管理费用"科目的发生额分析填列
财务费用	根据"财务费用"科目的发生额分析填列
投资收益（损失以"-"号填列）	根据"投资收益"科目的发生额分析填列。如为投资损失，本项目以"-"号填列
二、营业利润（亏损以"-"号填列）	反映小企业当期实现的营业利润。如为亏损，本项目以"-"号填列
加：营业外收入	根据"营业外收入"科目的发生额分析填列
减：营业外支出	根据"营业外支出"科目的发生额分析填列
三、利润总额（亏损总额以"-"号填列）	反映小企业当期实现的利润总额。如为亏损总额，本项目以"-"号填列
减：所得税费用	根据"所得税费用"科目的发生额分析填列
四、净利润（净亏损以"-"号填列）	反映小企业当期实现的净利润。如为净亏损，本项目以"-"号填列

（二）利润表编制举例

【例 14-6】 承例 14-5。编制正泰公司的 20×1 年度利润表，如表 14-7 所示。

表 14-7　利润表　　　　　　　　　　　　　　　　会小企 02 表

编制单位：正泰公司　　　　　20×1 年　　　　　　　　　　单位：元

项　目	本年累计金额	上年金额
一、营业收入	1 875 000	
减：营业成本	1 125 000	
税金及附加	7 902	
其中：消费税	0	
城市维护建设税	0	
资源税	0	
土地增值税	0	
城镇土地使用税、房产税、车船税、印花税	0	
教育费附加、矿产资源补偿费、排污费	7 902	
销售费用	30 000	
其中：商品维修费	0	
广告费和业务宣传费	30 000	
管理费用	235 650	
其中：开办费	0	
业务招待费	0	
研究费用	0	
财务费用	62 250	
其中：利息费用（收入以"－"号填列）	32 250	
加：投资收益（损失以"－"号填列）	47 250	
二、营业利润（亏损以"－"号填列）	461 448	
加：营业外收入	75 000	
其中：政府补助	0	
减：营业外支出	32 100	
其中：坏账损失	1 350	
无法收回的长期债券投资损失	0	
无法收回的长期股权投资损失	0	
自然灾害等不可抗力因素造成的损失	0	
税收滞纳金	0	
三、利润总额（亏损总额以"－"号填列）	504 348	
减：所得税费用	114 837	
四、净利润（净亏损以"－"号填列）	389 511	

项目三　现金流量表的编制

一、现金流量表的概念及作用

现金流量表，是指反映小企业一定会计期间现金流入和流出情况的报表。现金，是指小企业的库存现金，以及可以随时用于支付的存款和其他货币资金。

现金流量表的作用主要体现在以下几个方面：

① 有助于评价小企业支付能力、偿债能力和周转能力；
② 有助于预测小企业未来现金流量；
③ 有助于分析小企业收益质量及影响现金净流量的因素。

现金和利润是所有企业管理者关心的问题，两者都是小企业生存的支撑点。小企业持有的现金越多表示企业的现金支付能力越强，小企业利润越大则表示企业的赢利能力越强。一个健康企业的状态应该是在其利润表上能够反映利润，同时在现金流量表上又能够反映从经营活动流入的现金。

二、现金流量表的结构

我国现金流量表采用的是垂直报告式结构，正表共包括五个项目，如图 14-1 所示。

```
                  ┌─ 一、经营活动产生的现金流量 ┐
                  │  二、投资活动产生的现金流量 │ 再划分为若干小项，计算"现金流量净额"
     现金流量表 ──┤  三、筹资活动产生的现金流量 ┘
                  │  四、现金净增加额
                  └─ 五、期末现金余额
```

图 14-1　现金流量表的结构

三、现金流量的分类

现金流量指小企业现金的流入和流出。在现金流量表中，现金被视为一个整体，小企业现金形式的转换不会产生现金的流入和流出。例如，小企业从银行提取现金，是企业现金存放形式的转换，并未流出企业，不构成现金流量。

根据小企业业务活动的性质和现金流量的来源，可将小企业一定期间产生的现金流量分为三类：经营活动现金流量、投资活动现金流量和筹资活动现金流量。

① 经营活动。经营活动是指小企业投资活动和筹资活动以外的所有交易和事项。对于工商企业而言，经营活动主要包括销售商品、提供劳务、购买商品、接受劳务、支付税费等。

② 投资活动。投资活动是指小企业固定资产、无形资产、其他非流动资产的购建和短期投资、长期债券投资、长期股权投资及其处置活动。

③ 筹资活动。筹资活动是指小企业资本及债务规模和构成发生变化的活动。这里所说的资本，既包括实收资本（股本），也包括资本溢价；这里所说的债务，指对外举债，包括向银行借款等。通常情况下，应付账款、应付票据等属于经营活动，不属于筹资活动。

四、现金流量表的编制

（一）现金流量表的编制方法

1. 现金流量表的列报方法

小企业采用直接法列报现金流量表。

直接法，是指按现金收入和现金支出的主要类别直接反映小企业各类活动产生的现金流量，如销售商品、提供劳务收到的现金；购买商品、接受劳务支付的现金等。

采用直接法编报的现金流量表，便于分析小企业各类活动产生的现金流量的来源和用途，预测小企业现金流量的未来前景。

（二）小企业现金流量表项目填列

现金流量表以收付实现制为基础编制。

现金流量表应当分别经营活动、投资活动和筹资活动列报现金流量。现金流量应当分别按照现金流入和现金流出总额列报。

现金流量表中的"本年累计金额"栏反映各项目自年初起至报告期末止的累计实际发生额。

现金流量表"本月金额"栏反映各项目的本月实际发生额。在编制年度财务报表时，应将"本月金额"栏改为"上年金额"栏，填列上年全年实际发生额。

1. 经营活动产生的现金流量有关项目的填制

经营活动产生的现金流量有关项目的填制方法，如表14-8所示。

表14-8　经营活动现金流量项目的填制方法

一、经营活动产生的现金流量	填制方法
（1）销售产成品、商品、提供劳务收到的现金（主要包括销售收入以及增值税销项税额）	①本期销售商品、提供劳务收到的现金＋②前期销售商品、提供劳务本期收到的现金＋③本期预收的款项－④本期销售本期退回的商品和前期销售本期退回的商品支付的现金＋⑤销售材料和代购代销业务收到的现金＋⑥本期收回已核销的坏账等。 扣减付给银行的票据贴现息；扣减付给购货方的现金折扣

续表

一、经营活动产生的现金流量	填制方法
(2) 收到的其他与经营活动有关的现金	①罚款收入+②经营租赁固定资产收到的现金+③流动资产损失中由个人、保险部门赔偿的现金收入+④除税费返还外的其他政府补助收入+⑤收到的押金、退回的备用金等
(3) 购买原材料、商品、接受劳务支付的现金（包括支付的货款以及与货款一并支付的增值税进项税额）	①本期购买商品、接受劳务支付的现金+②本期支付前期购买商品、接受劳务的未付款项+③本期预付款项－④本期发生的购货退回收到的现金等。 为购置存货而发生的借款利息资本化部分，应在"偿付借款利息支付的现金"项目中反映。 购买工程物资支付的现金，应在"购建固定资产、无形资产和其他非流动资产支付的现金"项目中反映
(4) 支付的职工薪酬	①支付给职工（不含在建工程、研发人员，下同）的工资、奖金、各种津贴和补贴等，以及为职工支付的其他费用+②为职工支付的"五险一金"，为职工交纳的商业保险金+③因解除与职工劳动关系给予的补偿+④支付给职工或为职工支付的其他福利费用等。 支付给在建工程、研发人员的工资，应在"购建固定资产、无形资产和其他非流动资产所支付的现金"项目中反映
(5) 支付的税费	①本期发生并支付的税费+②本期支付以前各期发生的税费+③预交的税金等
(6) 支付的其他与经营活动有关的现金	①罚款支出+②支付的办公费、中介费、差旅费+③业务招待费+④保险费+⑤经营租赁支付的现金+⑥支付的广告费+⑦支付的备用金、退还的押金等
(7) 经营活动产生的现金流量净额	

2. 投资活动产生的现金流量有关项目的填制

投资活动产生的现金流量有关项目的填制方法，如表14-9所示。

表 14-9 投资活动现金流量项目的填制方法

二、投资活动产生的现金流量	填制方法
(8) 收回短期投资、长期债券投资和长期股权投资所收到的现金	出售、转让或到期收回短期投资、长期债券投资、长期股权投资而收到的现金等。 不包括长期债券投资收回的非现金资产； 长期债券投资收回的本金，在本项目反映。长期债券投资收回的利息，在"取得投资收益所收到的现金"项目中反映
(9) 取得投资收益所收到的现金	①因股权性投资而分得的现金股利或利润+②因债权性投资而取得的现金利息收入 股票股利不在本项目中反映
(10) 处置固定资产、无形资产和其他非流动资产收回的现金净额（反映小企业出售固定资产、无形资产和其他非流动资产所取得的现金，减去为处置这些资产而支付的有关税费用后的净额）	①出售固定资产、无形资产和其他非流动资产所取得的现金（含允许计算的出售固定资产增值税）－②为处置这些资产而支付的有关费用+③由于自然灾害等原因所造成的固定资产等长期资产报废、毁损而收到的保险赔偿收入等

续表

二、投资活动产生的现金流量	填制方法
（11）短期投资、长期债券投资和长期股权投资支付的现金	①取得的短期投资、长期债券投资、长期股权投资而支付的现金＋②支付的佣金、手续费等交易费用等。 购买债券的价款中含有债券利息的，以及溢价或折价购入的，均按实际支付的金额反映
（12）购建固定资产、无形资产和其他非流动资产支付的现金	①购买、建造固定资产支付的现金（包括支付的增值税进项税额等相关税费，购买工程物资支付的现金、购买机器设备所支付的现金、建造工程支付的现金、支付在建工程人员的工资等现金支出）＋②取得无形资产支付的现金（包括研发人员的工资等现金支出）＋③取得其他非流动资产支付的现金等 不包括购买、建造固定资产支付的非现金资产； 为购建固定资产、无形资产和其他长期资产而发生的借款利息资本化部分，在"偿付借款利息支付的现金"项目中反映
（13）投资活动产生的现金流量净额	

3. 筹资活动产生的现金流量有关项目的填制

筹资活动产生的现金流量有关项目的填制方法，如表14-10所示。

表14-10　筹资活动现金流量项目的填制方法

三、筹资活动产生的现金流量	填制方法
（14）取得借款收到的现金	举借短期借款、长期借款而收到的现金
（15）吸收投资者投资收到的现金	吸收投资者投资实际收到的款项净额（发行收入减去支付的佣金等发行费用后的净额）等。 由金融企业直接支付的手续费、宣传费、咨询费、印刷费等费用，从发行股票取得的现金收入中扣除，以净额列示
（16）偿还借款本金支付的现金	以现金归还金融企业的短期、长期借款本金 偿还的借款利息，在"偿付借款利息所支付的现金"项目中反映
（17）偿还借款利息支付的现金	①以现金支付的借款利息等
（28）分配利润支付的现金	①实际支付给投资者的现金利润等
（31）筹资活动产生的现金流量净额	

4. 现金净增加额

该项目等于前三个项目的相加之和，即：

现金及现金等价物净增加额＝经营活动产生的现金流量净额＋投资活动产生的现金流量净额＋筹资活动产生的现金流量净额

5. 期末现金余额

期末现金余额＝现金净增加额＋期初现金余额

（三）现金流量表编制举例

【例14-7】沿用例14-5的资料，编制正泰公司20×1年度现金流量表，如表14-11所示。

表 14-11　正泰公司 20×1 年度现金流量表

现金流量表　　　　　　　　　　　　　　　　　会小企 03 表

编制单位：正泰公司　　　　　　20×1 年　　　　　　　　单位：元

项目	本年累计金额	上年金额
一、经营活动产生的现金流量：		
销售产成品、商品、提供劳务收到的现金	2 013 750	
收到的其他与经营活动有关的现金	0	
购买原材料、商品、接受劳务支付的现金	601 399	
支付的职工薪酬	450 000	
支付的税费	386 130	
支付的其他与经营活动有关的现金	262 950	
经营活动产生的现金流量净额	313 271	
二、投资活动产生的现金流量：		
收回短期投资、长期债券投资和长期股权投资收到的现金	24 750	
取得投资收益收到的现金	45 000	
处置固定资产、无形资产和其他非流动资产收回的现金净额	525 750	
短期投资、长期债券投资和长期股权投资支付的现金	0	
购建固定资产、无形资产和其他非流动资产支付的现金	714 915	
投资活动产生的现金流量净额	-119 415	
三、筹资活动产生的现金流量：		
取得借款收到的现金	600 000	
吸收投资者投资收到的现金	0	
偿还借款本金支付的现金	1 875 000	
偿还借款利息支付的现金	18 750	
分配利润支付的现金	0	
筹资活动产生的现金流量净额	-1 293 750	
四、现金净增加额	-1 099 894	
加：期初现金余额	2 204 550	
五、期末现金余额	1 104 656	

项目四　附注披露

一、附注的概念及披露顺序

附注，是指对在资产负债表、利润表和现金流量表等报表中列示项目的文字描述或明细资料，以及对未能在这些报表中列示项目的说明等。

附注应当按照下列顺序披露：

① 遵循小企业会计准则的声明。

② 短期投资、应收账款、存货、固定资产项目的说明。

③ 应付职工薪酬、应交税费项目的说明。

④ 利润分配的说明。

⑤ 用于对外担保的资产名称、账面余额及形成的原因；未决诉讼、未决仲裁及对外提供担保所涉及的金额。

⑥ 发生严重亏损的，应当披露持续经营的计划、未来经营的方案。

⑦ 对已在资产负债表和利润表中列示项目与企业所得税法规定存在差异的纳税调整过程。

⑧ 其他需要在附注中说明的事项。

二、附注披露的基本要求

附注披露的信息应是定量、定性信息的结合，从而能从量和质两个角度对小企业经济事项完整地进行反映，也才能满足信息使用者的决策需求。

附注应当按照一定的结构进行系统合理的排列和分类，有顺序地披露信息。由于附注的内容繁多，因此更应按逻辑顺序排列，分类披露，条理清晰，具有一定的组织结构，以便于使用者理解和掌握，也更好地实现财务报表的可比性。

附注相关信息应当与资产负债表、利润表、现金流量表报表中列示的项目相互参照，以有助于使用者联系相关联的信息，并由此从整体上更好地理解财务报表。

《企业会计准则》与《小企业会计准则》差异比较

一、财务报表构成不同

《企业会计准则》规定企业财务报表包括资产负债表、利润表、所有者权益（或股东权益）变动表、现金流量表、附注。

《小企业会计准则》规定小企业财务报表至少包括资产负债表、利润表、现金流量表、附注，没有要求编制所有者权益（或股东权益）变动表。

二、资产负债表编制不同

1. 列示项目不同

《企业会计准则》资产负债表列示项目比《小企业会计准则》多，单独列示的还包括以交易性金融资产、衍生金融资产、合同资产、持有待售资产、债权投资、其他债权投资、长期应收款、其他权益工具投资、其他非流动金融资产、投资性房地产、油气资产、使用权资产、商誉、递延所得税资产；交易性金融负债、衍生金融负债、合同负债、持有待售负债、应付债券、租赁负债、专项应付款、预计负债、递延所得税负债；其他权益工具、其他综合收益、专项储备等项目。

2. 项目详略程度不同

《企业会计准则》规定在资产负债表中，应收股利、应收利息、其他应收款均列示在其他应收款项目中，应付股利、应付利息、其他应付款均列示在其他应付款项目中。

《小企业会计准则》规定在资产负债表中，应收股利、应收利息、应付股利、应付利息单独列示。

《企业会计准则》只需列示"存货"项目。

《小企业会计准则》规定，资产负债表中重要的项目需要列示明细项目。"存货"项目，不仅要列示"存货"总额，还需分别列示其中的"原材料""在产品""库存商品""周转材料"等项目。

《企业会计准则》只需列示"固定资产"项目。

《小企业会计准则》要求企业不仅列示固定资产的原价，还需列示累计折旧额以及固定资产账面价值。

《企业会计准则》规定，单独列示将在一年内到期的非流动性资产及负债。

《小企业会计准则》将在一年内到期的非流动性资产及负债列示在其他流动资产、其他流动负债项内。

三、利润表编制不同

1. 列示项目不同

《企业会计准则》利润表列示项目比《小企业会计准则》多，单独列示的还包括研发费用、其他收益、净敞口套期收益、公允价值变动收益、资产处置收益、信用减值损失、资产减值损失，其他综合收益的税后净额、综合收益总额、每股收益等项目。

2. 项目详略程度不同

《企业会计准则》规定利润表中只需列示"税金及附加"项目。

《小企业会计准则》规定，利润表的"税金及附加"项目下，需全面列示消费税、城市维护建设税、资源税、土地增值税、城镇土地使用税、房产税、车船税、印花税、教育费附加、矿产资源补偿费、排污费项目。

《企业会计准则》规定利润表中只需列示"销售费用"项目。

《小企业会计准则》规定，利润表的"销售费用"项目下，还需列示其中的商品维修费、广告费、业务宣传费项目。

《企业会计准则》规定利润表中只需列示"管理费用"项目。

《小企业会计准则》规定，利润表的"管理费用"项目下，还需列示其中的开办费、业务招待费、研究费用项目。

《企业会计准则》规定利润表中"财务费用"项目下，需列示其中的利息费用、利息收入项目。

《小企业会计准则》规定利润表的"财务费用"项目下，需列示其中的利息费用项目。

《企业会计准则》规定利润表中"投资收益"项目下，需列示对联营企业和合营企业的投资收益、以摊余成本计量的金融资产终止确认收益项目。

《小企业会计准则》规定利润表只需列示"财务费用"项目。

《企业会计准则》规定利润表中只需列示"营业外收入"项目。

《小企业会计准则》规定利润表中"营业外收入"项目下，需列示"政府补助"项目。

《企业会计准则》规定利润表中只需列示"营业外支出"项目。

《小企业会计准则》规定利润表中"营业外支出"项目下，需列示"坏账损失""无法收回的长期债券投资损失""无法收回的长期股权投资损失""自然灾害等不可抗力因素造成的损失""税收滞纳金"项目。

四、现金流量表编制不同

1. 现金含义不同

《企业会计准则》现金流量表中的"现金"项目是指现金及现金等价物，包括库存现金、银行存款、其他货币资金、企业持有的三个月内到期的债券投资。

《小企业会计准则》现金流量表中的"现金"项目是指库存现金、银行存款以及其他货币资金。

2. 列示项目不同

《企业会计准则》分别列示经营活动、投资活动、筹资活动产生的现金流入、现金流出项目以及汇率变动对现金及现金等价物的影响项目。

《小企业会计准则》只要求列示经营活动、投资活动、筹资活动产生的现金流量，并且列示项目简化。

3. 现金流量编制方法不同

《企业会计准则》要求编制现金流量表主表时采用直接编制法，采用间接法填制附注。

《小企业会计准则》只是要求编制现金流量表主表，无需披露用间接法将净利润调节为经营活动现金净流量的过程和当期取得或处置子公司及其他营业单位的信息，大大简化了现金流量表的编制。

（五）附注内容披露不同

《小企业会计准则》中报表附注的披露内容大为减少，更加直观，披露要求也有所降低，在附注中要求企业增加纳税调整信息的披露，即对已在资产负债表和利润表中列示项目与企业所得税法规定存在差异的纳税调整过程。

（六）会计政策变更和会计差错更正会计处理不同

《企业会计准则》要求企业根据具体情况对会计政策变更采用追溯调整法或未来适用法进行会计处理，对前期差错更正采用追溯重述法或未来适用法进行会计处理；对会计估计变更采用未来适用法进行会计处理。

《小企业会计准则》要求小企业对会计政策变更、会计估计变更和会计差错更正均应当采用未来适用法进行会计处理。

附录 A
中小企业划型标准规定

一、根据《中华人民共和国中小企业促进法》和《国务院关于进一步促进中小企业发展的若干意见》(国发〔2009〕36号),制定本规定。

二、中小企业划分为中型、小型、微型三种类型,具体标准根据企业从业人员、营业收入、资产总额等指标,结合行业特点制定。

三、本规定适用的行业包括:农、林、牧、渔业,工业(包括采矿业,制造业,电力、热力、燃气及水生产和供应业),建筑业,批发业,零售业,交通运输业(不含铁路运输业),仓储业,邮政业,住宿业,餐饮业,信息传输业(包括电信、互联网和相关服务),软件和信息技术服务业,房地产开发经营,物业管理,租赁和商务服务业,其他未列明行业(包括科学研究和技术服务业,水利、环境和公共设施管理业,居民服务、修理和其他服务业,社会工作,文化、体育和娱乐业等)。

四、各行业划型标准为:

(一)农、林、牧、渔业。营业收入20 000万元以下的为中小微型企业。其中,营业收入500万元及以上的为中型企业,营业收入50万元及以上的为小型企业,营业收入50万元以下的为微型企业。

(二)工业。从业人员1000人以下或营业收入40 000万元以下的为中小微型企业。其中,从业人员300人及以上,且营业收入2000万元及以上的为中型企业;从业人员20人及以上,且营业收入300万元及以上的为小型企业;从业人员20人以下或营业收入300万元以下的为微型企业。

(三)建筑业。营业收入80 000万元以下或资产总额80 000万元以下的为中小微型企业。其中,营业收入6000万元及以上,且资产总额5000万元及以上的为中型企业;营业收入300万元及以上,且资产总额300万元及以上的为小型企业;营业收入300万元以下或资产总额300万元以下的为微型企业。

(四)批发业。从业人员200人以下或营业收入40 000万元以下的为中小微型企业。其中,从业人员20人及以上,且营业收入5000万元及以上的为中型企业;从业人员5人及以上,且营业收入1000万元及以上的为小型企业;从业人员5人以下或营业收入1000万元以下的为微型企业。

（五）零售业。从业人员 300 人以下或营业收入 20 000 万元以下的为中小微型企业。其中，从业人员 50 人及以上，且营业收入 500 万元及以上的为中型企业；从业人员 10 人及以上，且营业收入 100 万元及以上的为小型企业；从业人员 10 人以下或营业收入 100 万元以下的为微型企业。

（六）交通运输业。从业人员 1000 人以下或营业收入 30 000 万元以下的为中小微型企业。其中，从业人员 300 人及以上，且营业收入 3000 万元及以上的为中型企业；从业人员 20 人及以上，且营业收入 200 万元及以上的为小型企业；从业人员 20 人以下或营业收入 200 万元以下的为微型企业。

（七）仓储业。从业人员 200 人以下或营业收入 30 000 万元以下的为中小微型企业。其中，从业人员 100 人及以上，且营业收入 1000 万元及以上的为中型企业；从业人员 20 人及以上，且营业收入 100 万元及以上的为小型企业；从业人员 20 人以下或营业收入 100 万元以下的为微型企业。

（八）邮政业。从业人员 1000 人以下或营业收入 30 000 万元以下的为中小微型企业。其中，从业人员 300 人及以上，且营业收入 2000 万元及以上的为中型企业；从业人员 20 人及以上，且营业收入 100 万元及以上的为小型企业；从业人员 20 人以下或营业收入 100 万元以下的为微型企业。

（九）住宿业。从业人员 300 人以下或营业收入 10 000 万元以下的为中小微型企业。其中，从业人员 100 人及以上，且营业收入 2000 万元及以上的为中型企业；从业人员 10 人及以上，且营业收入 100 万元及以上的为小型企业；从业人员 10 人以下或营业收入 100 万元以下的为微型企业。

（十）餐饮业。从业人员 300 人以下或营业收入 10 000 万元以下的为中小微型企业。其中，从业人员 100 人及以上，且营业收入 2000 万元及以上的为中型企业；从业人员 10 人及以上，且营业收入 100 万元及以上的为小型企业；从业人员 10 人以下或营业收入 100 万元以下的为微型企业。

（十一）信息传输业。从业人员 2000 人以下或营业收入 100 000 万元以下的为中小微型企业。其中，从业人员 100 人及以上，且营业收入 1000 万元及以上的为中型企业；从业人员 10 人及以上，且营业收入 100 万元及以上的为小型企业；从业人员 10 人以下或营业收入 100 万元以下的为微型企业。

（十二）软件和信息技术服务业。从业人员 300 人以下或营业收入 10 000 万元以下的为中小微型企业。其中，从业人员 100 人及以上，且营业收入 1000 万元及以上的为中型企业；从业人员 10 人及以上，且营业收入 50 万元及以上的为小型企业；从业人员 10 人以下或营业收入 50 万元以下的为微型企业。

（十三）房地产开发经营。营业收入 200 000 万元以下或资产总额 10 000 万元以下的为中小微型企业。其中，营业收入1000万元及以上，且资产总额5000万元及以上的为中型企业；营业收入100万元及以上，且资产总额2000万元及以上的为小型企业；营业收入100万元以下或资产总额2000万元以下的为微型企业。

（十四）物业管理。从业人员1000人以下或营业收入5000万元以下的为中小微型企业。其中，从业人员300人及以上，且营业收入1000万元及以上的为中型企业；从业人员100人及以上，且营业收入500万元及以上的为小型企业；从业人员100人以下或营业收入500万元以下的为微型企业。

（十五）租赁和商务服务业。从业人员300人以下或资产总额120 000万元以下的为中小微型企业。其中，从业人员100人及以上，且资产总额8000万元及以上的为中型企业；从业人员10人及以上，且资产总额100万元及以上的为小型企业；从业人员10人以下或资产总额100万元以下的为微型企业。

（十六）其他未列明行业。从业人员300人以下的为中小微型企业。其中，从业人员100人及以上的为中型企业；从业人员10人及以上的为小型企业；从业人员10人以下的为微型企业。

五、企业类型的划分以统计部门的统计数据为依据。

六、本规定适用于在中华人民共和国境内依法设立的各类所有制和各种组织形式的企业。个体工商户和本规定以外的行业，参照本规定进行划型。

七、本规定的中型企业标准上限即为大型企业标准的下限，国家统计部门据此制定大中小微型企业的统计分类。国务院有关部门据此进行相关数据分析，不得制定与本规定不一致的企业划型标准。

八、本规定由工业和信息化部、国家统计局会同有关部门根据《国民经济行业分类》修订情况和企业发展变化情况适时修订。

九、本规定由工业和信息化部、国家统计局会同有关部门负责解释。

【提示】

哪些小企业可以执行《小企业会计准则》？

根据《小企业会计准则》第二条规定，并不是所有小型企业都适用《小企业会计准则》，而是有前提条件的，只有符合下述前提条件的小型企业才适用《小企业会计准则》：

一是符合《中小企业划型标准规定》所规定的小型企业标准的企业；二是没有股票或债券在市场上公开交易的小企业；三是不属于金融机构或其他具有金融性质的小企业；四是不属于企业集团内的母公司和子公司；五是已经执行《企业会计准则》的小企业。同时符合上述五个前提条件的小型企业，才可以执行《小企业会计准则》，不具备上述条件的，则执行《企业会计准则》。

由此可见，《企业会计准则》和《小企业会计准则》存在着密切的关系，符合条件的企业可以执行《小企业会计准则》，也可以执行《企业会计准则》。执行《小企业会计准则》的小企业，发生的交易或者事项在《小企业会计准则》中未作规范的，可以参照《企业会计准则》中的相关规定进行处理。

此外，当执行《小企业会计准则》的小型企业公开发行股票或者债券时，就应当转为执行《企业会计准则》；因经营规模或企业性质变化成为大中型企业或者金融企业的，应当从次年1月1日起转为执行《企业会计准则》。

附录 B

小企业会计科目

小企业会计科目

分 类	顺序号	编 号	会计科目名称
一、资产类	1	1001	库存现金
	2	1002	银行存款
	3	1012	其他货币资金
	4	1101	短期投资
	5	1121	应收票据
	6	1122	应收账款
	7	1123	预付账款
	8	1131	应收股利
	9	1132	应收利息
	10	1221	其他应收款
	11	1401	材料采购
	12	1402	在途物资
	13	1403	原材料
	14	1404	材料成本差异
	15	1405	库存商品
	16	1407	商品进销差价
	17	1408	委托加工物资
	18	1411	周转材料
	19	1421	消耗性生物资产
	20	1501	长期债券投资
	21	1511	长期股权投资
	22	1601	固定资产
	23	1602	累计折旧
	24	1604	在建工程
	25	1605	工程物资
	26	1606	固定资产清理
	27	1621	生产性生物资产
	28	1622	生产性生物资产累计折旧
	29	1701	无形资产
	30	1702	累计摊销
	31	1801	长期待摊费用
	32	1901	待处理财产损溢

续表

分类	顺序号	编号	会计科目名称
二、负债类	33	2001	短期借款
	34	2201	应付票据
	35	2202	应付账款
	36	2203	预收账款
	37	2211	应付职工薪酬
	38	2221	应交税费
	39	2231	应付利息
	40	2232	应付利润
	41	2241	其他应付款
	42	2401	递延收益
	43	2501	长期借款
	44	2701	长期应付款
三、所有者权益类	45	3001	实收资本
	46	3002	资本公积
	47	3101	盈余公积
	48	3103	本年利润
	49	3104	利润分配
四、成本类	50	4001	生产成本
	51	4101	制造费用
	52	4301	研发支出
	53	4401	工程施工
	54	4403	机械作业
五、损益类	55	5001	主营业务收入
	56	5051	其他业务收入
	57	5111	投资收益
	58	5301	营业外收入
	59	5401	主营业务成本
	60	5402	其他业务成本
	61	5403	税金及附加
	62	5601	销售费用
	63	5602	管理费用
	64	5603	财务费用
	65	5711	营业外支出
	66	5801	所得税费用

参考文献

[1] 财政部．小企业会计准则．北京：经济科学出版社，2011．
[2] 小企业会计准则委员会．小企业会计准则讲解．上海：立信会计出版社，2015．
[3] 财政部会计司编写组．企业会计准则讲解．北京：人民出版社，2010．
[4] 李晓红．会计岗位核算实务．北京：北京交通大学出版社，2011．